权威·前沿·原创

黄平县公共区域品牌发展报告
No.1，2020

李发耀　龚学文　　主编

图书在版编目（CIP）数据

黄平县公共区域品牌发展报告 . No.1, 2020 / 李发耀，龚学文主编 . —北京：知识产权出版社，2020.12

ISBN 978-7-5130-7394-3

Ⅰ . ①黄… Ⅱ . ①李… ②龚… Ⅲ . ①农产品—品牌战略—研究—黄平县 Ⅳ . ① F327.734

中国版本图书馆 CIP 数据核字 (2020) 第 270075 号

责任编辑：高　超　　　　　　　责任校对：潘凤越
封面设计：叶　娇　　　　　　　责任印制：刘译文

黄平县公共区域品牌发展报告　No.1，2020

李发耀　龚学文　主编

出版发行：	知识产权出版社 有限责任公司	网　　址：	http://www.ipph.cn
社　　址：	北京市海淀区气象路50号院	邮　　编：	100081
责编电话：	010-82000860 转 8383	责编邮箱：	morninghere@126.com
发行电话：	010-82000860 转 8101/8102	发行传真：	010-82000893/82005070
印　　刷：	北京建宏印刷有限公司	经　　销：	各大网上书店、新华书店及相关专业书店
开　　本：	787mm×1092mm 1/16	印　　张：	16.5
版　　次：	2020年12月第1版	印　　次：	2020年12月第1次印刷
字　　数：	258千字	定　　价：	88.00元
ISBN 978-7-5130-7394-3			

出版权专有　　侵权必究
如有印装质量问题，本社负责调换。

《黄平县公共区域品牌发展报告 No.1，2020》编委会

编委会主任	林昌富　杨　智
编委会副主任	杨宗振　潘文宏
编委会执行主任	龚学文
委 员 单 位	贵州省农业农村厅
	贵州大学
	贵州民族大学
	贵州省地理标志研究会
	黔东南州农业农村局
	黄平县人民政府
执 行 单 位	黄平县农业农村局
	黄平县市场监督管理局
	贵州省地理标志研究中心
主　　编	李发耀　龚学文
副 主 编	李佳柳　李春艳　黄晓芳　牟　琴　黄秋平
统　　稿	李发耀
审　　稿	黄旭东
作　　者	李发耀　龚学文　黄其松　李春艳　黄晓芳
（排名不分先后）	钟　蕾　刘清庭　陶玉鑫　谢　源　彭渊迪
	姚　鹏　涂娟芝　牟　琴　王　娜　聂　签
	李佳柳　朱忠琴　谭贵艳　杜小书　罗爱民
	冯廷玺　吴俊勇　彭　媛　王忠梅　周洪祚
	刘吉祥　白明松　袁兴平　石兴林　石　林
	苏　桢　刘前碧　杨志敏　熊发银　王　丽
	王　强　刘登全　李慧娟　周屏香　吴征贵
	杨通菊　黄秋平　冯远恩　邬文云　张靖云
文 字 注 解	李发耀

主要编撰者简介

李发耀，男，1971年出生，汉族，贵州贞丰人。贵州省社会科学院研究员，贵州大学教授（硕士研究生导师），贵州省地理标志研究中心主任，贵州省地理标志研究会会长，中国民族地区环境资源保护研究所兼职研究员，贵州省委宣传部2010年"四个一批"理论人才，贵州省苗学会副秘书长，2017年中国农业品牌建设"十大个人贡献奖"获得者，贵州品牌指数平台首批智库专家。

主要研究专长为：民族地区社会经济与社区可持续发展，传统知识保护，地理标志保护，地方标准体系制定，文化遗产与文化产业等。出版专著《多维视野下的传统知识保护机制实证研究》（知识产权出版社，2008），《贵州：传统学术思想世界的重访》（第二作者，贵州人民出版社，2010），主编《生态档案：跨越时空的生态历史记忆》（知识产权出版社，2015）、《反贫困的历史征程：来自普定生态文明的报告》（知识产权出版社，2015）、《中国薏仁米产业发展蓝皮书》（社会科学文献出版社，2017）、《贵州地理标志产业发展蓝皮书》（社会科学文献出版社，2018，2018年8月获中国皮书报告一等奖）。发表学术论文60余篇，如《地理标志制度框架下遗传资源获取与惠益分享研究》（《贵州社会科学》，2014年第10期），《地理标志制度对生物资源的保护及可持续利用分析》（《中央民族大学学报》自然科学版，2015年第11期），主持联合国课题：全球环境基金"赤水河流域生态补偿与全球重要生物多样性保护示范项目"——促进企业参与赤水河流域保护的生态标签机制设计活动。主持国家社科基金课题：地理标志制度视野下西南山区特色产业发展模式研究。主持国家部委课题、省长基金课题、省科技厅（知识产权局）课题、省社科规划办课题、省级软科学课题、地方政府委托课题等，主持地理标志相关的技术实证、社会经济可持续发展等多个项目。同时接受过美国《科学》杂志社亚太分社、中央电视台（1 频道、2 频道、7 频道）、新华社、中国农民报、当代贵州、贵州日报、经济信息时报等国内外 20 多家媒体的专题采访。

序　言

2019 年，黄平县完成生产总值共计 65.05 亿元，相较于 2018 年同期增长 11.9%，比全州高出 3.5 个百分点。其中，农业呈现连续性增长态势。全县的农业增加值共计 20.97 亿元，较 2018 年增长 5.7%。截至 2020 年，黄平县全县果树种植面积共计 8.1453 万亩，蔬菜种植面积达 16.8135 万亩，食用菌种植面积为 1452 亩。该县获得无公害认证的农产品有 37 个，产地认证 72 个（其中种植业认证 38 个，面积为 38.283 万亩，养殖业认证 34 个）；获得有效使用绿色食品证书企业 3 家 3 个产品，分别为"谷陇糯小米""且兰苗疆米""蓝莓"；共认证有机食品 11 家，获得证书 17 张。2020 年，"黄平黄牛""黄平线椒"和"黄平白及"获农产品地理标志登记保护。随着时代的发展与需要，农业走向品牌化、产业化、规模化的发展之路是适应时代发展的大势所趋，也是现代农业发展的重要标志，同时农业品牌化与我国当前农业供给侧改革和乡村振兴战略不谋而合。农业公共区域品牌的发展已成为促进黄平县经济发展的关键路径。

《黄平县公共区域品牌发展报告 No.1，2020》由总报告、综合报告、主题报告、专题报告、研究与案例、附录六部分组成。

总报告系统介绍了黄平县农业公共区域品牌发展的基本情况，包括黄平县农业品牌发展现状、黄平县三品一标发展概况，梳理了黄平县农业公共区域品牌文化与农业品牌经济状况。对 2020—2025 年黄平县农业公共区域品牌发展趋势进行预测，包括黄平县农业公共区域品牌助推产业结构调整，黄平县农业公共区域品牌助推公共品牌文化建设以及黄平县农业公共区域品牌助推区域经济建设。

综合报告包括：黄平县农业公共区域品牌运营发展报告、黄平县区域营商环境发展报告、黄平县区域品牌文化发展报告、黄平县社会治理状况报告。

主题报告包括：黄平县公共政策发展报告、黄平县公共技术发展报告、黄平县公共宣传发展报告、黄平县公共服务发展报告。

专题报告包括：黄平线椒地标品牌与产业发展报告、黄平黄牛地标品牌与产业发展报告、黄平白及地标品牌与产业发展报告、黄平县三品一标发展报告、黄平县农产品质量安全发展报告。

研究与案例包括：农业区域公共品牌案例报告（法国葡萄酒）、农业区域公共品牌案例报告（西湖龙井茶）。

附录包括：黄平县"一村一品"主导产业名录分类与归档、黄平县公共区域品牌与产业发展三年方案、黄平县农业产业发展与品牌大事记。

目录

总报告
B.1 黄平县农业公共区域品牌发展概况与趋势预测
李发耀　龚学文　李佳柳 /1

综合报告
B.2 黄平县农业公共区域品牌运营发展报告
黄晓芳　王忠梅　吴征贵 /13

B.3 黄平县区域营商环境发展报告
李春艳　冯廷玺　朱忠琴 /30

B.4 黄平县区域品牌文化发展报告
王娜　周洪祚 /47

B.5 黄平县社会治理状况报告
黄其松　黄晓芳　熊发银 /59

主题报告
B.6 黄平县公共政策发展报告
李春艳　杨通菊　张靖云 /73

B.7 黄平县公共技术发展报告
钟蕾　袁兴平　王强 /88

B.8 黄平县公共宣传发展报告
刘清庭　王丽　刘登全 /106

B.9 黄平县公共服务发展报告
陶玉鑫　白明松 /121

专题报告
B.10 黄平线椒地标品牌与产业发展报告
谢源　罗爱民　石林 /138

B.11　黄平黄牛地标品牌与产业发展报告
彭渊迪　石兴林　刘吉祥 /145

B.12　黄平白及地标品牌与产业发展报告
姚鹏　苏桢　杨志敏 /157

B.13　黄平县三品一标发展报告
涂娟芝　吴俊勇　冯远恩 /171

B.14　黄平县农产品质量安全发展报告
牟琴　李慧娟　周屏香 /186

研究与案例

B.15　农业区域公共品牌案例报告（法国葡萄酒）
李春艳　刘前碧　谭贵艳 /200

B.16　农业区域公共品牌案例报告（西湖龙井茶）
黄晓芳　彭媛　邬文云 /216

附　录

B.17　黄平县"一村一品"主导产业
黄平县农业局 /230

B.18　黄平县公共区域品牌与产业发展三年方案
李发耀　杜小书　黄秋平 /232

B.19　黄平县农业产业发展与品牌大事记
李发耀　牟琴　聂签 /239

总报告

B.1 黄平县农业公共区域品牌发展概况与趋势预测

李发耀* 龚学文** 李佳柳***

摘　要： 黄平县2019年完成生产总值共计65.05亿元，相较于2018年同期增长11.9%，比全州高出3.5个百分点。其中，农业呈现连续性增长态势。全县的农业增加值共计20.97亿元，较2018年增长5.7%。截至2020年年初，黄平县果树种植面积共计8.1453万亩，蔬菜种植面积达16.8135万亩，食用菌种植面积为1452亩。该县获得无公害认证的农产品有37个，产地认证的农产品有72个，获得地理标志登记保护的特色农产品有3个。发展农业公共区域品牌已成为促进黄平县经济发展的关键路径。

关键词： 黄平县；公共区域品牌；发展与预测

---

* 李发耀，男，贵州省社会科学院研究员，贵州大学教授，研究方向：公共品牌与农村可持续发展。
** 龚学文，男，黄平县农业农村局局长，研究方向：农业经济与农村可持续发展。
*** 李佳柳，女，黄平县农业农村局副局长，研究方向：产业兴旺与乡村振兴。

一、黄平县农业公共区域品牌发展概况

（一）黄平县农业品牌发展现状

黄平县属于贵州省较为典型的农产品资源县。近几年来，该县充分开发本县特色的自然资源，一批具有特色优势的农产品正在形成产业集聚，目前已经初步构建成黄平县特色农产品品牌，为特色农产品的品牌化发展之路奠定了基础，这主要表现在以下两个方面。

1.积极发展现代化农业，形成本县三大特色产业

黄平县紧紧围绕产业革命"八要素"，积极推动坝区的产业结构升级调整，遵循"一坝一策""一乡一特"与"一村一品"的相关要求大力发展现代化农业产业，打造出果园、蔬菜、食用菌三大特色产业。

截至2020年年初，黄平县果树种植面积共计8.1453万亩，其中2019年新建并改善种植的果树面积共计1.018万余亩，果树品种主要以柚、桃、石榴、李等为主，与此同时，该县还发展了猕猴桃、蓝莓、脆红李、脐橙、蜂糖李、红不软桃、百香果、刺梨、葡萄等经济价值更高的果树种类。果品的总产量在2019年已实现17237.5吨，总产值高达14235.08万元，相较于2018年有大幅提升。

黄平县蔬菜种植面积共计16.8135万亩，各类蔬菜的总产量达29.6092万吨，蔬菜的总产值高达9.9293亿元。黄平县现阶段共拥有26个15亩以上蔬菜种植大户、113个专业合作社以及18个蔬菜生产公司，这些蔬菜大户、专业的合作社、公司种植的各类蔬菜直接供货于整个黄平县的各个中小学公益营养午餐，蔬菜产业实现了巩固和提升。

黄平县食用菌种植面积共计1452亩，食用菌总产量达到943.98吨，食用菌的总产值共计874.85万元。黄平县全县注册的食用菌生产公司（企业）与专业合作社共计7家，其中，"贵州平菇粮现代农业科技有限责任公司""贵州远鸿生物科技有限公司""黄平县一碗水乡龙塘农业专业合作社"和"贵州碧然香农业科技有限公司"在从事黄平县的食用菌

生产，这些公司、专业合作社目前的食用菌主打产品主要有香菇、羊肚菌和木耳。

2.依托本县优势资源，形成产业高效园区

黄平县政府积极引导农民进行品牌农业建设，紧紧围绕贵州省政府提出的"100个高效农业"园区建设思路探索本县新型特色农业富农路。为适应现代高效特色农业发展之需，以农业增效为目标，做强做大高效黄平县特色农业品牌，黄平县在开发利用原有农业资源的前提下，充分发掘当地的区位环境优势与水土资源，逐步完善结构调整，加大科技创新投入，以当地特色的农业品牌特别是独有品牌为龙头，进一步提高黄平县在全省"100个高效农业园区"的核心竞争力。打好"自身牌"、读好"增收经"、演好"外来戏"，使特色的品牌农业"产业模式"实现基地化、生态化与特色化，使农民的收入有大幅提高，也让黄平县的农产品商品率得以提升。

目前，黄平县已在旧州镇的大碾房、寨碧、草芦坪、东门、白水寨和石板河等地建成了中药材、优质米、蔬菜、花卉、蓝莓、养鱼、西瓜和烤烟等将近20个标准化的产业基地。黄平县"比嘎香"菜籽油、优质大米、白菜和大蒜等产品已经成为城市、农村餐桌上的热销品牌。

（二）黄平县三品一标发展状况

黄平县依托独特的自然环境优势，在县政府的政策扶持下积极建设农业品牌，该县的"三品一标"工作稳步推进。截至2020年，黄平县获得无公害认证的农产品有37个；获得产地认证的农产品有72个，其中养殖业认定数量为34个，种植业认定数量为38个。种植业面积共计38.283万亩。

黄平县农产品当中有效使用绿色食品证书的企业共计3家，分别是黄平县丰平农牧业科技有限公司、贵州黄平和顺农业开发有限公司、黄平县金浪香优质农产品专业合作社。认证的绿色食品分别为蓝莓、且兰苗疆米和谷陇糯小米三个产品，认证面积共有0.5217万亩。关于黄平县绿色食品的认证统计具体见表1-1。

表1-1 黄平县绿色食品认证统计

企业名称	企业信息码	产品名称	批准产量/吨	标志编号	有效期区间
黄平县丰平农牧业科技有限公司	GF522622201970	蓝莓	135	LB-18-20072305430A	2020-07-15 至 2023-07-14
贵州黄平和顺农业开发有限公司	GF522622182684	且兰苗疆米	41.6	LB-03-18112308716A	2018-11-02 至 2021-11-01
黄平县金浪香优质农产品专业合作社	GF522622190444	谷陇糯小米	750	LB-14-19022301198A	2019-02-21 至 2022-02-20

资料来源：中国绿色食品发展中心网，http://www.greenfood.agri.cn/。

自2017年建立黄平县有机产品认证示范区工作领导小组办公室（以下简称有机办）以来，黄平县认证有机食品共计11家，获得有机认证证书共计17张。目前仍处于有效期的有机认证证书共有5张，其中有机认证证书1张，有机转换期认证证书4张。

2020年黄平县获得地理标志保护的特色农产品有3个，分别为"黄平线椒""黄平黄牛"和"黄平白及"。除此之外，"黄平金黄鸡""黄平糯小米""黄平黑毛猪"正在致力于申报地理标志保护，这三个产品目前已经在贵州省召开了"农产品地理标志登记审定暨感官品质鉴评会"，产品的相关申报材料已经报送至农业农村部，正在等待召开北京评审会审定。关于黄平县已获得地理标志保护的产品信息具体见表1-2。

表1-2 黄平县农产品地理标志登记申报统计

产品名称	产地	产品编号	证书持有者	登记年份
黄平白及	贵州省黔东南苗族侗族自治州	AGI03045	黄平县农业技术推广中心	2020
黄平线椒	贵州省黔东南苗族侗族自治州	AGI03044	黄平县农业技术推广中心	2020
黄平黄牛	贵州省黔东南苗族侗族自治州	AGI03057	黄平县动物卫生监督所	2020

资料来源：中国绿色食品发展中心网，http://www.greenfood.agri.cn/。

（三）黄平县农业区域公共品牌文化与农业品牌经济梳理分析

文化不像金钱一样越花越少，文化越用越发达，越用越具有时代化、大众化和本土化气息，越用越具有生命力。黄平县充分利用、发掘当地的特色文化资源，生产与文化资源相关的产品，提供具有黄平县特色的体验服务，立足于特色文化资源，使产业与文化创意、新型文化生态有机融合，最终促进黄平县区域全面发展。以地域文化优势差异化为定位进行特色发展，是黄平县避免产业发展雷同并突出地域特色文化的关键路径。近年来，黄平县通过开发利用地域特色文化资源，盘活了地方文化资源。从丰富产业生态、延长产业链条、创新资本介入模式三方面着重发力，能大大提高产品的文化附加值，有效优化区域产业结构，促进黄平县区域特色文化产业发展，提升文化治理水平，形成新的文化价值理念，促进黄平县文化传承及创新。

1. 品牌文化+农业融合发展

田园文化、农耕文化自古以来一直被赋予令人无限向往的美好意境。在现代化进程中，农耕文化展示形式该如何发掘、产业经济形式该如何创新、面向新的消费服务形式该如何应对等问题都是乡村振兴战略背景下，促进农业与品牌文化融合发展、促进现代化农业发展以及激发乡村潜在活力的关键。这有利于城市与乡村更好地兼容，使多种资源在城市与乡村间有效流动，以丰富农村农业功能，使区位优势互补的价值得以体现。黄平县政府紧紧围绕"文化与农业融合发展理念"实施了多种活动，有效打造了农业发展新生态。例如，苗族农耕文化可通过飞云崖"四月八苗族祭牛节""重安半山古稻开秧节"祭祀神牛进行体验；利用文化特色与独有的自然风光来打造"飞云崖牌无籽西瓜"；利用谷陇"九二七"民族节日举办辣椒节；在黄平县适宜开发的地区创建特色小镇、农产品会展、发展休闲观光业、农产品电商业和风情民俗体验等。

2. 文旅融合发展

黄平县的旅游资源较为丰富，全县拥有国家级重点文物保护单位4个，省级文物保护单位5个，县级文物保护单位63个，人文景观48个，自然景观52个。黄平县作为黔东南的古县，历史文化悠久且厚重，具体包含可追溯到两千五百多年前的"且兰文化"、抗战时期红军长征两过黄平县的"红色文化"、旧州机场的"抗战文化"等。名人文化更是数不胜数。"民族文化"以苗族和僅家人等为代表，民风民俗多姿多彩。

自然风光秀丽壮观的黄平县，位于国家级舞阳河风景名胜区的上游，拥有浪洞森林温泉、旧州古镇、上舞阳河和飞云崖四大风景名胜区。有"中国桥梁博物馆"重安三朝桥、"中国洞中漂流绝景"野洞河、"苗疆圣水"浪洞森林温泉、"贵州高原明珠"舞阳湖、"贵州漂流特级金矿"飞云大峡谷等著名的景点。

优越的自然资源和特色的民族文化，构建起了黄平县特有的人文景观，黄平县是集文化研究、观光旅游、民族采风和休闲养生于一体的特色文化旅游大县。黄平县依靠"民族文化与生态资源"两个独特的优势，着重发展"神秘且兰·古韵旧州·养生黄平"的金字招牌，利用黄平县的水、陆、空交通优势，全力发展休闲农业、乡村旅游和山地旅游。目前，黄平县初步形成了"春游野、夏漂水、秋赏菊、冬泡泉"和"地下溶洞探险、空中观光旅游、地面休闲体验"的时间与空间全覆盖的全区域旅游新篇章，打造了一系列文化主题创意演出与旅游目的地。

3. 文化创意与传统手工艺制造融合发展

黄平县全县人民在长期的农业实践中创造发展了丰富多样的非物质文化遗产，传承了众多传统手工制作工艺。以谷陇九月芦笙会、苗族古歌、苗族银饰、苗族弄嘎讲略、僅家蜡染、苗绣、僅家服饰、苗族泥哨和苗族服饰等为代表的手工艺品和非物质文化遗产，是黄平县的想象力、精神价值、思维方式以及文化意识的集中体现，更是中华民族非物质文化遗产的瑰宝。截至2019年年底，黄平县拥有4个国家级非物质文化遗产保护名录项目、17个省级保护名录项目、19个州级保护名录项目和175个县级保护名录项目；拥有2名国家级传承人，7名省级传承人，13名州级传承人，186名县级传承人；拥有33个民族文化村寨，7个传统村落；拥有2个国家级民间文化艺术之乡，2个省级民间文化艺术之乡。

黄平县被称为"中国泥哨艺术之乡""中国现代民间绘画之乡"，

目前的手工艺种类有苗绣、苗族银饰、僅家服饰、僅家蜡染、苗族服饰和泥哨等。伴随着黄平县文化、经济、社会的快速发展，传统的手工艺产业也呈现出积极发展的势头，手工业不仅可以解决一部分人员就业，还成为当地旅游活动的重要内容，成为展示黄平县文化内涵、提升精神文明建设和带动本地旅游经济发展的重要财富。手工艺背后的独特民族文化，已成为黄平县特色名片。

二、黄平县农业公共区域品牌发展趋势预测

（一）黄平县农业公共区域品牌助推农业产业结构调整

通过盘查黄平县农业公共区域品牌及其产业发展，我们发现农业公共区域品牌与产业发展之间存在明显的协同关系。黄平县农业公共区域品牌是形成、发展特色产业的诱因，农业公共区域品牌的市场发展可以为特色产业的发展带来扩张效应，提高黄平县农业公共区域品牌的声誉是助推该县特色产业现代化发展的动力，发展特色产业是提升黄平县农业公共区域品牌价值的重要保证。由此，黄平县农业产业协同管理需要进一步明确产业定位，依据特色资源培育特色产业。与此同时，还需要依据该县特色产业发展强化产业内的农业公共区域品牌建设，出台相应政策扶持龙头企业发展，促进农业公共区域品牌带动下的企业品牌族群的形成、在建立农业公共区域品牌质量认证体系的基础上，积极维护产业内的农业公共区域品牌价值。

近年来，黄平县142个村在结合本村资源禀赋与自然条件的基础上，在党支部带头引领的示范作用下，以"十户一体"为单位促进该县农业产业结构调整，引导该县村民集约化、规模化发展农业产业。目前共完成流转土地10万亩、草地2200亩、林地26963亩。初步建成淡水养殖、种草养牛、蓝莓、白及等产业基地，初步形成"一乡一品、一村一特"的农业产业格局。在未来五年的发展中，将会继续以创建该县知名农产品品牌为发展目标，依据"产业化经营、标准化生产、品牌化销售"策

略继续完善黄平县现代化农业产业模式。积极培育农业公共区域品牌，推进农产品加工业与优势特色农产品品牌建设。此外，支持地理标志农产品、有机农产品、绿色食品、优质无公害农产品等安全的农业公共区域品牌发展，加大特色农产品地理标志开发和商标保护力度，打造更多具有影响力的黄平县农产品品牌。在重点发展传统优势农业产业基础上，扩大谷陇糯小米、谷陇线椒、白及种植面积，在打造黄平县"山地生态"品牌上取得整体突破。以中药材、医药资源优势为依托发展新型医药健康产业，继续提升飞云崖无籽西瓜、黄平地瓜等农业产业品牌价值；积极发展以翁坪黑毛猪等为代表的黄平县特色食品。

（二）黄平县农业公共区域品牌助推公共品牌文化建设

良好的文化认同更有益于打造品牌文化，将文化看作生产力，才是黄平县的长远发展之道。品牌文化建设是黄平县文化构建的核心，也是对黄平县未来发展最为精准有效的战略定位。黄平县建设区域品牌文化，第一要面向群众，从群众中来，到群众中去，把文化来自生活，服务群众的观念落实到行动，这样一来，可以夯实文化产业发展的基础；第二要把握未来，只有掌握未来文化产业的发展趋势才能开拓出文化产业发展的新视野。由此，黄平县的区域品牌文化建设，才会继续精选黄平文化，讲好黄平故事。另外，建设区域品牌文化还需要继续发展特色产业集群，合理借助互联网的快车道，积极应用新型媒介传递黄平县区域品牌的文化价值。

1. 提炼文化，讲好故事

黄平县文化形式多样、文化种类丰富，不仅有传统的历史文化、农耕文化、名人文化与民族文化，还有多姿多彩的自然文化、手工艺文化与酒文化等。要想提炼好黄平县现有文化，讲好黄平县故事，首先要继续规划好黄平区域的优质文化资源，书写具有黄平特色的文化名片；其次要开发利用文化塑造类产业，将黄平文化渗透到产业链、科技创新与教育教学等重要领域，发挥文化品牌建构的优势，增加黄平县文化品牌的影响力；最后要继续根据政府政策与市场导向来完善黄平县的文化资源配置，彰显黄平县文化品牌的不可替代性和独特性，在雷同的文化环境中出奇制胜，达到发掘文化资源潜力的目的。

2. 依托黄平县产业链，打造特色文化产业集群

在建立文化产业品牌的进程中，民族文化产业主要以产品的特点为基础，在此基础上融合其他产业后最终汇集至各行各业。以这些产业市场为渠道，再依靠本土多民族文化内容，整合完善文化品牌产业，形成区位优势明显的文化产业基地与文化产业园，开发具有多民族特色的民族村落和古镇，大力发展具有民族民间特色的手工艺产业以及有当地特色的表演、民间节日等。从整个文化产业链条上培植出更多的地方特色文化品牌，形成极具规模的立体品牌产业集群。文化品牌的完善整合过程，不仅是文化产业立体集群的形成过程，也是文化产品的增值过程。黄平县依靠农业、工业、服务业（旅游业）三大产业融合发展，可以构建一批文、农、旅综合项目。例如"黄平民族文化园项目"和"飞云崖旅游综合开发项目"，这些项目将各种资源优势高效地转化成经济优势，促进该县经济更好、更快、更强地发展。

3. 以新型媒介为基础进行区域品牌文化创新

黄平县政府通过打造"非遗周末聚""且兰文化旅游节""四月八苗族祭牛节"等一系列具有民族特色的活动，创造出了"神秘且兰·古韵旧州·养生黄平"的品牌文化。随着人工智能和"互联网+"时代的到来，新型媒介传播形式愈加多样，传统的报纸、杂志、电视广告以及文化演出早已无法满足品牌文化的快速传播需求。由此，黄平县在进行文化品牌宣传时不仅要通过地方电台或传统纸媒作为载体传播，还需要积极地寻求新型传播形式，利用微博、微信号、快手、火山小视频和网红等产生热点话题和流量，以实现文化输出的目标；黄平县在未来的发展过程中需要避免传播内容雷同的现象，积极发掘当地文化的新形式与新亮点，达到内容和形式紧密结合的效果。

4. 保护非物质文化遗产

黄平县拥有丰富多彩的非物质文化遗产资源，黄平县政府相关部门也很重视保护、传承非物质文化遗产的相关工作。在未来的发展过程中，首先要建立项目申报机制，守护住黄平县非遗文化家园。其次要建立起以突出非遗文化特色为主的长效宣传机制，组织苗族银饰、苗族泥哨、黄平蜡染技艺等多种特色项目代表性传承人到杭州、南京、上海等城市实地宣传巡回展示，让黄平县非物质文化遗产的宣传效果最大化。与此同时，还要在重要的法定假日组织非遗传承人到各个旅游景区和文物景点展示文化产品、网络直播推广，以充分展现黄平县的非遗文化魅力，扩大非遗文化影响力。此外，要建立好后期人才储备机制，提高非遗文化队伍质量和数量。加强非遗传承人队伍建设，积极培养非遗后继人才，引导学生树立文化自信，加强学生对非遗的全面认知与强烈的保护意识。在此基础上建立、健全竞争机制，促进非遗文化的交流与相互学习，以提升传承人的创造力和积极性，激发人民群众对非遗的保护意识，促进黄平县非遗的传承与发展。最后要建成抢救保护机制，部分非遗存在濒临灭绝的风险，为了保留非遗文化记忆，应组织专家学者对黄平县的苗族古歌、石雕技艺、苗族银饰锻造技艺、苗族服饰、苗族芦笙舞和传统医药等进行调查整理、挖掘与收集，对土陶制作技艺和岩鹰高跷等存在消失风险的文化遗产，进行抢救性保护。

（三）黄平县农业公共区域品牌助推区域经济建设

1. 实施农产品区域品牌策略是提升农产品品牌市场竞争力的关键

农产品区域品牌以"地区名+产品名"的方式命名，品牌农产品与当地文化底蕴、特色以及风土人情相融合，当顾客在购买某产品时，会自然而然地联想到当地的特点及背景文化，所以这也是最为自然有效的文化营销方式，通过这种潜移默化的文化传播，能够加深顾客对该产品的信任度，提到黄平县便会联想到苗族文化。

2. 加大农产品区域品牌建设是实现农产品经营的规模效应的保障

我国农产品生产多以小农生产为主，单位生产量不高，销售渠道有限且成本较高。高品质的农产品会因为价格竞争而发生贬值，这就需要建立农产品区域品牌，将分散的农户集中起来，由专业团队管理经营，农户可以专注探究新的农产品生产技术，再由专业团队进行后期市场营销规划，分工更加明确，从而提高效率。随着产业规模的扩大，农产品在外销时的价格谈判就能处于主导地位。

3. 黄平县农产品的标准化和农业产业的创新与升级，都可通过建立农产品区域品牌来实现

农产品的标准化程度、附加值一般都较低，这一现象降低了整个产业水平。但通过建立健全农产品区域品牌，政府持续支持和不断扩大投资力度，专业团队再进行生产技术改革，就可以将黄平县农产品的品质不断推向新高度，以适应市场环境的变化与多样化的需求。除了生产技术上有所提高，也要在生产加工机械设备上适时地更新迭代，打造出新型企业，种植出品质和产品附加值高、标准化程度高的农产品，使黄平县的农业产业实现再升级。

4. 实施农产品区域品牌战略有助于带动黄平县相关产业链协同发展

农产品区域品牌的建立不仅是为了提升农产品的市场竞争力，也是为了带动整个黄平县的农产品产业链的发展与提升。随着品牌价值不断提升，下游的农产品加工企业可以获得共同发展的机遇，通过举办多种形式的文化节，修建观光园和水果采摘游览园等，扩大本地产品的影响力。这样就能够快速有效地宣传农产品品牌，并且带动当地的旅游业、餐饮业和运输业的发展。

参考文献：

[1] 黔东南苗族侗族自治州地方志编纂委员会.黔东南苗族侗族自治州志·地理志[M].贵阳：贵州人民出版社，1990：91.

[2] 王文龙.中国地理标志农产品品牌竞争力提升研究[J].财经问题研究，2016（8）：80-86.

[3] 张传统.农产品区域品牌发展研究[D].北京：中国农业大学，2015.

[4] 王永平，黄海燕，刘希磊.贵州生态农业产业发展中实施区域品牌战略的思考[J].贵州农业科学，2010，38（11）.

[5] 吴朝兴.黄平县民族文化的开发与利用[J].理论与当代，2017（5）：41-43.

[6] 杨秀婷，谢垚凡.贵州省农产品品牌营销策略研究[J].中国集体经济，

2017（26）：62-63.

[7] 孙超. "互联网+"背景下贵州特色农产品品牌营销策略研究[J]. 农村经济与科技，2020，31（17）：165-166.

[8] 詹瑜. 黔东南小城镇生态产业发展现状及对策[J]. 贵州农业科学，2011，39（6）：207-211.

[9] 陈小平. 贵州省农产品品牌及地理标志商标研究[J]. 贵州师范大学学报（社会科学版），2011（4）：65-70.

[10] 张静. 贵州省农产品区域品牌建设研究[J]. 商场现代化，2011（31）：53-54.

[11] 杨文. 推动黄平县农业跨越发展 提高可持续发展能力[J]. 基层农技推广，2014，2（11）：36-38.

[12] 杨文. 关于黄平县农业信息化的调研报告[J]. 农技服务，2014，31（1）：2-3.

[13] 罗爱民. 贵州黄平县创建无籽西瓜名牌产业[J]. 中国瓜菜，2005（5）：47-48.

[14] 刘星. 区域文化品牌的理论内涵与建设路径研究[J]. 品牌战略，2019（3）：34-36.

[15] 李宏英. 茶产业区域品牌文化内涵塑造与传播策略研究[J]. 中国管理信息化，2020（3）：150-151.

[16] 黄平县人民政府网. 黄平县概况[EB/OL].（2020-07-23）. http://www.qdnhp.gov.cn/zjhp/hpjj/201607/t20160721_26937380.html.

[17] 黄平县人民政府网. 黄平县2019年国民经济和社会发展统计公报[EB/OL].（2020-07-23）. http://www.qdnhp.gov.cn/xxgk/jcgk/tjxx/tjnb/202007/t20200713_61585616.html.

综合报告

B.2 黄平县农业公共区域品牌运营发展报告

黄晓芳* 王忠梅** 吴征贵***

摘　要： 黄平县农业公共区域品牌的发展取得了一定的成效：黄平县将传统优势产业种草养牛作为"一县一业"的主导产业，累计为农民增加近2亿元的收入，带动了7200位贫困农民脱贫；"一村一品"飞速发展，2019年全县坝区特色农产品产值突破3.6亿元；黄平黄牛、黄平线椒、黄平白及获得国家地理标志认证，实现了黄平县地理标志产品零突破。为了适应时代的发展，黄平县着力加强山地特色高效农业、绿色农业、品牌农业以及加强全产业链质量体系的建设等方面的工作。此外，黄平县应围绕公共区域品牌标识应用、标准体系建设、整体标识系统设计、政策体系、技术体系、宣传体系、服务体系等方面，加大工作力度，为黄平县公共区域品牌的运营和发展营造一个良好的环境。

关键词： 黄平县；农业公共区域品牌；品牌运营

---

* 黄晓芳，女，贵州省地理标志研究中心助理研究员，研究方向：地理标志、公共政策。
** 王忠梅，女，黄平县农产品绿色发展服务站，高级农艺师，研究方向：农产品质量安全与品牌创建。
*** 吴征贵，男，黄平县农业推广中心，农艺师，研究方向：耕地质量提升技术试验、示范及推广。

黄平县公共区域品牌发展报告 No.1, 2020

一、黄平县农业公共区域品牌培育与发展

（一）黄平县"一县一业"培育与发展

黄平县是贵州省畜牧生产大县之一，种草养牛是黄平县的传统优势产业。黄平县积极响应中央和省委提出的"一县一业"政策，根据县内农村资源禀赋，充分发挥其传统养殖业的资源优势，将种草养牛作为"一县一业"主导产业，并将其作为脱贫攻坚的支柱产业之一。为此，黄平县积极调整产业结构，大力发展草地生态畜牧业。黄平县自然地理条件优越，水土无污染，为黄平县发展无公害和有机畜产品提供了绝佳的自然环境。早在2006年，黄平县就获得了"全国无公害肉牛生产基地县"的称号。近年来，为了大力推动种草养牛产业的发展，在以"种草养畜、以草定畜"为指导原则的基础上，推广"农牧结合、饲草分离"的发展模式，种草养牛产业辐射了包括新州镇、谷陇镇、重安镇、翁坪乡、纸房乡等在内的11个乡镇，共建成7个肉牛养殖小区，25头以上养殖规模的养牛场就达115个。根据相关数据统计，截至2020年，全县黄牛存栏5.32万头，出栏2.82万头，产值达4亿元，累计为农民增加近2亿元的收入，带动7200人脱贫。2019年全县通过肉牛产业带动实现建档立卡贫困户利益联结分红410万元，产业建设带动农户4710户，户均年增收15000元，覆盖贫困户3955户共计15984人，实现人均增收2562元。黄平县养牛历史悠久。在古代，苗村侗寨就有"斗牛坪"和"牧场"。苗族"鼓设"祭祀，有掌管杀牛仪式的"果礼"；侗族"聚款"时"杀牛盟誓"。且牛在苗族、侗族的祭祀、婚姻、传统节日以及接待客人等传统习俗中都有着十分重要的作用和影响。如侗族婚姻的行聘、议聘等礼节都以成双的牛作为礼品；过佳节或欢迎远方亲朋好友时，宰牛烹食，又以"牛瘪"或腌牛肉为待客上品。同时苗族、侗族等少数民族还十分擅长养牛和识牛，对于牛的选育、繁殖、养殖等方面都有自己一套成熟的方法和技术。早在民国时期，黄平县就以2.52万头的养牛数量居黔东南州

首位[1]。

为了做大做强种草养牛产业，黄平县政府通过以下方式整合县域内现有人力、物力、财力等各种资源，调动全县人民参与建设种草养牛业的积极性，为其健康发展提供要素保障。一是始终坚持以政府为主导，通过一系列的政策扶持种草养牛产业的发展。以"扶强、扶大、扶优、扶特"为原则，依据实际情况做到具体问题具体解决，并逐一推动各项扶持政策的落实。建立健全产业发展组织机构和服务机构，为种草养牛产业发展提供强有力的政策支持。二是发挥政府统筹规划的职能，结合黄平县种草养牛的实情与优势，因地制宜地为其制定整体的发展规划，在全县范围内建成集资源、项目、技术、信息等于一体的集成区、展示区和先行区等，推进种草养牛产业形成规模效益。2018年，黄平县在新州镇东坡村、谷陇青塘村以及重安镇苗圃村等土地资源较好的区域，规划种植牧草3.1万亩，牛存栏10.79万头。三是注重创新思维，为种草养牛产业发展提供技术支撑。黄平县高度重视对新技术、新方法、新机制的引进、创新与运用，加大对科技方面的人力、物力和财力等方面的投入，重视对种草养牛产业科技示范园区的建设，同时积极引进、培育和推广优良产品，促进产业结构的优化升级。四是引进龙头企业，形成"企业+合作社+农户"的利益共同体，通过紧密相连的利益纽带推进种草养牛产业向市场化、规模化、现代化的方向发展。截至2018年，先后引进了北京雄特牧业科技有限公司、贵州黄平农博翔有限公司和惠丰农民养殖专业合作社等。五是重视宣传推广，借助品牌影响力助推产业发展。通过多种方式进行宣传，切实让农民感受到产业带来的实际效益，以提高广大农民参与种草养牛产业建设的热情和积极性。同时注重培育发展有特色、优质、有竞争力的农业公共品牌，借品牌的影响力推动种草养牛全产业链的形成与完善。努力形成在政府的指导下，通过企业的带头作用，民众广泛参与，满足市场对产品多样化需求等多方主体共赢的发展格局。

---

[1] 黔东南苗族侗族自治州地方志编纂委员会.黔东南苗族侗族自治州志.农业志[M].贵阳：贵州人民出版社，2004.

（二）黄平县"一村一品"培育与发展

"一村一品"农业产业化发展模式最早起源于日本大分县大山町，是一种在一定的区域范围内，以村为基础单位，依托国内外市场需求，充分挖掘当地的资源禀赋，发挥当地的资源优势，通过规模化、品牌化以及标准化的建设，使一个村或多个村能够拥有一个或多个具有明显的区域特色、市场前景广阔与高附加值的产业或产品，从而达到迅速提升地方经济实力的农业产业化发展模式。"一村一品"的发展模式已经成为我国产业扶贫的重要方式之一，是帮助贫困地区农民脱贫致富、振兴农村的主要推动力。黄平县位于贵州东南部，有发展农业的优越的自然条件和地理位置，多年来，黄平县不断推动"一村一品"特色农业产业化发展，现已成为当地农民脱贫致富的有效途径。2017年，黄平县旧州镇东门村的飞云崖蔬菜产业入选《第四批全国一村一品示范村镇》。在相关政策的扶持下，新州镇大力发展"一村一品"特色农业产业，其中中药材21800亩，精品水果万余亩，稻田养鱼2000余亩等，带动全镇4404户18667名贫困农民实现脱贫致富的目标。2018年，新州镇学坝村种植葡萄，助力当地农民脱贫致富，带动贫困户40户惠及127人，为当地农民增加了4.82万元的收入，村集体经济收入7.3万元。2019年，旧州坝区"一村一品"农业产业发展取得了很好的成效，2019年全县坝区发展精品蔬菜1.2万亩，食用菌2000亩，百香果3000亩，水产养殖3000亩，产值突破3.6亿元。后有旧州镇通过借助农业合作社的引导作用，以大户带动小户，形成规模化发展的方式，支持鼓励农民发展洋芋、蓝莓、太子参、烤烟和大球盖菇等具有地域特色的种植业。目前谷陇镇的24个行政村已经形成了村村都有1个或2个主打产业，不断涌现出诸如"小米村（平寨村）""肉牛村（火车站村）""线椒村"等一批产业新村和产业大户。

（三）黄平县公共区域品牌质量建设与管理

2017年，中央明确提出推进农产品区域公用品牌建设，支持地方以优势企业和行业协会为依托打造区域特色品牌，加快推进农产品区域品

B.2 黄平县农业公共区域品牌运营发展报告

牌建设，全国各地在中央政策精神的指导下积极开展公共区域品牌建设的实践探索。黄平县也在国家、省和州相关政策的指引下积极开展公共区域品牌建设的实践，并取得了一定的成效。

近年来，黄平县在国家、省政府以及州政府相关政策的扶持下，以贵州省农村产业革命提出的12个重点产业为发展依据，从县域内已有的农业资源禀赋出发，将"中草药、生态畜牧业、蔬菜、辣椒、水果"等产业作为重点培育产业。对符合无公害农产品、绿色食品、有机农产品和农产品地理标志等要求的高标准、高品质的农产品进行认证，培育安全优质的农产品公共品牌。目前，黄平县已经培育出一批集质量、服务、技术和信誉于一体的农产品公共品牌。黄平黄牛、黄平线椒、黄平白及等获得国家农产品地理标志认证，实现了地理标志零突破。黄平县上塘镇木江村的白腊塘发展林下养鸡产业，其林下有机土鸡养殖示范基地获得了黄平县第一张禽类有机产品认证，为黄平县林下经济的发展提供了一条新的发展途径。谷陇加巴梯田有机稻生产示范基地产出的有机稻成功注册了"仰朵加巴"商标，产品加工与包装并行，是黔东南州上市的第一款梯田有机大米。同时创建了有机糯小米生产基地，其产出的产品由丰茂养殖农民专业合作社进行加工、包装以及销售等，产品畅销省内外。这些品牌在市场上受到了消费者的热烈欢迎，并逐渐得到社会的认可。除此之外，"黄平魔芋""黄平太子参"等地理标志认证也已经进入实质性审查阶段。同时，黄平县还重视对知识产权的挖掘和提炼，帮助企业加强对知识产权的保护工作。2020年，县内专利累计有效量达262件，万人拥有量0.97件，商标申请量174件，商标注册量158件，商标累计有效注册量达712件。[①] 黄平县创建培育出一批拥有地方特色的农产品公共品牌，全县基本形成了"企业创品牌、农民增收多"的局面，既能为脱贫攻坚助力，又能为下一步乡村振兴战略的实施奠定坚实基础。

[①] 88万元！黄平县发放品牌建设奖励"大礼包" [EB/OL].（2020-06-22）.http://www.sohu.com/a/403582369_684413.

二、黄平县农业公共区域品牌运营理念与内容（品牌、技术、资金）

（一）山地特色高效农业建设

山地特色高效农业是现代农业发展的一个重要分支，对传统农业发展受限的山区而言，是一个突破发展限制推进当地经济发展的重要途径。其主要是将现代科学技术与管理手段相结合并运用到农业发展中去。利用好复杂的山地生态环境条件，结合当地资源禀赋与传统特色农业，通过资源优化和产业结构调整，形成涵盖生产、加工、包装、销售等环节于一体的特色农业全产业链，促进农业与第二产业、第三产业的融合发展，共同推动地方经济社会的发展。这种山地农业的主要特征是带有明显的区域性、特色性、现代性和高效性。

贵州省是一个典型的山地省份，地貌主要以高原、山地、丘陵和盆地四种类型为主，其中山地和丘陵的面积就占全省总面积的92.5%，是山地特色高效农业发展的主战场。2015年，省委、省政府出台了《关于加快推进现代山地特色高效农业发展的意见》，为贵州省现代山地特色高效农业的发展指明了方向和提供政策保障。黄平县积极响应省政府的号召，立足县情，开始着手调整农业产业结构，加快传统优势农业的调整与升级。种草养牛和中草药种植产业发展如火如荼，在助民增收和脱贫致富中发挥出了重要的作用，同时太子参产业稳步发展，蓝莓产业初见规模，百香果产业蒸蒸日上，坝区产业快速推进，全县现有农业产业龙头企业20家、农民专业合作组织859个、家庭农场84户、专业大户69家，通过"支部＋基地＋农户"的示范引领，实现规模化种植、标准化生产、产业化经营、品牌化销售新突破。以黄平县康养源生态养殖专业合作社为例，该合作社将70余户村民的土地流转，以抱团的方式共同发展。实现"稻—鱼—螺"立体养殖的模式，稻花养鱼，鱼粪喂螺，螺便肥田，生态循环，构建山地特色的高效"坝业"。将"绿色、优质"作为合作社产品的卖点，相比较于市场上普通的同类产品，其价格优势明显，有机大米销售价格为5元/公斤、稻花鱼为15元/公斤、林下鸡为16元/公斤，上门求购者络绎不绝，深受广大消费者的喜爱，无一不在彰显现代山地特色高效农业的优势。

（二）现代绿色农业建设

随着生活水平的提高和物质生活的丰富，人们对于食品安全越来越重视，因此绿色农业是现代农业的发展趋势之一。区别于传统农业，绿色农业是一种内涵丰富的新型农业，是新时期农业发展适应时代需要而作出的调整与转向，对于农业发展观而言，更是一场深刻且有效的变革。绿色农业强调通过创新种植技术、减少农药和化肥的使用、对作物的品种进行改良等方式，为消费者提供优质、无毒、无害、无污染的绿色健康产品。绿色农业可以促进农业的可持续发展。

黄平县优越的土壤和气候条件十分适宜粮食、中药材、水果、蔬菜等农产品的种植，加上其是一个少数民族聚居的农业县，少数民族人数众多，这些少数民族多有稻田养鱼的传统，为发展绿色农业奠定了良好的基础。为了充分利用好生态资源和传统优势农业资源，2015年，黄平县委县政府决定集中主要力量发展绿色农业，主要以中药材种植、稻田鱼生态养殖与精品水果种植为主导产业。其中，中药材种植面积20万亩，稻田养鱼面积10万亩和精品水果种植面积10万亩，这一绿色生态农业工程简称为"211"工程。黄平县将"211"工程绿色生态农业打造成为全县农业发展的支柱产业，进一步助推农民增收、农业增效，加快实现推动县域经济和农业产业快速发展这一目标。在推动"211"工程建设的同时，黄平县还十分重视将当地传统民族文化与农产品相结合，化生态优势、少数民族文化优势为经济优势，孵化出一批绿色品牌，"半山五古稻""谷陇糯小米""且兰百香果"等农业产品大受欢迎。借贵州苗丫丫电商之手，以线上销售的形式推动了黄平县绿色农产品走向更广阔的市场。黄平县的实践证明，有故事、有灵魂、有信仰的产品，才能在激烈的市场竞争中脱颖而出，创造出更多、更大的价值。

（三）现代品牌农业建设

随着时代的发展与需要，农业走向品牌化、产业化、规模化是大势所趋，也是现代农业发展的重要标志，同时农业品牌化与我国当前农业供给侧改革和乡村振兴战略不谋而合。发展品牌农业，培育与建设农产品公共区域品牌既能助力贫困地区脱贫攻坚，助民增收，增加当地农民的获得感与幸福感，又能提高农产品的产品质量与市场竞争力，是一件一举多得的创新之举。2012年，国务院印发《全国现代农业发展规划2011—2015年》，将现代农业定格为国家级战略，而品牌农业是实现现代农业的第一抓手。多年来，在县政府的高度重视下，通过各种措施鼓励支持农业品牌的培育工作，打响黄平县特色农业品牌。一是将农业与旅游业相结合，打造农业旅游，带动县域内农业旅游经济的发展。例如，"生态舞阳湖"综合开发项目，将休闲度假、生态农业观光、餐饮娱乐、农产品深加工等多个品牌建设成为大型农业综合体。二是重视对知识产权和专利的应用与保护，促进优质特色农业产业的持续发展，黄平县农业品牌初具规模，2020年，全县商标申请量174件、商标注册量158件，商标累计有效注册量达712件。包括泰苗小米酒、黄平黑毛猪、黄平金黄鸡、雷公嘴、黄平糯小米、谷陇加巴糯小米、桃园土鸡、青松菜篮子、年年黄、黔村乐、圆宝山、且蓝、福贵圆、红梅公社、黄平黄牛、仰朵加巴、黄平太子参、露髓枫酿、黔疆百花谷、姬香玛、飞云崖、玉笏山、黄平腌汤、康桃部落、果羿香等一系列农业品牌。

（四）全产业链质量体系建设

全产业链由中粮集团在我国农业结构调整、农产品产业升级、中国居民食品消费升级以及民众对食品安全日益重视的大背景下提出的一种新的发展模式。其以消费者为导向，从产业链的源头做起，涉及生产、加工、销售、物流、品牌推广等所有环节，实现食品安全可追溯，形成绿色、健康、安全、营养的食品供应全过程。农业全产业链的发展为现代农业发展提供了新的思路，也是现代农业发展的方向。农业全产业链涉及相关主体较多，是一个将农业生产、种植养殖、加工销售、仓储运输等不同产品链聚集而成的一体化组织系统。这些分支的产业链与主产业链之间相互影响，相互作用，共同构成了农业产业链群，同时这些产业链群又能够与其他产业链形成关联，促进新产业链群的出现。建立健全农业全产业链，有利于对农产品的全程质量把控，有助于增强农产品在各个环节中的价值创造从而提高农产品的整体价值。

种草养牛是黄平县重要的支柱型产业之一，经过多年的建设与发展，黄平县种草养牛产业全产业链的发展已初具规模。黄平农博翔有限公司成立于2013年，是一家从事山地高效生态畜牧种养殖、饲料加工、生态旅游和农业观光等产业的综合性企业。该公司建有生态牧场种植（含育苗）示范基地、生态畜牧养殖基地、养牛场若干，共带动1320名贫困人口脱贫。2018年，黄平县与北京雄特牧业科技股份有限公司签订了肉牛养殖全产业链建设项目协议。该项目涵盖了牧草种植、肉牛养殖、育肥、屠宰加工、活牛销售、牛肉销售、冷鲜牛肉加工、牛肉干加工销售等各个环节。同年又与深圳市新晋昌农业科技有限公司签订黄平县浪洞田园综合体项目。该项目包括建立观光园、花卉观光园、精品蔬菜种植加工、扩大肉牛繁育养殖、牧草种植，同时该项目还包括了牛粪有机处理、沼气发电、畜牧防疫等于一体的全产业链。此外，县内各农业合作社依据自身出产的农产品特点进行生产、加工、包装、销售、推广等，提高了农产品的附加值。目前，黄平县农业全产业链已初具规模，但仍存在市场化程度低，农产品品牌在省外或国内其他市场的影响力不足等问题。

三、黄平县农业公共区域品牌运营体系

（一）公共区域品牌标识应用

品牌标识作为一个品牌的门面，是为了与其竞争对手区别而专门设计的标记，标识由文字、图形或文字+图形等形式组合而成，标识是最能突出和体现一个品牌的文化，因此品牌标识（Logo）具有能够增强品牌效应的作用，是一个企业和产品的无形资产。做好公共区域品牌标识的应

用和保护工作能够增强公共区域品牌的辨识度，树立良好的品牌形象。

目前，黄平县对于农产品品牌的认证主要还是围绕无公害农产品、绿色食品、有机食品、农产品地理标志产品为主的"三品一标"认证展开，见图2-1、图2-2、图2-3、图2-4。

1. 无公害农产品标识

无公害农产品认证采取产地认定与产品认证相结合的模式，强调以生产过程控制为重点，以产品管理为主线，以市场准入为切入点，以保证最终产品消费安全为基本目标。为了更好地适应新时期的变化与发展，无公害产品认证制度进入改革阶段，2018年，无公害产品认证制度改革座谈会在北京召开，会议提出试行合格制，逐步用合格制取代无公害农产品认证工作。

图2-1 无公害农产品标识

2. 绿色食品标识

绿色食品是由我国政府主导的安全优质的农产品精品，是不包含任何化学添加剂、没有受到污染的纯天然食物产品。绿色产品标识工作由中国绿色食品发展中心负责，这种产品自源头产地环境、中间生产过程等环节都有严格的相关标准，只有达到相关要求，才能得到绿色食品标识的使用权。目前，绿色食品已经成为实现农业转变发展方向、增加农民收入和保障食品安全的有效途径。

图 2-2 绿色食品标识

3. 有机产品标识

有机产品以"回归自然，保护环境"为追求目标。它是一种严格按照有机农业原则、有机产品生产方式和相关标准生产加工而成的产品，且要得到有机产品认证机构（原国家质检总局、原农业部中国绿色食品中心和原国家环保部南京环境科学研究所）认证并颁布证书，包括粮食、水果、蔬菜等一切农副产品及其加工品。

图 2-3 有机产品标识

4. 农产品地理标志产品标识

农产品地理标志标示农产品来源于特定地域，产品品质和相关特征主要取决于自然生态环境和历史人文因素，并以地域名称冠名的特有农产品标志。此处所称的农产品是指来源于农业的初级产品，即在农业活动中获得的植物、动物、微生物及其产品。

图 2-4　农产品地理标志产品标识

截至 2016 年，黄平县完成了 5.8233 万亩"三品一标"产地的认证工作，其中，蔬菜种植 3.061 万亩；优质稻种植 1.2495 万亩；水果种植 1.5128 万亩。2020 年，黄平黄牛、黄平白及、黄平线椒获国家地理标志产品认证。但是黄平县在公共品牌标识管理方面的工作存在不足：一是并未按照相关标识的使用出台政策法规规范公共品牌标识的使用；二是公共品牌发展整体规划缺失；三是市场监管方面严重缺乏；四是相关行业协会无法发挥出真正的作用等，这些因素都限制了黄平县公共区域品牌的发展。

（二）公共区域品牌标准体系建设

公共区域品牌建设不仅助农增收，而且是贫困地区产业扶贫的重要推动力和乡村振兴战略的重要着力点。公共区域品牌的价值越来越为人所熟知。公共区域品牌标准体系的建设，是加强农产品公共区域品牌标准化建设的基础与推动力。公共区域品牌标准体系应包括种养殖生产技术标准化、全程质量安全监督标准化、成品验收标准化与品牌运营标准化等内容。

黄平县在早期培育和发展农产品区域品牌时，农产品的产量和规模有限，但随着越来越多的农民、合作社和企业加入其中，其产品产量和规模呈爆发式增长，在这一过程中，其区域公共品牌标准化的短板就开始凸显出来。这就迫切需要黄平县建立健全区域公共品牌标准体系的建设，颁布相关标准以规范生产、加工和销售等各个环节，以保护农业公共区域品牌的声誉不受非法侵害。而当前黄平县政府及相关部门在公共区域品牌标准体系建设这一块是缺位的，没有发挥好政府应发挥的职能，缺乏对公共区域品牌的发展提供保护与支持。因此，为了加快黄平县公共区域品牌的建设步伐，充分发挥出品牌效应，让各相关主体能够享受到更多的品牌溢价，提升黄平县农业产业的整体竞争力与综合实力，公共区域品牌标准体系建设已迫在眉睫。在公共区域品牌标准体系建设中，要让社会各相关主体都积极参与进来，共同为公共区域品牌的建设贡献一份力。首先是政府层面，黄平县政府及有关职能部门应找准自身的角色定位，指引标准体系的建设方向、优化整合现有的资源、提供公共服务以及加强对市场的监管等，做公共区域品牌的保护者、协调者和监管者。其次是企业和行业协会方面，相关企业和协会应充分发挥其自身的作用，通过制定企业标准和行业标准助推农产品公共区域品牌标准的确立，为标准体系的建立健全出一份力。最后是通过一些措施为公共区域品牌标准体系的建立提供保障，如加强组织领导、加大资金投入和完善相关政策体系等。

（三）公共区域品牌整体标识系统设计

随着我国农产品市场体系的不断健全与完善，各种农产品批发市场、综合批发市场和零售市场等农产品流通体系也陆续地初步建成。与之相对应的是市场上消费者对优质农产品需求的不断增加，消费者对于已获得无公害、绿色、有机、农产品地理标志等认证且知名度较高的农产品更加信任与依赖。农业品牌整体标识有利于树立品牌形象，打响品牌知名度，获得消费者的认可，同时对于提高品牌溢价和农民收入都有着十分重要的意义。然而，我国大部分农产品在品牌的整体标识设计、使用、管理、包装设计等方面尚处于初步发展阶段，不重视对品牌整体标识的利用与管理，不利于区域公共品牌的品牌与标准化发展。

黄平县在公共区域品牌建设中也面临着同样的问题。由于相关农产品品牌发展时间较短，导致不少拥有优质农产品的企业，无法获得与之相匹配的整体标识，出现优质农产品的宣传效果与销售结果不佳、产品附加值低的局面。此外，农产品品牌标识无法传达和体现产品的特点，致使品牌辨识度低，品牌标识设计缺乏创新等问题都是制约公共区域品牌健康发展的因素。为了摆脱这一困境，黄平县政府及其相关部门和相关企业、行业协会、农业合作社等主体应加大对公共区域品牌标识的管理。在深入了解各个农产品特点后，针对不同的产品特点设计不同的产品标识，同时重视加强对品牌标识的规范管理，形成一套完善的属于黄平县公共区域品牌的标识体系，以此为基础强化对农产品公共区域品牌的保护和促进其健康发展。

（四）公共区域品牌政策体系

当前我国正处于农业产业发展转型的关键时期，黄平县是一个传统农业大县，农业公共区域品牌的培育与发展已经成为当地突破传统农业发展的限制、发展优质和高附加值的现代农业的主要途径。为了实现农业区域公共品牌可持续发展的目标，相关政策体系的健全与完善是必不可少的条件之一。首先，黄平县政府及相关部门作为政策的主要供给者，要根据县内实际情况，因地制宜地出台诸如《黄平县公共区域品牌发展指导意见》《黄平县公共区域品牌建设总体规划与目标》《黄平县公共区域品牌建设实施方案》《黄平县公共区域品牌标准体系》等宏观层面的政策，指导黄平县公共区域品牌的建设与发展。其次，还应有针对性地对如何实施等具体方面进行规定，如关于《"且兰遗风"农产品公共区域品牌使用管理办法》《"且兰遗风"农产品公共区域品牌标识使用管理办法》等，出台相关扶持政策提高全县人民参与公共区域品牌建设的积极性。最后，发挥多元政府工具在调动各主体参与积极性方面的作用，增强政策执行的效果。

（五）公共区域品牌技术体系

公共技术是指其产权归属整个社会公众，任何人不能主张所有权（专有权）的技术，又称普通技术，或公有技术。[①] 公共技术分为以下五种类

---

① 赵哲伟.新编国际经济法[M].北京：对外经济贸易大学出版社，2010.

型：第一，已经在公开的出版物上发表过的技术；第二，在其他有形物上公布出来的技术；第三，已经在公有领域得到实际应用的技术；第四，以语言传播等方式将技术的主要内容公开的技术；第五，处于"潜伏状态"的公有技术[①]。公共技术的发展能够为公共区域品牌的建设和发展提供技术支持和技术服务，公共区域品牌的发展又能促进公共技术的更新迭代，二者相辅相成，共同发展。

当前，黄平县已有3个产品获得国家地理标志产品的认证，同时黄平县也高度重视对知识产权的保护，县内专利累计有效量达262件，万人拥有量0.97件，全县商标申请量174件、商标注册量158件，商标累计有效注册量达712件。这些公共技术的发展有利于黄平县公共区域品牌的培育。依托于公共技术的力量，政府可以通过搭建公共技术服务平台的方式，为公共区域品牌搭建一个综合平台，从而提高整个品牌的科技创新能力，为区域公共品牌发展提供更好的技术服务。该公共技术平台能为相关主体提供各类便捷的服务，以降低相关主体的时间、金钱和资源等方面的成本，提高整体效率。这一平台应该包含以下功能：一是技术信息的发布与检索功能，包括行业前沿动态、政府出台的相关政策、相关行业标准等动态信息；二是便捷的服务功能，对于企业及合作社、行业协会等主体而言，网上注册、发布产品信息、提供咨询等功能可以大大提高效率，对消费者而言，便捷的防伪查询、商标授权查询、一键举报等功能可以帮助消费者快速辨别品牌的真伪，有利于加强对公共区域品牌的保护；三是对产品的分门别类，将所有公共区域品牌的子品牌纳入其中，创建一个"一站式"的综合型公共技术平台。同时需要政府部门加大人力、物力、财力等资源的投入，完善相关制度建设等，共同加快公共区域品牌的培育和发展。

（六）公共区域品牌宣传体系

宣传是一个品牌塑造形象最重要的手段之一，只有通过多种形式的宣传活动，品牌才能从看不见摸不着的抽象文化符号转化为实实在在的

[①] 杨水旸，王建华. 技术经纪人 [M]. 北京：中国经济出版社，2002.

经济价值。随着我国消费升级，人们对于优质农产品的需求也与日俱增，而消费者的消费决策容易受各种宣传的影响，因此，加强公共区域品牌宣传体系的构建能够打响品牌的知名度，让更多消费者注意和认识到该农产品，在良好的口碑效应下提高消费者对品牌的忠诚度。黄平县公共区域品牌可以借助形式丰富多样的宣传方式进行宣传，设计出一套适合自身的宣传体系，将线上推广与线下宣传相结合，灵活地运用各种宣传工具。既可以通过线下电视、报纸，积极参与品牌推广会、产品交流会、农产品发布会等传统宣传方式进行宣传；也可以通过线上电商平台、各类自媒体平台的直播带货、微信公众号等渠道进行宣传。通过宣传提高消费者对区域公共品牌的认知度，激发消费者的购买欲，以此扩大品牌的知名度和提高其在市场上的竞争力。

（七）公共区域品牌服务体系

公共区域品牌的建设、发展与以政府机构为主体的公共部门所提供的公共服务有着千丝万缕的联系，一方面公共区域品牌的建设呼吁政府提高公共服务水平，另一方面公共区域品牌的发展过程离不开公共服务的参与。政府、知识产权局、食品药品监督管理局、工商行政局、市场监督管理局、农业农村局、环保部门、宣传部门以及产业协会、合作社等都始终贯穿于区域公共品牌的整个发展过程中。在公共区域品牌的发展过程中，政府始终发挥着统筹规划的作用，为其发展提供资金、技术、专业技术人员等各类资源，通过各种扶持措施促进公共区域品牌的发展。知识产权局则为品牌相关专利提供保护，制定品牌专利认定、侵权判断标准等，为企业及个人提供培训等。药品监督管理局依据有关法律法规，对公共区域品牌进行安全检测、对产品质量严格把关，有利于优质农产品的发展。工商行政和市场监督管理等部门通过加强对市场的监管，加大对假冒伪劣产品的打击力度，维护公共区域品牌的形象，为品牌发展营造良好的社会环境。农业农村局和环保部门可以利用各自的优势促进公共区域品牌产品规模化、标准化、绿色健康安全的进程。宣传部门应该通过多种方式加强对公共区域品牌的宣传推广活动，打响公共区域品

B.2 黄平县农业公共区域品牌运营发展报告

牌知名度，让更多的人认识该品牌。产业协会、企业和合作社等则可以为公共区域品牌提供优质的初级农产品和加工产品，从源头上保证其产品质量。黄平县应努力促成公共区域品牌服务体系的设计与建立，从而更好地为公共区域品牌的发展提供保障和推动其可持续发展。

B.3
黄平县区域营商环境发展报告

李春艳* 冯廷玺** 朱忠琴***

摘　要： 本报告主要从营商环境的相关基础概念出发，以厦门大学、贵州财经大学依据相应十大指标对贵州省全省营商环境进行的评估数据为基础，对各市州、黄平县所属的黔东南州相关评估数据进行对比研究，通过分析发现，黄平县所属的黔东南州本级分数为69.56，总分排名为第5。将黄平县与其他87个调查县的相关评估数据进行对比研究发现，黄平县的营商环境评估得分排名位于第67，排名较为靠后，黄平县总得分为72.45，在10项评估指标当中分数最高的指标为获得电力，其得分为83.84。得分最低的是企业信息，其得分仅为55.75。

关键词： 黄平县；营商环境；发展研究

一、营商环境基本概念与发展意义

通过从理论层面分析、掌握营商环境的概念内涵，有助于帮助人们强化思想认识，准确指导营商环境的优化实践。一方面，营商环境指的是企业在设立—经营—结束这个循环过程中的条件与周围情况的总和，

---

* 李春艳，女，贵州省地理标志研究中心助理研究员，研究方向：地理标志、产业发展、公共政策。
** 冯廷玺，男，黄平县农业农村局农业技术推广中心，农艺师，研究方向：农作物绿色防控、粮作物增产增效等。
*** 朱忠琴，女，贵州大学公共管理学院2018级硕士研究生，研究方向：公共政策。

B.3 黄平县区域营商环境发展报告

是某个国家抑或是地区进行吸引投资、开展国家交流、发展经济、参加国际竞争的关键背景环境，即企业从事经营活动的各项外部环境。其具体内容包括影响企业一切活动的经济要素、社会要素、法律要素、政治要素等方面，是涵盖对外开放与经济社会改革诸多领域的系统工程。另一方面，营商环境是市场行为主体生存、创新、发展的前提与基础，是一个区域、国家经济社会发展的核心竞争力与关键软实力的标志。从这层含义而言，营商环境的内容包括市场主体在生产经营、市场准入、市场推出等环节中涉及的区域市场环境、人文环境、政务环境、法治环境等有关的因素与条件总和。一个地区的营商环境优劣不仅影响着区域内企业的发展。也会对地区招商投资情况产生直接影响，从而对地区经济发展状况、社会就业状况、财税收入等产生关键影响。此外，因为营商环境涉及影响市场主体行为的文化、法律、政治、经济、社会等众多要素，所以营商环境的发展优化是涉及市场、政府、社会甚至全球化因素等诸多领域融合交叉的综合性工程。

对相对成本趋同、要素禀赋相似的国家、地区而言，营商环境直接决定了人力、资本等高端要素的流动方向，是国家、地区间进行经济竞争的重要因素。良好的营商环境体现一个国家或者地区的经济软实力，是提高一个地区、一个国家综合竞争力的重要方面。

发展、优化营商环境对促进经济高质量发展的具体作用可以归纳为三个方面：第一，产权保护制度的相对完善是促进营商环境优化的基础要素，它可以对市场主体产生的生产成果进行有效保护，通过对企业家的创新精神进行正向激励，促进投资产生的创富效应。第二，从市场环境所需的交易成本来看，营商环境的良好发展代表着更有效的竞争中性机制、更宽松的市场环境以及更低的投入与成本。所以良好的营商环境有助于聚集市场资源要素，促进要素在市场内的自由流动，进而激发市场主体的生产、经营活力，深度完善国内统一市场。第三，就市场的预期与收益而言，良好的营商环境可以在规则有效与收益稳定的基础上增加可预期性，从而最大限度地消除冗赘成本与不确定性，在高度社会诚信的前提下促进社会与市场交易合作，最大限度地提高资源配置的效率。

二、黄平县营商环境评估结果

对黄平县营商环境的评估从贵州省营商环境评估、各市（州）营商环境评估、各县（市、区、特区）营商环境评估三方面进行。

首先，贵州省投资促进局于2019年年底委托贵州财经大学与厦门大学对贵州省级层面、贵安新区、9个市（州）以及88个县（市、区、特区）分别开展了营商环境的相关评估工作。贵州财经大学与厦门大学分别从便利度得分和总排名、开办企业、办理建筑许可、获得电力、登记财产、获得信贷、保护中小投资者、纳税、跨境贸易、执行合同、办理破产等维度对贵州省全省在2019年、2018年、2017年的营商环境进行打分与排名，获得了全省营商环境的总体排名情况。

厦门大学在参照世界银行《2020年全球营商环境报告》营商环境评估标准与评估指标体系的基础上，针对办理建筑许可、开办企业、登记财产、获得电力、保护中小投资者、获得信贷、跨境贸易、纳税、办理破产、执行合同10项指标进行营商环境评估。在深入调查、走访贵州省相关代表企业与政府部门的基础上，以企业对营商环境的实际获得感为主要关注点，收集指标相关数据、整理问题清单。以营商便利程度进行计算、评估。关于贵州省的营商环境评估情况具体见表3-1。

表3-1 黄平县在贵州省内营商环境评估结果比较

年份	2019		2018		2017	
	分数	排名	分数	排名	分数	排名
便利度得分、总排名	72.82	58	66.79	79	62.44	94
开办企业	90.57	66	89.51	67	85.23	97
办理建筑许可	63.07	130	47.15	177	45.15	175
获得电力	86.20	38	70.15	102	53.98	143
登记财产	81.07	28	75.21	43	70.3	64
获得信贷	60	80	60	73	60	68
保护中小投资者	72	28	60	64	60	57

B.3 黄平县区域营商环境发展报告

续表

年份	2019		2018		2017	
	分数	排名	分数	排名	分数	排名
纳税	69.42	109	67.41	115	51.2	167
跨境贸易	85.04	61	82.48	66	66.52	114
执行合同	64.90	52	61.93	63	81.60	3
办理破产	55.97	65	54.03	68	48.96	72

（数据来源：黄平县人民政府网，http://www.qdnhp.gov.cn/。）

就总体情况而言，贵州省2017年的便利度得分为62.44，总体排名为94。2018年的便利度得分为66.79，总体排名为79。2019年的便利度得分为72.82，总体排名为58。由此可见，贵州省的营商环境总体评估得分在近三年内呈现出明显的逐年上升趋势。此外，开办企业、办理建筑许可、获得电力、登记财产、纳税、跨境贸易、办理破产等内容的分数在2017—2019年也呈现出明显的稳定上升趋势。但是2017年、2018年和2019年获得信贷的分数均为60，并未出现增长趋势。排名却从68降为73，最后降为80。保护中小投资者在2017年与2018年获得的分数均为60，2019年的分数为72，排名呈现出先下降后上升的趋势，2017年的排名为57，2018年的排名下降为64，2019年的排名上升为28。执行合同的分数与排名均呈现出先明显下降后缓慢上升的趋势，2017年，执行合同的排名为3，分数为81.60。2018年，其分数与排名分别为61.93、63。2019年，其分数与排名分别为64.90、52。

2019年，各项评估内容获得的得分由低到高依次为：办理破产、获得信贷、办理建筑许可、执行合同、纳税、保护中小投资者、登记财产、跨境贸易、获得电力、开办企业。它们的分数分别为：55.97、60、63.07、64.90、69.42、72、81.07、85.04、86.20、90.57。排名从低到高依次为：办理建筑许可、纳税、获得信贷、开办企业、办理破产、跨境贸易、执行合同、获得电力、登记财产、保护中小投资者。它们的排名依次为：130、109、80、66、65、61、52、38、28、28。

2018年，开办企业的分数最高，为89.51分。分数位于第2、第3、第4的内容分别为跨境贸易、登记财产、获得电力，它们的分数分别为

82.48、75.21、70.15。分数为最后四位的分别为获得信贷（60）、保护中小投资者（60）、办理破产（54.03）、办理建筑许可（47.15）。

2017年，贵州省营商环境评估内容的分数由低到高依次为：办理建筑许可、办理破产、纳税、获得电力、获得信贷、保护中小投资者、跨境贸易、登记财产、执行合同、开办企业。它们的分数依次为：45.15、48.96、51.2、53.98、60、60、66.52、70.3、81.60、85.23。排名由低到高依次为办理建筑许可、纳税、获得电力、跨境贸易、开办企业、办理破产、获得信贷、登记财产、保护中小投资者、执行合同。它们的排名依次为175、167、143、114、97、72、68、64、57、3。

在对贵州省各市（州）营商环境评估时，主要是对贵阳市、六盘水市、遵义市、毕节市、黔东南州、黔西南州、黔南州、铜仁市、贵安新区、安顺市等地区从市州本级、所辖县、总分三个维度进行评估。其中市州本级分数位于前三位的是贵阳市、遵义市与贵安新区。它们的分数分别为76.39、73.53、72.64。市州本级排名位于最后三位的是安顺市、黔南州、黔东南州，它们的分数分别为62.70、66.10、69.56。所辖县维度的平均得分位于前三位的分别为六盘水市（81.06）、黔东南州（77.56）、毕节市（76.62）。各市州总分排名由高到低依次为：贵阳市、六盘水市、遵义市、毕节市、黔东南州、黔西南州、黔南州、铜仁市、贵安新区、安顺市。黄平县所属州黔东南州的总分排名为第5。关于各市（州）营商环境评估排名情况具体见表3-2。

表3-2 各市（州）营商环境评估情况排名

排名	市州	市州本级分数	所辖县（市、区）平均得分	总分
1	贵阳市	76.39	75.79	76.09
2	六盘水市	71.08	81.06	76.07
3	遵义市	73.53	75.79	74.66
4	毕节市	71.13	76.62	73.88
5	黔东南州	69.56	77.56	73.56
6	黔西南州	70.20	75.92	73.06

B.3 黄平县区域营商环境发展报告

续表

排名	市州	市州本级分数	所辖县（市、区）平均得分	总分
7	黔南州	66.10	76.50	71.34
8	铜仁市	69.90	72.50	71.20
9	贵安新区	72.64	67.04	69.84
10	安顺市	62.70	71.90	67.30

（数据来源：黄平县人民政府网，http://www.qdnhp.gov.cn/。）

市州本级得分大于所辖县得分的市州分别有贵阳市、贵安新区这两个地区。六盘水市、遵义市、毕节市、黔东南州、黔西南州、黔南州、铜仁市、安顺市所辖县的平均得分均高于市州本级得分。

黄平县所属的黔东南州的总分排名位于贵州省各市州第5的位置，其总分分数为73.56。黔东南州所辖县平均得分为77.56，位于全市州排名第2的位置。其市州本级分数为69.56，位于全市州第8的位置。总体而言，黔东南州的排名在贵州省各市州的分数排名较为靠后。关于黔东南州本级评分、所辖县得分与总分的具体情况如图3-1所示。

	得分
市州本级分数	69.56
所辖县（市、区）平均得分	77.56
总分	73.56

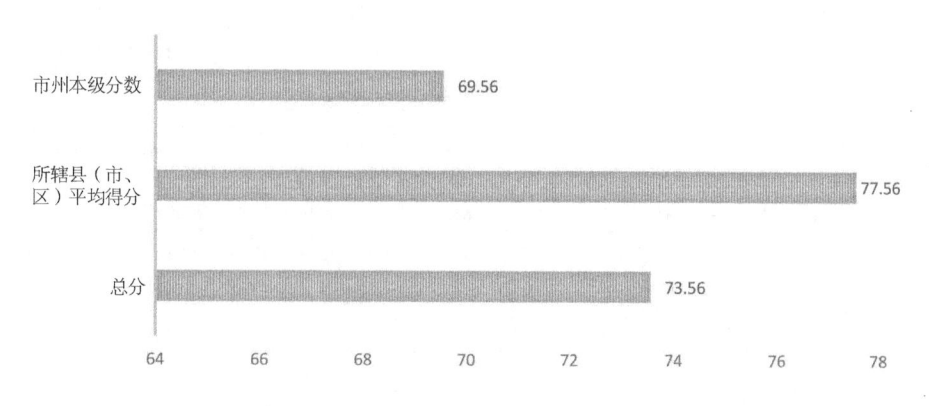

图3-1 黔东南州营商环境评估得分

（数据来源：黄平县人民政府网，http://www.qdnhp.gov.cn/。）

关于贵州省贵安新区、市（州）、县（市、区、特区）的考核与评估主要由贵州财经大学相关科研团队负责，他们在贯彻《贵州省营商环境优化提升工作方案》政策内容的前提下走访调研了88个政府机构、中小企业、中介机构，通过对相关数据进行采集与分析，最终获得了贵安新区、市（州）、各县（市、区、特区）的便利度得分。在县（市、区、特区）的排名当中，前5位的总分排名从低到高分别为锦屏县、龙里县、万山区、清镇市、盘州市。位于后5位的总分排名从低到高分别为碧江区、普定县、关岭县、沿河县、三都县。关于各县（市、区、特区）营商环境的具体评估情况见表3-3。

表3-3 各县（市、区、特区）营商环境评估情况

序号	县（区、市）	总分	开办企业	办理建筑许可	获得电力	获得用水	登记财产	纳税	获得信贷	政务服务	市场监督	企业信息
1	盘州市	85.63	91.94	86.07	95.48	95.12	75.31	95.26	85.60	75.09	91.65	64.75
2	清镇市	84.97	94.11	79.44	92.81	87.35	85.17	84.38	93.43	78.67	85.30	69.08
3	万山区	82.74	91.94	84.84	86.78	85.29	80.11	82.16	93.27	63.37	89.50	70.14
4	龙里县	82.40	88.38	86.54	85.26	99.81	59.27	92.40	73.45	78.29	93.82	66.77
5	锦屏县	82.10	85.02	84.63	83.96	94.31	79.39	79.94	69.14	76.38	92.60	75.66
6	兴仁县	82.08	98.82	77.84	87.84	84.96	77.46	85.91	78.70	72.75	91.01	65.47
7	丹寨县	81.95	82.81	89.71	80.61	96.13	74.69	86.39	81.36	71.91	93.02	62.84
8	修文县	81.65	85.10	84.17	92.05	88.66	73.09	91.94	79.72	73.27	83.83	64.67
9	长顺县	81.54	93.11	71.42	93.05	95.87	68.95	84.46	87.16	78.30	79.31	61.76
10	黎平县	81.42	91.45	90.38	86.57	84.07	78.44	90.99	73.68	81.26	82.81	54.56
11	钟山区	81.20	87.13	75.13	86.96	91.50	74.90	90.09	78.71	65.14	76.46	86.02
12	平塘县	80.78	92.81	65.06	94.03	85.94	81.30	88.92	76.81	67.16	88.21	67.54
13	榕江县	80.66	79.95	66.18	95.42	94.41	77.35	92.20	67.81	80.39	94.66	58.22
14	剑河县	80.63	84.38	87.13	87.97	79.60	74.69	97.84	77.97	84.43	70.24	62.04
15	习水县	80.34	91.10	88.36	87.78	84.50	70.13	87.62	70.97	84.77	71.18	66.97
16	贵定县	80.19	93.14	64.30	76.89	89.61	89.20	85.48	77.16	74.55	84.16	67.46
17	赤水县	80.02	91.75	86.84	89.33	82.01	78.77	84.04	67.13	80.71	73.26	66.28
18	从江县	79.73	88.09	78.71	82.74	91.33	80.03	88.13	72.31	73.33	88.28	54.32
19	南明区	79.39	96.86	74.13	86.02	80.27	86.60	71.43	76.00	64.23	69.54	88.82
20	六枝特区	79.30	90.21	77.46	82.10	87.35	71.15	86.04	65.52	69.67	84.05	79.43
21	雷山县	79.16	77.93	69.14	92.49	93.00	75.37	82.09	81.29	78.10	81.83	60.42

B.3 黄平县区域营商环境发展报告

续表

序号	县(区、市)	总分	开办企业	办理建筑许可	获得电力	获得用水	登记财产	纳税	获得信贷	政务服务	市场监督	企业信息
22	黔西县	79.15	84.81	82.24	75.89	75.88	81.41	82.10	72.24	69.31	90.50	77.14
23	金沙县	79.09	82.18	79.23	78.40	85.66	73.46	83.37	76.84	73.41	84.69	73.63
24	绥阳县	78.89	90.79	67.70	89.45	87.51	88.31	84.99	63.24	75.47	71.51	69.95
25	仁怀市	78.74	83.00	82.78	75.38	82.01	89.51	85.64	83.87	69.46	72.07	63.71
26	水城县	78.12	90.71	53.58	94.62	77.23	77.26	92.11	61.29	77.80	85.00	71.65
27	贞丰县	78.12	93.58	83.18	90.24	76.86	54.38	76.03	82.42	79.22	75.83	69.42
28	紫云县	77.85	79.40	78.80	81.40	73.05	84.85	89.63	67.00	80.00	73.80	70.60
29	凤冈县	77.82	87.48	81.83	80.85	97.56	66.66	91.33	66.10	61.50	78.45	66.48
30	云岩区	77.77	76.46	80.42	80.29	80.75	81.80	80.73	79.17	61.34	72.73	84.03
31	三穗县	77.32	84.61	78.99	84.80	86.65	70.94	77.71	73.67	78.88	77.90	59.02
32	纳雍县	77.24	79.91	80.12	89.57	86.23	87.91	80.82	65.28	75.54	71.35	55.66
33	播州区	77.09	92.67	67.78	93.24	72.25	74.22	79.37	75.00	78.89	76.56	60.92
34	独山县	76.98	90.22	61.65	75.40	69.76	77.09	89.19	77.86	83.32	74.86	70.48
35	七星关区	76.68	87.57	79.25	85.94	91.69	84.22	67.52	66.84	69.38	79.52	54.91
36	思南县	76.66	81.76	74.81	84.84	83.14	80.17	89.69	72.93	72.08	74.83	52.34
37	都匀市	76.44	73.40	62.67	87.95	82.02	78.60	85.43	82.99	69.33	76.58	65.46
38	荔波县	76.35	89.26	55.42	90.30	70.70	73.02	80.54	78.46	76.75	79.39	69.64
39	威宁县	76.18	79.21	80.73	77.03	74.76	82.19	80.56	69.73	74.24	80.73	62.65
40	册亨县	76.18	85.54	74.51	79.78	85.28	65.01	83.83	72.54	79.05	78.22	58.05
41	务川县	76.12	82.18	85.17	92.96	88.85	54.78	87.13	74.74	65.50	76.60	53.83
42	天柱县	76.06	87.14	88.29	87.57	77.69	57.28	82.12	70.51	72.29	81.57	56.16
43	大方县	76.01	87.11	78.70	83.00	84.06	70.80	69.74	66.53	75.43	84.66	60.08
44	施秉县	75.98	90.99	76.49	76.91	84.87	67.61	86.92	63.50	75.33	82.90	54.32
45	赫章县	75.85	63.07	82.30	83.09	98.41	80.06	83.38	64.99	67.80	77.02	58.41
46	凯里市	75.73	69.79	79.39	82.30	82.68	81.84	89.71	65.97	72.08	77.76	55.74
47	红花岗区	75.53	94.92	82.03	79.48	78.66	68.86	64.22	57.52	71.90	74.99	55.74
48	江口县	75.53	70.06	85.02	84.23	72.32	75.30	75.91	79.12	67.61	82.01	82.73
49	麻江县	75.48	82.80	73.88	84.59	77.36	84.17	77.25	72.52	74.25	70.47	63.68
50	福泉市	75.44	80.21	73.51	91.24	70.34	56.77	85.41	78.71	63.57	84.08	58.46
51	观山湖区	75.44	80.21	68.63	85.03	76.21	65.11	84.24	76.11	60.04	81.92	75.89
52	岑巩县	75.35	55.41	68.38	83.68	94.41	83.49	83.24	79.01	69.52	79.71	56.63
53	普安县	75.10	73.03	72.11	81.59	90.21	76.01	83.62	73.56	60.55	74.18	66.15

续表

序号	县（区、市）	总分	开办企业	办理建筑许可	获得电力	获得用水	登记财产	纳税	获得信贷	政务服务	市场监督	企业信息
54	兴义市	75.08	98.82	48.27	82.71	83.54	82.62	80.44	76.53	65.41	70.51	61.96
55	罗甸县	75.07	78.13	72.53	89.85	67.68	80.44	84.13	49.22	80.58	92.37	63.10
56	镇宁县	75.05	85.74	81.37	83.92	74.81	84.13	90.54	71.32	67.84	71.74	54.50
57	桐梓县	74.64	79.43	75.89	76.34	78.32	90.54	83.86	70.37	77.94	75.37	70.19
58	望谟县	74.62	81.58	78.34	77.24	80.99	83.86	80.19	73.00	61.33	75.08	67.62
59	花溪区	74.60	77.10	68.54	83.30	70.67	80.19	82.15	79.51	50.80	90.59	66.36
60	湄潭县	74.14	74.41	67.35	90.59	74.03	82.15	72.49	70.97	79.90	81.96	66.27
61	台江县	74.10	75.39	80.22	74.11	84.99	72.49	86.37	68.48	60.19	71.94	64.77
62	安龙县	73.99	72.48	78.37	85.55	54.88	86.37	54.98	76.89	76.08	65.79	65.39
63	余庆县	73.05	75.20	74.62	73.91	68.75	72.28	84.20	60.96	78.03	82.21	60.31
64	镇远县	72.85	80.58	78.82	80.80	69.32	66.74	81.47	66.93	70.74	77.07	56.07
65	惠水县	72.79	81.68	73.87	80.20	67.06	79.56	87.91	63.28	67.81	71.90	54.66
66	织金县	72.77	70.30	83.36	85.33	77.00	77.26	58.92	68.72	78.67	66.97	61.17
67	黄平县	72.45	65.54	78.83	83.84	75.18	81.96	75.02	62.80	71.12	74.49	55.75
68	汇川县	72.18	84.43	66.45	76.99	82.35	60.60	76.09	64.28	82.02	72.15	56.46
69	晴隆县	72.16	78.31	48.27	86.31	91.76	63.75	78.85	75.41	61.25	74.91	62.77
70	松桃县	72.13	78.15	76.15	83.50	71.39	73.91	85.27	56.38	59.53	82.19	54.88
71	息烽县	72.00	85.43	86.33	76.98	72.62	59.17	87.24	66.97	59.42	68.22	57.63
72	平坝区	71.97	84.32	79.60	73.94	92.33	57.11	78.43	52.24	67.95	75.08	58.67
73	印江县	71.93	67.67	75.80	76.81	81.48	75.94	91.69	71.65	54.47	66.45	57.35
74	正安县	71.77	61.21	66.63	78.77	91.39	81.69	88.60	63.92	61.13	63.45	60.94
75	开阳县	71.11	90.24	72.16	81.62	53.00	75.23	88.08	74.78	59.83	63.42	52.73
76	玉屏县	70.90	67.65	76.09	86.42	74.13	55.65	78.93	70.15	53.88	69.55	76.50
77	道真县	70.77	63.52	56.40	82.65	64.52	77.91	94.17	78.03	72.37	78.12	40.00
78	西秀区	70.74	75.51	75.48	74.95	79.62	53.95	84.97	66.63	63.81	73.61	58.88
79	石阡县	70.73	72.10	80.98	73.79	53.26	69.79	87.97	69.59	66.14	80.26	53.45
80	德江县	70.58	64.87	85.76	72.55	74.50	72.61	77.96	59.36	60.68	79.53	57.98
81	瓮安县	70.52	66.93	58.79	79.87	76.10	86.88	86.11	58.67	60.12	69.35	62.39
82	白云区	70.52	60.17	72.10	77.78	81.84	65.83	75.02	76.77	63.21	79.43	53.00
83	乌当区	70.47	74.26	70.55	75.90	70.82	53.44	69.50	67.08	65.15	90.74	67.24
84	三都县	70.36	93.45	64.62	81.02	71.16	69.33	71.79	77.83	82.71	40.00	51.71
85	沿河县	68.35	68.82	48.27	79.89	79.16	66.43	77.00	69.34	58.81	77.90	57.83

续表

序号	县（区、市）	总分	开办企业	办理建筑许可	获得电力	获得用水	登记财产	纳税	获得信贷	政务服务	市场监督	企业信息
86	关岭县	68.28	56.27	65.17	75.84	71.27	77.29	74.43	66.40	61.84	76.82	57.51
87	普定县	67.51	47.98	48.27	76.92	86.17	80.44	88.93	60.11	45.05	77.29	63.98
88	碧江区	65.50	66.68	78.82	78.79	70.56	50.11	61.52	50.12	72.33	67.88	58.15

（数据来源：黄平县人民政府网，http://www.qdnhp.gov.cn/。）

在88个县（市、区、特区）营商环境评估情况当中，黄平县的营商环境评估得分排名位于第67，排名较为靠后，黄平县总得分为72.45，在10项评估指标当中分数最高的指标为获得电力，其得分为83.84。得分最低的是企业信息，其得分仅为55.75。得分位于第2、第3、第4的是登记财产、办理建筑许可与获得用水，它们的得分分别为81.96、78.83、75.18。纳税、市场监督、政务服务、开办企业、获得信贷在10项评估中的排名依次为第5、第6、第7、第8、第9。它们的分数分别为75.02、74.49、71.12、65.54、62.80。

三、黄平县优化营商环境的现有内容

黄平县政府积极采取措施促进营商环境优化，并积极遵循《贵州省营商环境优化提升工作方案》《优化营商环境条例》等一系列促进营商环境优化的公共政策。如果说营商环境是生产力，那么优化营商环境就是解放生产力。《优化营商环境条例》从2020年开始实施，可谓是开局之年，该项公共政策对优化营商环境的相关内容可以归纳为以下4个方面。

（一）以党政联动为基础进行优化营商环境的保驾护航

州委、州政府自2019年以来通过召开提升全州营商环境动员工作大会，出台了《黔东南州营商环境优化提升实施方案》，通过建立黔东南州营商环境优化工作领导小组，由州委、州政府主要领导担任组长，组长亲自过问、督办与营商环境相关的具体问题。通过多次召开营商环境优化的专题调度会议，州政府党组织专家与州委常委会了解优化全州营商环境的工作实施情况。

为了强化党对营商环境的领导，州纪委、州监委出台了《促进民营企业健康发展提供有力纪律保障十条措施》。宣传、组织、纪检监察等部门在舆论监督、组织处理、作风建设、执纪问责等方面积极推进营商环境的相关建设工作。州委督查督办局在部门绩效考核目标、年度县市与重要督查检查项目当中纳入了全州优化营商环境的相关内容。州委宣传部专门开设了破坏营商环境曝光台与"共建营商环境推动招商引资"专栏。此外，为了加大对黄平县等县市和部门的相关工作追责问责，黔东南州还加大了对营商环境的暗访工作力度。

（二）通过政务环境优化来打通服务群众的"最后一公里"

黔东南州最近几年在优化营商环境的工作中将政务服务作为重头戏，为了实现群众"最多跑一次"甚至"一次都不跑"的发展目标，通过积极运用信息化手段，努力推进服务下沉、流程再造、通道拓展、互联共享，以尽可能解决群众与企业强烈反映的办事慢、办事难、办事繁等问题。

检测简政放权是否有效时不能仅看数字下放、取消的数量，主要是看企业与群众办事时是否手续更加简洁、沟通更加流畅、程序更加易懂。通过统计相关数据发现，黔东南州已经实现75%的办税事项，"最多跑一次"的清单已经拓展至150项。通过业务分类、取号分流的方式，将7类24项业务归类至简事快办的范畴。这种"零跑腿"的服务不仅可以使群众获得更多幸福感，还可以使政府获得更多好评。

时至今日，入驻贵州政务服务网的州级网上可办率高达99.42%，州级政务服务的事项一网通办率为83.3%，入驻贵州政务服务网的州级部门有43个。

（三）通过税收营商环境优化以确保减税降费顺利实施

自2020年以来，为了实现办税缴费事项精简化，创造更高效便利的税收营商环境，黔东南州税务局在贯彻《优化营商环境条例》的基础上积极推动税务"放管服"改革。在2020年疫情期间，州税务局通过建设服务企业复产复工的"一对一"联系机制，实现"云辅导"平台在线咨询36896次，为企业复工复产诉求得到定点辅导、对口服务提供了切实保障。

截至2020年3月，黔东南州税务系统为4户疫情防控的物资重点保障企业办理留抵退税59.38万元，在生活服务、公共交通运输服务、居民生活物资快递收派服务等方面为145户纳税人减免增值税211.8万元。疫情期间，黔东南州税务系统主动为纳税人进行生产经营的延期缴税、延期申报事务，总共延期纳税款项为8262.76万元，受理延期缴纳税款的用户有86户，延期申报的纳税人有67户等。

（四）通过激活民营企业活力以促进营商环境优化

营商环境是支撑民营企业发展的基础，正如十几年前乘坐列车去广东打工，现如今回乡建立贵州万瑞生物科技有限公司的熊敏总经理所言："《中共中央国务院关于营造更好发展环境支持民营企业改革发展的意见》是鼓舞广大民营企业家积极创业的重要基础，政策的扶持让民营企业迎来更广的发展前景。"

黄平县将继续深化推进"放管扶"改革，激发企业的市场活力，将权力下放至企业。通过程序简化办事流程，企业可以减少跑审批的时间，有更充沛的精力跑市场，为企业家拓展新的舞台，提供发展的动力。

2019年年底，黔东南州登记的市场主体实现同比增长8.89%（31.11万户）。其中农民专业合作社有9662户，个体工商户有248688户，企业有52787户，同比增长分别为3.50%、9.22%、8.39%。

优化的营商环境是吸引力、竞争力、生产力，黄平县将继续以推进企业开办、市场监管、知识产权维护、劳动力市场监督、保护中小投资者、跨境贸易、财产登记等全领域、全系统的提升优化为目标，积极提升群众与企业的满意度与获得感。

实施简易企业注销登记。针对已清算完结债权债务、注销登记前并未发生债权债务以及获得营业执照并未开展活动的企业实施简易注销，切实解决企业"难退出"的问题。

促进企业开办便利度提升，黄平县全县的登记设立时间缩短至1个工作日内，深入实施企业登记过程电子化。

促进市场监督管理"一公开、双随机"全面覆盖。通过将"一公开、双随机"流程与制度统一化，对各市场监督管理平台进行整合，促进跨部门联合执法、综合执法，降低多层多头执法重复。推行失信联合惩戒机制与守信联合激励机制，积极推进涉企信息共享化，实现市场主体"一处违法会处处受限"的管理。

积极维护中小企业合法权益。以中共中央办公厅、国务院办公厅印发《关于促进中小企业健康发展的指导意见》为基础，在深入贯彻政策精神的基础上，推动中小企业财税支出政策、融资政策完善。此外，通过信息化服务的方式积极维护中小企业在监督权、参与权、分配权、交易权等方面的合法权益。

实施保护知识产权的综合服务。通过商标迅速受理的方式，对企业提供预警导航、协同保护与知识产权维权的综合型一站式服务，努力实现行政保护和司法保护间的高效衔接，进而逐渐提升众人对专利使用监管、商标使用监管、管理与服务、产权执法等内容的满意度。

促进知识产权纠纷解决机制的完善化。通过积极发挥中介服务机构、调节中心、各行业协会的作用，健全知识产权纠纷的快速调节制度与争议仲裁制度，为化解当事人的知识产权纠纷提供更专业、更多元化的途径与服务。

拓宽创业创新空间。通过加快建设众创空间等创业创新载体，打造宜业宜居的创新型生态环境。通过建设普惠式公共服务体系，实现子女入学、入户的相关办理手续与证明简单化。通过支持知识产权抵押贷款等融资创业方式，全面支持返乡人员创新创业。

增强企业投资的信心。以省政府委托第三方机构对该指标调查问卷的评价要求与方式为基础，通过重点加强对原材料、能源、劳动力等要素成本、投资融资需求、市场预期、宏观经济走势等内容的系统性分析，给中小企业的投资意向提供相应信息参考,以提高新登记注册企业数量的增长率,从而增强企业投资信心。

积极创建商业纠纷化解平台制度。通过完善公证和调解对接、仲裁和调解对接、诉讼和调解对接的相关机制,促进条件成熟的商事仲裁机构、民办非企业单位、行业协会、商会等建设人民调解组织,促进其市场化运作,以当事人的需求为基础提供调解事务的服务。对难以调解、无法调解的民商案件进行繁简分流,以督促程序、小额诉讼程序、速裁机制、简易程序等进行案件分流,促进繁案精审、简案快审。

参考文献:

[1] 王静娴,赵栩茹.贵州内陆开放型经济效率的DEA-MALMQUIST测度研究:基于省级面板数据[J].中国经贸导刊(中),2020(9):50-53.

[2] 杜运周,刘秋辰,程建青.什么样的营商环境生态产生城市高创业活跃度:基于制度组态的分析[J].管理世界,2020,36(9):141-155.

[3] 李瑞冬.云南省营商环境建设路径选择[J].时代金融,2020(24):164-169.

[4] 程晨.贵州优势自然资源与文化的知识产权保护研究[J].开封文化艺术职业学院学报,2020,40(7):214-216.

[5] 符峰华.自贸港背景下海南旅游业集聚发展研究[J].中国流通经济,2020,34(7):43-59.

[6] 石佑启,陈可翔.法治化营商环境建设的司法进路[J].中外法学,2020,32(3):697-719.

[7] 张凯,朱诗怡.高质量视角下税收是否促进了经济增长:机制与实证[J].山西财经大学学报,2020,42(8):27-42.

[8] 田一彤.优化营商环境视角下的普兰店区招商引资问题与策略研究[D].大连:辽宁师范大学,2020.

[9] 赵丹.中国营商环境对引进外商直接投资的影响[D].长春:吉林大学,2020.

[10] 王睦欣.美国制造业发展及回流战略研究[D].长春:吉林大学,2020.

[11] 杨青瑜.优化我国税收营商环境的研究[D].南昌:江西财经大学,2020.

[12] 徐宇翔. 长江经济带地区营商环境对产业转移的影响研究 [D]. 昆明：云南财经大学，2020.

[13] 孙蓉. 营商环境促进区域经济增长的机制研究 [D]. 上海：华东师范大学，2020.

[14] 张三保，康璧成，张志学. 中国省份营商环境评价：指标体系与量化分析 [J]. 经济管理，2020，42（4）：5-19.

[15] 程梦云. 黑龙江省营商市场环境评价研究 [D]. 哈尔滨：哈尔滨商业大学，2020.

[16] 赵小红. 黑龙江省营商法治环境评价研究 [D]. 哈尔滨：哈尔滨商业大学，2020.

[17] 董文博. 黑龙江省营商政务环境评价研究 [D]. 哈尔滨：哈尔滨商业大学，2020.

[18] 李超. 制药产业国际竞争力关键因素与形成机理研究 [D]. 北京：中国政法大学，2020.

[19] 祝蔚燕. 上海自贸试验区"大综合"行政执法体制改革研究 [D]. 上海：中共上海市委党校，2020.

[20] 曾瑞翔. FDI 对中国区域创新能力的影响 [D]. 杭州：浙江工商大学，2020.

[21] 王周火，肖功为. 欠发达地区民营企业发展营商环境问题及对策研究：基于中西部地区民营企业调查数据的分析 [J]. 邵阳学院学报(社会科学版)，2019，18（6）：30-36.

[22] 万程瑶. 大连市出入境服务信息化建设问题与对策研究 [D]. 大连：大连理工大学，2019.

[23] 张景波. 城市经济高质量发展的空间差异及收敛性研究 [D]. 大连：东北财经大学，2019.

[24] 王海平. 中日韩数字出版资源战略联盟构建研究 [D]. 秦皇岛：燕山大学，2019.

[25] 胡磊. 石家庄海关推进贸易便利化对策研究 [D]. 秦皇岛：燕山大学，2019.

[26] 李佛关. 营商环境对中国品牌经济发展影响的区域差异 [J]. 企业经济，2019，38（11）：100-105.

[27] 陈浩. 中国特色自由贸易港研究 [D]. 北京：中共中央党校，2019.

[28] 管文行. 乡村振兴背景下农村治理主体结构研究 [D]. 长春：东北师范

大学，2019.

[29] 广西财政厅课题组. 广西招商引资面临的问题与对策研究 [J]. 经济研究参考，2019（20）：75-86.

[30] 杜洋. 双机场模式下双流临空经济区发展战略研究 [D]. 成都：电子科技大学，2019.

[31] 张慧慧. "放管服"背景下L税务局税收执法风险管理研究 [D]. 烟台：山东大学，2019.

[32] 金洁. 市场经济体制对地方政府职能转变的影响机理研究 [D]. 杭州：浙江大学，2019.

[33] 马治国，秦倩. 中美贸易摩擦背景下中国区域知识产权保护环境的评价与优化 [J]. 西安交通大学学报(社会科学版)，2019，39（5）：29-38.

[34] 贤成毅，章宇平. 广西民间投资发展现状、问题和政策建议 [J]. 黑龙江生态工程职业学院学报，2019，32（4）.

[35] 黄睿. 环境"抢先跑"，营商才有道 [J]. 商业观察，2019（7）：26-35.

[36] 田川. "一带一路"倡议下中华老字号企业品牌国际化探究 [D]. 北京：首都经济贸易大学，2019.

[37] 井潇. 开放条件下我国营商环境评价指标体系研究 [D]. 北京：首都经济贸易大学，2019.

[38] 金鹭. 试论以技术革新优化海南营商环境：基于世界银行"营商环境报告"分析 [J]. 南海学刊，2019，5（2）：45-52.

[39] 曹书. 资源型城市横向补偿法律机制研究 [D]. 上海：华东政法大学，2019.

[40] 邱佛梅. "一体化"导向的法治政府评价与法治社会评价比较研究 [D]. 广州：华南理工大学，2019.

[41] 张丽丽. 营商软环境对经济增长影响的机理及效应分析 [D]. 太原：山西财经大学，2019.

[42] 程瑜珊. "一带一路"沿线国家的投资便利化水平对中国对外直接投资的影响 [D]. 杭州：浙江大学，2019.

[43] 陈璇. 上海自贸区建设对吸引外商直接投资的影响研究 [D]. 西安：西北大学，2019.

[44] 王刘平. 基于城市视角的营商环境对经济发展的影响研究 [D]. 哈尔滨：哈尔滨工业大学，2019.

[45] 张裴平. 多彩贵州风景眼文创园产业集群构建研究 [D]. 贵阳：贵州财经大学，2019.

[46] 王夏虹. 营商环境优化进程中我国地方政府行为研究 [D]. 昆明：云南大学，2019.

[47] 邓锐. 大数据产业集聚中的政府支持行为研究 [D]. 贵阳：州财经大学，2019.

[48] 王若曦. 黑龙江省投资环境现状分析及评价 [D]. 贵阳：贵州财经大学，2019.

[49] 周龙波. 贵阳市白云区产业转型升级中的政策工具研究 [D]. 贵阳：贵州大学，2019.

[50] 李盘龙. 贵州省招商引资软环境建设研究 [J]. 农村经济与科技，2016，27（14）.

B.4 黄平县区域品牌文化发展报告

王娜* 周洪祚**

摘　要： 区域品牌文化是区域品牌和区域文化融合到一定阶段的产物，文化的独特性形成了区域品牌的差异化，区域文化品牌的创建就是挖掘历史文化的过程。黄平县悠久的历史、深厚的文化底蕴可以为区域品牌的打造赋能，形成新的文化产业发展业态，在增强区域公共品牌的市场竞争力等方面都发挥着重要作用。本报告将以区域品牌文化特色为基础，研究区域品牌文化形态，构造区域品牌文化建设路径，为黄平县实施区域品牌战略推动区域经济发展提供思路。

关键词： 区域品牌；文化产业；品牌文化

　　品牌，是指一种产品区别于其他同类产品的重要特征，并且通过某种方式表现出来的一种可识别的形象。区域品牌是区域经济发展的产物，体现了一个地区的竞争影响力，区域品牌的持续发展主要是靠品牌背后的文化影响力，也就是区域品牌文化来支撑的。区域品牌文化，集文化影响力、区域知名度于一体，是招商引资的名片、经济发展的动力。

---

* 王娜，女，贵州省社会科学院文化所助理研究员，研究方向：地域文化、文化产业。
** 周洪祚，男，黄平县农业农村局主任，农艺师，研究方向：农产品品牌建设。

一、黄平县区域品牌文化特色

（一）深厚悠久的历史文化——"且兰古国都，云贵最秀地"

两千多年前，今贵州辖境内产生过两个神秘的古国，一曰"夜郎"，二曰"且（jū）兰"。且兰载于《后汉书》："初，楚顷襄王时，遣将庄蹻从沅水伐夜郎，军至且兰，椓船于岸而步战。"经研考众多史籍认定，且兰古国故都即今旧州或者福泉，汉建元六年(公元前135年)，武帝遣唐蒙通夜郎，其后24年平且兰，以其地置牂牁郡，黄平属牂牁，郡治黄平(旧州)。隋开皇元年于汉牂牁郡故地置牂州，其下辖牂牁、宾化二县，今黄平县境分属于二县域内。自唐高祖武德以后于黄平境内先后置建安、新兴、宾化三县。新州地区为新兴县境。至玄宗开元年间，降牂州为羁縻州，所领县均改属充州，而充州原属的韶明县为今旧州地。

"黄平"名源于旧州，因旧州万亩大坝地平"厥土为黄"而得名。黄平县周代属"且兰"古者，汉元鼎六年平且兰置牂牁郡，黄平隶属之，南宋理宗宝佑六年兴筑黄平城，赐名镇远州，元代置黄平府治所，明初为黄平安抚司治所。原黄平安抚司，属播州宣慰司，为播州杨氏土司辖境。万历二十八年，明朝政府平定杨氏土司杨应龙的叛乱。万历二十九年四月，改为州。属平越军民府，下领三县：余庆县、瓮安县、湄潭县。治所在今旧州。清朝康熙二十六年移治今黄平县城。

（二）多姿多彩的民族文化——"中国现代民间绘画之乡""中国泥哨艺术之乡"

黄平居住着多个民族，其中少数民族人口占总人口的64.2%。民族节日丰富多彩，可谓是"大节三六九，小节月月有"。黄平谷陇苗族九月芦笙会，盛况空前的飞云崖农历四月八民族集会和枫香偏寨的哈戎节，尤为著名，这些节日集会人数多达数万人，是黄平苗族、㑊家民风民俗的大展示。除此之外，还有三月三、五月五、六月六、姊妹节、爬坡节、吃卯节等。黄平是文化部命名的"中国现代民间绘画之乡",苗族画家潘迎华是画乡杰出代表。在这里,苗僳人民精心制作的银饰、蜡染、刺绣、挑花、织锦、织带、呢哨,从头到脚,蕴藏着极为丰富的文化内涵,可视作一部卷帙浩繁的民族节日文化史诗。

(三)丰富浓郁的农耕文化——"中国优质无籽西瓜之乡""贵州省长寿之乡"

黄平历史悠久的各族人民共同创造和传播了独特的农耕文化,赋予黄平农业产品以文化的内涵,在产品的背后都存在一个个动人的传说和故事,使农产品品牌在市场竞争中拥有了不可复制的文化优势。例如,黄平无籽西瓜就依托独特的文化标识注册了"飞云崖牌"商标,曾获"贵州省优质农产品"称号以及"全国优质无籽西瓜基地"称号。

除此之外,黄平的"古桥文化""红色文化""名人文化""非遗文化"也丰富多彩,这些优质的传统文化和独特的地域文化共同打造了黄平县区域品牌文化特色。

二、黄平县区域品牌文化与产业形态研究

区域文化是区域品牌的形成基础和内生动力;区域品牌是区域特色文化的识别符号和地域名片。一个地域的文化想要产生深远影响,必须大打文化品牌,尤其突出它的独特性;专注于挖掘、宣传、深化某个点,通过各种途径传播其独特性和魅力所在。

(一)黄平县区域文化的品牌价值

1. 区域文化的独特性为区域品牌定位提供参考

文化的独特性是形成区域品牌差异化的重要因素。一个城市或区域丰富多样的特点需要通过众多的形式才能完整地展现出来,例如,地标性建筑、地标产品、标志性活动、名人效应等这些都是区域的独特标签,形成一个区域独特的人文景观。黄平县"且兰文化广场""且兰文化艺

术节""飞云崖牌无籽西瓜""黄平泥哨""苗学泰斗杨培德"等，这些标志性的品牌符号都是依托黄平独特的区域文化。每当人们提到这些区域品牌时，就能联想到黄平县。

2. 区域文化的历史传承性提升区域品牌的附加值

品牌附加值一般包含三层含义：消费者对品牌的认可度；消费者的心理感受度；消费者对品牌的忠诚度。黄平县是历史文化名县，黄平县文化产业品牌的背后都有比较深厚的文化底蕴，承载着各种个性化品牌故事、地域文化内涵以及自然环境等优势，并将其独特的文化引入品牌。文化与产业紧密关联、相辅相成。市场需要产品，产品依赖文化，民族文化融入区域品牌可以提升品牌文化内涵。随着人们生活水平的不断提高，消费者由之前注重产品的使用价值属性转变为追求精神层面的修身养性，化合心灵，希望在消费的同时收获独特的文化体验和精神升华。虽然消费者不曾来到黄平县，但是不会动摇黄平在消费者心目中形成的品牌美誉度，这便是品牌附加值的魔力所在。

3. 区域文化的时代创新性赋予区域品牌新的能量

文化不仅是一种传统资源，更是民族智慧和民族品牌构建的灵魂。"品牌的背后是文化"，文化是一个民族向心力和创造力的源泉，同时体现着一个国家的综合实力，没有文化的品牌很难在市场上经久不衰。例如，黄平泥哨就以民族文化为载体，将无形的民族手工艺文化资产转变成有形的区域公用品牌价值，从而把不易复制的民族文化差异升华为区域品牌的核心竞争力。民族文化成为连接物质与精神的媒介，人们之所以愿意花高价购买有文化内涵的品牌产品，是因为品牌所承载的文化满足了人们感官及精神上的享受，消费产品的文化价值已经成为消费者的核心价值观。贵州著名书画家彭冠杰在《咏黄平泥哨》中写道："泥哨俏形怪有神，妙音悦耳又怡人。牛如负轭耕田野，马似脱缰闯野程。犬吠羊鸣鸭嘎嘎，龙吟虎啸鸟嘤嘤。行销世界腾身价，巧制于今更出新。"说黄平泥哨独特，主要就是因为它具有娱乐和艺术的双重属性，除供孩子们吹嘘玩乐外，还供人们作为艺术欣赏。

（二）黄平县区域品牌的文化价值

区域文化品牌是对特定地域特色文化的集中提炼和表达，是特定地域对外展示与宣传的文化形象，是特定地域文化经济发展的典型标杆，培育和塑造区域特色文化品牌对当地经济社会发展具有重要的价值和意义。

1. 区域文化品牌是地方文化精神和文化价值的重要载体

区域文化品牌作为对某一特定地域文化的高度凝练与集中表达，是以特定地域丰厚而深刻的文化底蕴为基础和内涵的，承载着特定地域在长期的历史发展中逐渐形成和积淀起来的文化精神和文化价值。建设区域文化品牌，"树起的是地方文化价值的引领者，担当的是地方文化的'播种机'，凝成的是地方文化的感召力，增强的是地方文化的影响力"。建设区域文化品牌，既是对内提炼文化内涵，挖掘文化价值的重要途径，也是对外弘扬文化精神，树立文化自信的重要手段。

2. 区域文化品牌是地方文化经济发展与产业联动的重要引擎

构建区域文化品牌，对当地发展文化产业，增强文化产业市场竞争力，提升相关产业文化附加值具有重要的推动作用。一方面，在对地方文化资源进行挖掘与梳理的基础上，通过创意研发与转化，促进文化资源的产业化开发与利用，将无形的文化精神与文化价值附着到有形的文化产品或文化服务上，实现文化价值向经济价值的转变，推动当地以文化产业为核心的文化经济发展，不断促进文化品牌化发展。另一方面，依托文化产业强大的产业关联效应，推进文化产业与旅游产业、体育产业、农业、制造业等相关产业融合发展，不断提升相关产业的文化附加值，进而促进这些传统产业品牌文化的发展。

3. 区域文化品牌是地方社会文化氛围与文化生活的重要引领

区域文化品牌对于人们的思想意识具有一种转换意义，能够在一定程度上改变人们的文化选择和文化习惯。通过区域文化品牌建设，借助互联网、新媒体等现代大众媒体的广泛传播与互动体验，依托区域文化品牌的"物化"产品载体或服务载体，实现对区域文化品牌内蕴的文化意义的社会传播，从而对社会大众思想观念、思维方式、生活方式、行为方式等产生影响，并进一步影响甚至改变地方社会原有的文化氛围和文化生活，实现对地方社会文化氛围、文化风尚和文化生活的引领作用。

4. 区域文化品牌是传播并提升地方文化知名度的重要媒介

所谓文化知名度，是指一个地方的文化被社会大众知晓和了解的程度，是评价该地方文化名气大小的客观尺度，反映了该地方文化对社会大众影响的广度和深度。区域文化品牌的传播不仅面向消费者也面向全体社会大众，传播范围广影响力大，有着突出的社会效应。因此，建设区域文化品牌，通过互联网、新媒体等现代大众媒介的广泛传播，将极大地提升地方文化的知名度，增强地方文化的社会影响力。

（三）黄平县品牌文化与产业融合

充分挖掘和利用地域特色文化资源生产相关产品、提供特色体验服务，是区域动能调整、保持生态文明、实现绿色发展的重要选择；是立足特色文化资源，将工业、农业、服务业与文化创意和新型文化业态有机融合的区域发展的重要手段；以地域文化优势为核心实现差异化定位、特色发展，成为避免区域产业发展雷同，凸显地域特色文化的重要路径。近年来，黄平通过地域特色文化资源的开发利用，"活化"地方文化资源，充分发挥特色文化资源的价值，从充分延长产业链条、创新资本介入模式、丰富产业业态方面重点发力，产品文化附加值大大提高，区域产业结构得到有效优化，区域特色文化产业发展、文化治理能力提升、文化价值形成、文化传承和创新等方面都取得了长足发展。

1. 品牌文化 + 农业融合发展

农业是第一产业，是国民经济发展的基础产业，更是人类赖以生存和发展的基石，习近平总书记在党的十九大报告中提出的实施乡村振兴战略，为农村建设和现代农业的发展指明了方向。从农业发展的总体趋势来看，现代农业的发展需要不断丰富内在产业环节，逐渐形成产业与产业间相互融合、共同发展的新型产业体系。其中农业与文化产业的融合发展是完善现代化农业产业体系、实现乡村振兴战略的重要方式之一。

农耕文化、田园文化自古就被人们赋予令人无限向往的美好意境，在现代化进程中如何挖掘农耕文化展示形式、创新农业产业经济形式、引领面向新消费的服务形式是实现乡村文化振兴面临的重大课题。实施乡村振兴战略背景下品牌文化与农业融合发展，是激发乡村活力、促进现代化农业发展的关键。有利于带动城市和乡村间多种资源的流动，提升农业农村的功能，体现优势互补的价值。

黄平县围绕"文化与农业融合发展理念"开展了许多活动，也打造了农业发展的新业态。例如，通过飞云崖"四月八苗族祭牛节"祭祀神牛，感受苗族农耕文化；利用优越的自然条件和文化特色打造"飞云崖牌无籽西瓜"；创建特色小镇，发展休闲观光业、风情体验业、农产品会展、农产品电商业等。

2. 文旅融合发展

旅游业是以吃、住、行、游、购、娱为核心，利用旅游设施以旅行社为产业龙头，由一系列行业部门组成的集社会、经济、文化、环境于一体的综合产业。近年来，传统的以自然风光观赏为主要内容的旅游业已经不能满足大众的需求，文化与旅游产业发展呈现融合的趋势，随着人们对于文化内涵的需求程度日益提升，文化已经成为旅游产业发展的一个新的经济增长点。

黄平县旅游资源十分丰富，全县有人文景观48处，自然景观52处，国家重点文物保护单位4处，省级文物保护单位5处，县级文物保护单位63处。黄平是历史悠久的黔东南古县，历史文化悠久厚重，有可追溯到2500多年前的"且兰文化"；有红军长征二过黄平的"红色文化"；有旧州"二战机场"的"抗战文化"；有与众多历史文化名人有着不解之缘的"名人文化"；有苗族和僳家人多姿多彩的"民族文化"。黄平的自然风光也十分秀丽，地处国家级舞阳河风景名胜区上游，拥有上舞阳河、旧州古镇、飞云崖、浪洞森林温泉四大景区，著名景点有"中国洞中漂流绝景"野洞河、"贵州漂流特级金矿"飞云大峡谷、"贵州高原明珠"舞阳湖、"苗疆圣水"浪洞森林温泉、"中国桥梁博物馆"重安三朝桥等。丰富的自然资源和多彩的民族文化构成了黄平特有的人文韵律，是集观光旅游、休闲养生、民族采风、文化研究于一体的文化旅游大县。

黄平县依托"生态环境和民族文化"两个独特的资源优势，着力打造"神秘且兰·古韵旧州·养生黄平"金字招牌，依托其"水陆空"的交通优势，大力发展休闲农业、山地旅游和乡村旅游，初步形成了"春游、夏漂、秋赏、冬泡"和"地下溶洞探险、地面休闲体验、空中观光旅游"时间、空间全覆盖的全域旅游新格局；打造了一系列旅游目的地文化主题创意演出。

3. 文化创意与传统手工艺制造融合发展

传统手工艺是指具有历史传承和民族或地域特色、与日常生活联系紧密、主要使用手工劳动的制作工艺及相关产品，是创造性的手工劳动和因材施艺的个性化制作，具有工业化生产不能替代的特性。传统手工艺既属于非物质文化遗产，是中国优秀传统文化的重要载体，也具有经济价值，能为文化产业创新发展提供丰富的文化资源。传统手工业与现代工业有机结合，实行艺术化、产业化、市场化相结合，文化创新是传统手工业发展的必经之路。

黄平各族人民在长期的生产生活实践中创造了丰富多彩的非物质文化遗产，传承了众多的传统手工制作工艺。以苗族古歌、苗族银饰、僅家蜡染、苗族泥哨、苗族服饰、僅家服饰、苗绣、苗族弄嘎讲略、谷陇九月芦笙会等为代表的非物质文化遗产是黄平各民族精神价值、思维方式、想象力和文化意识的体现，是中华民族非物质文化遗产的瑰宝。目前，全县现有国家级非物质文化遗产保护名录项目4个，省级保护名录项目17个，州级保护名录项目19个和县级保护名录项目175个；国家级传承人2名，省级传承人7名，州级传承人13名，县级传承人186名；民族文化村寨33个，传统村落7个；省级民间文化艺术之乡2个，国家级民间文化艺术之乡2个。

黄平是"中国现代民间绘画之乡""中国泥哨艺术之乡"，目前尚存的手工艺种类有苗族银饰、僅家蜡染、苗族泥哨、苗族服饰、僅家服饰、苗绣等。随着全县经济、社会、文化的发展，传统手工艺产业有向上发展的趋势，手工业可以在解决一部分人员就业的同时，也可以成为旅游活动的重要组成部分，成为展示城市文化内涵，拉动当地旅游经济发展和提升精神文明建设的一项重要内容。手工艺背后所蕴藏的独特民族文化使其成为黄平的特色名片。

三、黄平县区域品牌文化建设路径研究

品牌文化的打造离不开对文化的认同，视文化为生产力才是长远的战略发展眼光。同样，视品牌建设是文化构建中的核心支撑，才是对黄平未来发展最准确、最有效的定位。黄平县区域品牌文化的建设一是要面向未来，把握未来文化产业发展的趋势，才能开辟文化产业发展的新路子；二是要面向群众，要贯彻执行文化来源于生活服务于群众的理念，才能夯实文化产业发展的根基。基于此，笔者认为黄平县区域品牌文化的建设首先要提炼黄平文化，讲好黄平故事；其次要依托产业链，形成特色产业集群；最后要借助新型媒介，传递区域品牌的文化价值。

（一）黄平县区域品牌文化建设的基础——提炼黄平文化，讲好黄平故事

品牌文化建设的基础，物质层面上，离不开优质的文化资源；精神层面上，离不开对文化的认同。区域品牌文化一方面是彰显地域特色的文化标签，另一方面也是激发人们积极向上、维护社会稳定和健康发展的纽带；同时，区域品牌文化在多姿多彩的社会文化形态里，尤其是在日常生活中，以及在促进城市发展更上台阶方面，演绎越来越重要的角色，更注重其内涵的核心价值，以及表现形式的丰富多样，既是有特色的，更是有魅力的；既有传统要义的传递，又有现代理念的演绎；在品牌的空间里，可以轻易地领受与把握到文化与现代意识观念的融汇与穿越。

黄平的文化种类和形式多种多样，既有传统的农耕文化、历史文化、民族文化，名人文化，也有形式多样的饮食文化、自然文化等。提炼黄

平文化，讲好黄平故事第一要整合黄平区域文化资源，形成有地域特色的文化名片；第二要开发文化塑造类产业，将文化渗透在产业发展、教育教学、科技创研等领域，充分发挥区域文化品牌建构优势，提升黄平的文化品牌影响力；第三要根据政策导向、市场动态优化配置黄平区域文化资源，彰显黄平文化品牌的独特性与不可替代性，在共性中突围，在差异性上出奇制胜，以达到挖掘文化资源潜力的目的。

（二）黄平县区域品牌文化建设的核心——依托产业链，形成特色文化产业集群

人们对于地域的了解和认识多数是从品牌文化开始的。例如，通过茅台文化、长征文化认识和了解了贵州；通过景泰蓝、四合院文化了解北京；通过陶瓷文化认识了景德镇，同样，区域对市场的渗透、占有和垄断，大多也是通过品牌和文化实现的。越来越多的地区把打造区域品牌和文化作为谋求区域长远发展的重要举措，围绕本地的区域品牌来提升竞争力，培育区域文化，推进技术创新，最后形成独特的影响力。因此依托产业链，形成特色文化产业集群是黄平品牌文化建设的核心和品牌战略实施的重要手段。

在文化产业的品牌建设过程中，独特的民族文化产业以自身的产品特点为主，与其他产业融合发展。以各行业市场为渠道，以本土多民族为内容，整合文化品牌产业，形成文化产业园、文化产业基地，开发有民族特色的名村古镇、体现民族民间特色的手工艺产业，以及有地方特色的演艺影视剧和民间节日庆典活动等，进而从文化产业链条上培植更多有共同性的地方文化品牌产业，形成多维品牌产业集群。文化品牌的整合过程，既是文化产业集群的发展过程，也是文化产品输出和经济效益创收的增值过程。黄平县依托农、工、旅三大产业融合，打造一批文、农、旅综合项目如飞云崖旅游综合开发项目、黄平民族文化园项目，将资源优势转化为经济优势，促进黄平县社会经济更好更快地发展。

（三）黄平县区域品牌文化建设的动力——借助新型媒介，创新区域品牌的文化输出

品牌文化的传播要有感召力和影响力，要力图深入人心，与人的愿望诉求达成一致，这取决于品牌本身所具有的张力和所拥有的文化内涵，也取决于品牌文化的输出方式。区域品牌文化的广泛传播有助于丰富城市发展的精神内涵，为推动黄平经济社会发展提供强大的价值引领、文化凝聚和精神支撑。

黄平县近年通过"且兰文化旅游节""四月八苗族祭牛节""非遗周末聚"等一系列活动打造了"神秘且兰·古韵旧州·养生黄平"的品牌文化。但随着互联网和人工智能时代的到来，新型媒体传播形式铺天盖地而来，传统的纸媒、电视宣传、文化演出已经满足不了品牌文化的有效快速传播，黄平在传播文化品牌时首先要顺应时势，跳出传统纸媒和地方电台的限制等单一传播载体，积极寻求新的传播途径，利用新型媒介如微信、抖音、火山小视频、网红等产生热点和流量，达到文化输出的目的；其次要避免传播内容的同化，积极挖掘文化亮点，达到形式和内容高度结合的效果。

（四）黄平县区域品牌文化建设的品质保障——非物质文化遗产保护

按照联合国教科文组织对非物质文化遗产（Intangible Cultural Heritage）的定义，非物质文化遗产包括口头传说和表述，也包括表演艺术；社会风俗、礼仪、节庆；有关自然界和宇宙的知识及实践；传统的手工艺技能等。非物质文化遗产是品牌文化内涵的构成要素，更是品牌文化核心价值的体现，是品牌文化建设的品质保障。

黄平在几千年的民族文化积淀下，形成了丰富多元的非物质文化遗产资源，也非常重视对非物质文化遗产的保护和传承。一是建立项目申报机制，守护非遗文化家园。全县共有国家级非物质文化遗产代表性项目4项，省级19项，州级21项，县级175项，现有国家级非物质文化遗产项目代表性传承人3人、省级5人，州级10人，县级511人。二是

完善宣传展示机制，突出非遗文化特色。组织苗族泥哨、苗族银饰、黄平蜡染技艺等项目代表性传承人到上海、南京、杭州、贵阳、凯里等地进行实地巡回宣传展示。同时，在重要法定节假日，组织各类各级传承人到旅游景区文物景点进行展示展演、线上同步推广。充分展现黄平县非物质文化遗产的文化魅力，扩大非物质文化遗产的感染力和影响力。三是建好人才培养机制，充实非遗文化队伍。加强非物质文化遗产传承人队伍建设，全面培养非遗后继人才，教育引导学生树立民族文化自信，提高学生对非物质文化遗产的认知水平和保护意识。四是健全竞技比拼机制，促进非遗文化交流。借助民族民间传统节日或国家法定节假日举办非遗大比拼竞赛，全面展现非物质文化遗产保护传承成果，提高传承人的积极性和创造性，增强人民群众对非物质文化遗产的保护意识，促进全县非物质文化遗产交流、传承、发展。五是建成抢救保护机制，传承非遗文化记忆。组织专家学者对黄平石雕技艺、苗族服饰、传统医药、苗族芦笙舞、苗族银饰锻造技艺、苗族古歌等项目进行挖掘、收集、调查、整理，对岩鹰高跷、土陶制作技艺等项目进行抢救性保护。

参考文献：

[1] 刘星.区域文化品牌的理论内涵与建设路径研究[J].品牌战略,2019（3）：34-36.

[2] 李宏英.茶产业区域品牌文化内涵塑造与传播策略研究[J].中国管理信息化,2020（3）：150-151.

[3] 梁凤莲.广州构建区域品牌文化的策略研究：基于可持续发展的视角[J].城市观察,2011（3）：145-151.

B.5
黄平县社会治理状况报告

黄其松* 黄晓芳** 熊发银***

摘　要： 当前中国社会正处于加速转型时期，提高社会治理能力与加快社会治理体系建设受到政府、学者及社会各界的日益关注与重视。近年来，黄平县通过积极推进政务公开、多举措加强政民互动、建立健全综合维稳工作机制等措施改善了当地群众的生活水平，也为当地社会治理发展提供了良好环境。但在实际进程中，黄平县政府仍存在社会治理专业人才缺失、社会组织发展不成熟等问题，社会治理参与程度低、相关配套政策制度缺乏等困境，在一定程度上制约了黄平县社会治理能力的提升和社会治理体系现代化的建设。

关键词： 社会治理；社会治理能力；社会治理体系

一、问题的提出

当前，我国面临的国内外形势越发地复杂和严峻。一方面，国内经济社会发展进入快速转型时期，对国家治理能力和社会治理模式提出了新的要求；另一方面，错综复杂的国外形势，中国融入经济全球化的程度加深，治理能力及体系的完善容易受到不同价值取向的影响；中国经济社会发展所面临的复杂性和风险性是前所未有的。为了增强和提高

---

* 黄其松，男，贵州民族大学副校长，教授，研究方向：社会可持续发展与社会治理。
** 黄晓芳，女，贵州地理标志研究中心助理研究员，研究方向：公共政策、地理标志。
*** 熊发银，男，黄平县农业生态与农村人居环境服务站站长，农艺师，研究方向：耕地质量类别划分与人居环境整治。

国家应对国际风险的能力与保证国内深化改革进程的平稳推进，推动国家治理体系和治理能力的现代化是当前我国最关键也是最为重要的目标。

社会治理作为国家治理能力和治理体系中最重要的部分，近年来深受党和国家政府以及社会各界的广泛关注和重视。2013年，党的十八届三中全会首次用"社会治理"取代了使用已久的"社会管理"一词，第一次提出了社会治理的概念和提高社会治理水平的科学命题。强调"创新社会治理，增强社会发展活力，提高社会治理水平"，要求"创新社会治理体制，改进社会治理方式，加快形成科学有效的社会治理体制"[1]。紧随其后的是，2014年，党的十八届四中全会通过了《中共中央关于全面推进依法治国若干重大问题的决定》，提出推进法治社会建设的重大任务，对社会治理作出了更科学合理的部署。强调推进多层次多领域依法治理，不断提高社会治理法治化水平。[2] 2017年，党的十九大报告作出了以"党委领导、政府负责、社会协同、公众参与、法治保障"的方式完善社会治理体制的决定，并将"社会治理"写入党章。这么做不仅充分体现了党和国家对社会治理的高度重视，保障其合法性，而且也为社会治理体制健全完善指明了发展道路，开拉开了社会治理创新的序幕。

目前，我国正处于改革与发展转型的关键时期，层出不穷的社会问题无时无刻不在考验着我国社会治理的能力。浙江大学郁建兴教授认为，社会治理有以下两个方面的内涵：一是指社会治理体制；二是指具体社会事务治理。当社会治理主要涉及的是对具体社会事务的治理时，社会治理与基层治理的概念是重合的，即基层社会治理。[3] 党的十九大报告还指出"推动社会治理重心向基层下移，发挥社会组织作用，实现政府治

---

[1] 中共中央关于全面深化改革若干重大问题的决定[EB/OL].（2013-11-15）.http://www.scio.gov.cn.

[2] 中共中央关于全面推进依法治国若干重大问题的决定[EB/OL].（2014-10-29）.http://www.scio.gov.cn.

[3] 郁建兴.辨析国家治理、地方治理、基层治理与社会治理[N].光明日报，2019-08-30（11）.

理和社会调节、居民自治良性互动"。基层社会治理既是国家治理体系的重要组成部分，也是国家治理体系和治理能力现代化建设的重要载体。基层是国家和各地方政府各类政策措施最终得以实施的责任主体，也是直面各种社会问题（诸如食品安全、社会公平、就业、教育等），解决社会问题最重要的场所。因此，基层政府以何种方式实施社会治理并取得成效尤为重要，且需在其实施过程中不断发现问题、改进治理方式、提高其社会治理能力，为建立和谐社会、维护社会稳定以及促进经济的可持续健康发展创设良好的社会环境。

黄平县根据党中央和国务院的指示，努力提升社会治理水平，在社会治理方面取得了一定的成效，但在其发展过程中出现了社会治理专业人才的缺失等问题，制约了其健康发展，不利于社会治理能力的提高。

二、基层社会治理理论渊源

（一）公共治理理论

20世纪80年代末，伴随着社会化进程的大力推进，为了解决日益复杂化和不断变化着的公共事务，一种全新的治理机制——公共治理理论随之出现。一方面，一些西方政府管理出现机构臃肿、效率低下，财政赤字现象严重导致了政府形象受损，引发信任危机；另一方面，因政府管理不力造成的危机传导到市场中，造成市场调节机制失灵，失业率居高不下、收入分配不公以及市场垄断等现象频发；同时，在实现共同利益、达成同一目的和实现共同价值思想的指导下，社会组织和公民社会迅速发展壮大，成为一支不可忽视的重要力量。为了解决范式危机，重新定位市场与社会之间的关系，西方学者对社会现象进行深入挖掘和研究后，提出了公共治理理论。

公共治理理论一经问世就迅速受到了公共管理学、行政学和政治学等众多学科的热捧，"治理"一词更是取代"统治""管理"成为最受学者欢迎的概念。对于治理的概念，国内外的学者都有自己的理解。罗西瑙将治理认为是一系列活动领域里的管理机制，是一种由共同的目标支持的管理活动。① 罗茨则认为治理的内涵应包含以下6个内容：① 最小政府的治理；② 公司治理；③ 新公共管理；④ 善治；⑤ 社会—控制体系；⑥ 自组织网络。② 在国内，俞可平教授认为治理是公共权威在社会秩序建构中的应用，其目的是引导公众参与公共管理，维持公众的各种正常活动，规范公众的活动行为，满足公众的合理需求，最终实现公共利益最大化。③ 随着近几年我国社会转型进入关键时期，国内学者也将公共治理与中国实际相结合，将其运用到具体的领域中分析，并取得了一定的成果。

与传统公共管理理论不同，公共治理理论认为政府不再是唯一的治理主体，社会治理的最优状态应是多元主体通过建立多层次治理机制，以民主协商等形式进行共同治理，最终实现广大人民的公共利益。政府与多元主体之间的良性互动，既有利于维护社会秩序、保持社会稳定、增强社会发展活力等，也有利于社会总体效率得以提升。

（二）新公共服务理论

21世纪初，以经济全球化为推手，推动了政治、文化、技术等其他方面全球化的进程。这些全球化的发展对我们的生活方式、交流方式以及工作方式等都造成了强烈的冲击。经济社会发展无时无刻不在发生着巨大的变革，这对国家社会管理造成了巨大的压力和提出了挑战，现有的管理制度已经难以适应现代社会发展的需要。民主制政治在全球范围内兴起并蓬勃发展，世界各国纷纷进行民主制改革，民主化政治不再是西方国家的专属产物。随着公民素质的提高，公民意识觉醒，人们对参与政治生活的渴望也在进一步加深，这些都为政治民主化奠定了基础。反之，政治民主化的程度也深深影响着公民参政议政的机会。这使政府

---

① James N. Rosenau, Ernst-Otto Czempiel. Govermance without Government: Order and Change in World Politics [M]. Cambridge : Cambridge University Press, 1995.

② RHODE R W. The New Governance: Govemning without Government [J]. Political Studies, 1996.

③ 俞可平. 治理与善治[M]. 北京：社会科学文献出版社，2000.

不得不思考如何进行有效的社会管理，才能维持其合法性地位和保证经济社会的可持续发展。新公共服务理论以批判新公共管理理论忽视公共利益和公民权利的重要性为出发点，以关注公共利益、公民权利和民主为核心，高度重视公民权利和公共利益。这一理论为政府改革和提高社会治理能力提供了一个新的视角和方向。

新公共服务理论是对新公共管理理论的批判继承与超越，表现为：其一，对治理理念的革新，该理论的核心观点之一，就是政府的职能应是服务而非掌舵。它超越了新公共管理的"顾客导向"，坚持以人民为中心的"公民导向"。它认为政府权力的行使必须围绕"公民"这个核心展开，政府及相应的公共管理者应该帮助公民表达和满足其诉求，以最终实现公共利益为总目标。其二，在治理主体上，政府只是社会治理活动的重要参与者之一，而不再是唯一的责任主体。它主张多元化的治理主体，重视公民及其他社会组织参与到社会治理中去。既重视政府与市场的结合，更重视政府与社会的联系结合程度。其三，体现在价值取向上。新公共服务理论更加侧重于公民权利和公共利益的实现。它认为"公民"一词的概念既涵盖了公民的权利也包含了公民的责任。发挥公民在社会发展中的积极作用，并在这一过程中提升公民政治参与意识，以扩大社会治理的公共参与范围与主体。而这一切的最终目的都是实现公共利益。新公共服务理论希望建立利益共同、责任共担、利益共享的共同体，为实现社会公共利益而努力奋斗，从而提高整个社会的凝聚力和向心力，共同推动社会向前发展。

党和政府一以贯之的发展理念就是以人为本、为人民服务、转变政府职能、构建以政府为主导的多元治理体系等，这些观念与新公共服务理论的观点不谋而合。以新公共服务理论为基础，结合中国社会治理实际，展示新公共服务理论在我国社会治理中的理解与运用。

三、黄平县政府社会治理能力现状

（一）黄平县概况

黄平县位于贵州省东南部，黔东南苗族侗族自治州西北部。县境南北长60公里，东西宽57公里，辖区面积1668平方公里。下辖8镇3乡、142个行政村9个社区，总人口39.8万人，其中苗族、僾家人等少数民族占68.5%。黄平是国家重点生态功能保护区，素有"中国现代民间绘画之乡""贵州省长寿之乡"等美誉。黄平县资源丰富，境内有汞、铁、煤、石膏、重晶石等20多种矿产资源。截至2019年，黄平县森林覆盖率已经达到59.64%，野生植物近3000种，其中药用野生植物达1000余种，主要有天麻、灵芝、杜仲、冬虫夏草、麝香等；生活有野生动物近千种，其中国家珍稀保护动物有娃娃鱼、红腹锦鸡、小灵猫、穿山甲等。黄平县交通便利，通达四方。湘黔铁路、株六复线横穿县内谷陇、翁坪等2个乡镇，有余安高速、安江高速、天黄高速、凯里黄平机场立体交通网络。随着黄平至贵阳、黄平至瓮安高速公路修建、凯里黄平机场航线加密，基本形成"南进北出、东入西走、天上地下、快捷通畅"的立体交通格局。

2019年，黄平县地区生产总值65.05亿元，比2018年增长11.9%。其中，第一产业增加值为20.13亿元，增长5.7%；第二产业增加值为11.93亿元，增长24%；第三产业增加值为32.99亿元，增长11.9%。人均地区生产总值为24333元，比2018年增加1565元。其中，农林牧渔业增加值为20.97亿元，比2018年增长5.7%。其中农业增加值为14.02亿元，增长7.4%；林业增加值为1.78亿元，增长8%；畜牧业增加值为4.05亿元，下降0.4%；渔业增加值为2784万元，增长2.6%；农林牧渔服务业增加值为8393万元，增长5.8%。全年全部工业增加值为3.2亿元，比2018年增长3.2%。规模以上工业增加值增长0.2%。从固定资产投资和房地产开发情况来看，2019年，全县500万元以上固定资产投资（不含农户）比2018年增长9.8%，产业投资占总投资比重的29.9%。全年房地产开发投资比上年增长55.1%。①

（二）黄平县社会治理主要措施

1. 积极推进政务公开

多年来，黄平县十分重视搭建与公众沟通的平台，扩宽沟通联系渠道，加强政务公开工作。为了保证政务公开工作的进行，黄平县制定了《黄平县人民政府信息公开指南》（以下简称《指南》），《指南》对政务公开的信息分类、公开的范围、时限以及形式等都做了明确的规定。其政务公开内容包括机构概况、政策文件、财政资金、规划计划、人事信息等12个一级类别和60个二级类别在内的法定公开目录；以及办事指南、公共服务、地区（行业）介绍等在内的4个一级类别和13个二级类别作为公开目录的补充内容。除了依法公开政务信息外，黄平县还通过不同方式加强政府执政透明度、改善政府形象和提升政府公信力。首先，为了让市民更好地了解政策内容，黄平县政府通过撰写文章、发表讲话、接受访谈以及参与发布会等形式为市民解读政策，及时解疑释惑。提高政策透明度，使政策内涵得以被广泛接受和理解，避免政策被错读错解，引发不必要的误解。其次，对民众关心的政务舆情、民生舆情、涉及民众相关利益事项以及不实信息及时地作出回应。建立健全舆情处理机制，对收集到的舆情通过及时进行会商、提高研判水平、根据不同情况对舆情进行评估，以此作为舆情回应的基础，及时发布相关信息。最后，黄平县还依托大数据技术，提高公开水平。一是以云上贵州平台为依托，推动了政府数据资源收集工作，进一步提高了政务开放、共享的水平，建立了政务数据资产登记制度和政府数据资源目录体系。二是依托电子政务、智能交通、智慧物流、智慧旅游、工业、电子商务、食品安全等"7+N"朵云，面向重点行业和重点民生领域，开展大数据推进政务公开应用示范。三是加快四大基础数据库的建设工作，推进历史公报数字化，极大地便利了公众查阅。

---

① 2020年黄平县人民政府工作报告。

2. 多举措加强政民互动

除了加强政务公开工作外，黄平县政府也高度重视与民众开展互动活动，增进公众对政府工作的认同与支持。黄平县通过以下几种方式拓宽公众参与公共事务的渠道：一是围绕经济社会发展，市场监管，惠民政策和措施的执行进度、存在问题、实施效果等方面，扩大利益相关方和社会公众的参与范围。真正做到为人民服务，保障最广大人民的根本利益。二是对涉及重大公共利益和公众自身权益的事项，通过征求意见、开展听证座谈会、提供相关咨询协商、召开会议等方式不断吸引公众参与进来，汇集民意，实现公共利益的最大化，使民众的合法权益得到有效保障。三是不断开发种类多样的平台，为官民沟通搭建更多更高效和便捷的政民互动平台。除了利用报纸、广播和电视等传统媒介，以开通政府热线、领导信箱、电视问政等方式加强与民众的互动外，还积极利用新媒体搭建公众参与新平台。建立属于黄平县人民自己的网站"且兰黄平网"、政务微信、政务微博、拓展政府网站的政民互动栏目、快速通道等，提升了公众参与社会治理的积极性，提高社会总体效率，形成良性的政民互动氛围。

3. 建立健全综合维稳工作机制

近年来，黄平县始终将社会维稳工作作为推动经济社会发展和加强社会治理的重要工作基础来抓，并在这一过程中，积极探索社会维稳工作的新方式，创建和谐黄平。首先，通过加强领导，完善健全相关机制。通过定期组织教育活动，充分认识维稳工作的重要性和紧迫性，召开会议传达部署文件精神，加大宣传力度，成立维稳工作领导小组，加强对维稳工作的领导与监督，确保不激化矛盾、相关问题得以及时解决。其次，强化责任意识，严格考核工作，将维稳工作纳入年终目标考核体系。对措施不到位、报告不及时准确和处置不妥当或其他原因导致矛盾激化、影响维稳工作顺利进行而造成的严重后果，依年初分工严肃追究有关领导人和相关人员责任。最后，重视信访维稳机制的建设，加强社会治理工作。黄平县采取加强对重点人员的稳控、狠抓矛盾纠纷排查化解和加强对舆情的监控与研判避免重大社会事件的发生等措施，加大社会信访维稳的排查整治力度，化解办结各类信访疑难积案235件，为黄平县经济社会发展创造了良好安定的社会环境。随着创建"和谐黄平"的深入进行，截至2020年，黄平县已有68个"平安单位"，平安创建率高达98%。社会治理创新能力不断加强，社会治理能力持续提高，创建了包含旧州镇的寨碧村在内的9个基层社会治理示范点。社会治安防控体系基本建成，"天网工程"基本实现了对县城区和重要区域的全覆盖。建立县、乡、村三级群众工作网络平台，调处矛盾纠纷3096起，调处率达96.71%。

4. 加强社会保障，改善民生

近年来，黄平县不断加大对民生方面的投入，提高社会保障水平，努力实现发展共享的目标。第一，通过加大对社会保障的投入力度，确保广大群众的基本生活有保障。截至2019年，黄平县在城乡低保、养老、医疗救助、高龄老人补助等民生项目上累计投入资金5.74亿元，全县范围内受益达490余万人次。其中，发放城乡低保资金累计1.01亿元，67.45万人次受益；发放季节性救助粮食511吨，救助人数达到1.31万人次，使困难群众基本生活得到保障。为解决困难群众住房难问题，保证其住有所居。黄平县累计投资2.62亿元用以建设保障性住房，建成6205套保障性住房（含棚户区改造），3.71万户农民危房得以改造，并获得"2019保障性安居工程全省示范县"称号。另外，在新就业政策的指导下，对县内贫困群众、就业困难人员和大学生等群体的就业、创业给予支持与鼓励，降低失业率。通过加强培训等方式，提高就业人员素质，提高就业率。加大对农民工的转移培训力度，目前全县范围内共建立中小创业基地273个，就业人数达到14.9万人。第二，重视教育和医疗条件的改善。在教育方面，完成了包含学前教育建设（9个）、义务教育阶段"全面改薄"项目（8个）、新增义务教育标准化达标学校18所，对黄平县民族中学进行整体搬迁等改善教育环境的工作。在医疗卫生方面，除了推进且兰医院、重安镇、一碗水乡等卫生医院的建设工作外，还以县乡两级医疗机构开通远程医疗项目，启动人口健康信息化工程。①

---

① 2020年黄平县人民政府工作报告。

黄平县的种种举措都极大地改善了当地群众的生活水平，为黄平县今后的发展提供了一个稳定良好的环境。但在实际发展过程中，黄平县政府在社会治理工作中也存在一些问题，成为其社会治理能力的提升和社会治理体系现代化建设的阻碍。

四、黄平县政府社会治理存在的问题

（一）社会治理专业人才的缺失

社会治理涉及领域广，在治理过程中要兼顾不同利益主体的合法权益，是一项复杂的工程。且社会治理还表现出很强的专业性，因此需要大量受过专业教育和专业培训的人才才能更好地治理社会，解决问题，为和谐社会的创建做出贡献。发达国家社会治理的经验告诉我们：素质优良、结构合理、规模够大的社会管理人才队伍是社会治理工作取得成效的重要基础。从黄平县政府的社会治理实践上来看，其社会治理专业人才结构存在不合理之处。首先是在工资待遇、激励机制上。工资待遇偏低、工作环境艰苦是我国基层工作人员面临的普遍现象，黄平县基层人员也面临着这样的困境。由于黄平县基层工作人员的工资是由财政拨款，是相对固定的，又缺乏相应的调节机制，如将工资水平与经济发展相挂钩。这种相对"死板"的工资发放机制，造成了基层工作人员的待遇无法及时地得到相应的调整，不利于基层工作人员的工作积极性和吸引更多优秀的社会治理人才参与其中，不利于黄平县社会治理专业人才结构的优化与配置。其次是相应的培训不足。对相关工作人员的培训只提升暂时解决问题的某一能力，但在基层社会治理的实际过程中，基层治理问题常常呈现出不规则和非程式化的特征，这就要求基层行政人员除了具备社会治理的专业背景和技能之外，还应具备处理突发状况、灵活应变等其他综合方面的能力。且工作人员缺乏对专业社会治理工作价值理念的深入理解，导致了整体队伍能力和素质都不高的局面。

（二）社会组织发展不成熟，参与社会治理程度低

当前我国基层政府社会治理过程中，仍存在不少问题限制了基层政府社会治理的能力和现代化体系的建设，其中最重要的一个因素就是，社会组织发展不成熟，参与社会治理程度低。社会治理中，成熟的多元社会主体，多元主体之间相互信任、相互依赖的伙伴关系以及民主协商的形式都是缺一不可的重要元素。专业化社会组织作为多元社会主体之一，无论是直接参与到社会治理活动中去，还是作为第三方的身份，对政府社会治理进行监督或评价活动，都能够在降低政府的行政成本、提高行政效率方面起到积极作用。同时，还能激发社会组织参与社会治理的积极性和热情。政府借此培育起一批专业化、有社会责任感的社会组织，对目前社会治理体系的建设和完善利大于弊，是基层政府社会治理体系建设和完善的有效手段之一。然而目前，黄平县社会组织参与社会治理的程度低，且相关的专业化社会组织较少，与政府共治的局面尚未形成。其一，社会组织的形成与发展都深受政府的影响，其缺乏独立性和自主性。其二，政府一枝独大的局面近期内尚难以被打破，这样的局面也导致了社会组织对参与社会治理兴趣缺乏，参与程度低。一方面，降低了社会组织参与社会治理的积极性与热情，另一方面，不利于基层社会治理的难度和成本的降低，如此恶性循环严重阻碍了基层社会治理能力的提升与创新。

（三）缺乏与社会治理配套的政策制度

基层政府作为连接中央和地方的重要场所，其社会治理能力与人民群众的利益直接挂钩，直接关系到最广大群众的利益。因基层社会治理涉及整个辖区内方方面面的社会事务，政府作为政策制度的提供者，既能通过出台政策的方式为社会治理提供指导和合法性支持，又能以一系列与社会治理相适应的政策配套措施为后盾，以此提高政府的社会治理能力。但从黄平县政府社会治理的实践上看，相应的配套政策建设明显无法跟上其实际社会治理发展的需要。近几年来，我国不断强调依法治国的理念，也越来越重视对社会治理能力的提升和治理体系的建设与完

善。黄平县不断加强辖区内的法治化建设水平，取得了一定的成绩，社会领域的法治化建设也在稳步进行。但是，黄平县社会治理领域的相关政策与法律仍不完善，有些甚至还存在着法律空白，没有形成一套属于自己的完善的治理体系与框架。如社会组织发展存在不合法、不规范，社会组织以何种身份及如何参与到社会治理中等尚未有明确的法律法规规定；从具体的实践上来看，当一些新问题出现时，由于缺乏具体政策法规作为指导，政府很难及时作出正确反应，难免出现被动情况。制度建设滞后于实际治理需要，容易导致无法可依、执法不严的局面出现，容易激化社会矛盾，既损害人民群众的利益，又容易使人民群众对政府公信力和权威失去信心，造成信任危机，提高社会治理的难度。

五、提高黄平县社会治理能力的对策与建议

虽然黄平县社会治理取得了一定的成绩，但是其仍可以通过以下三方面来提高黄平县社会治理能力和社会治理体系的建设。

（一）建立健全社会治理评价体系，加强专业化队伍建设

党和政府越来越重视国家治理能力现代化和治理体系现代化的建设。社会治理不仅与经济、文化、社会等方面的发展息息相关，而且在推动社会健康发展方面同样发挥着重要的作用。因此，构建一套完整的属于黄平县的社会治理评价体系就显得尤为重要和迫在眉睫。将一套完整的社会治理评价体系作为衡量基层社会治理成效的一项重要指标，能够帮助基层政府在治理过程中发现问题与不足，及时作出修改，有助于提升基层政府的社会治理能力。在建立基层政府社会治理评价体系时，除了重视经济发展的速度、质量外，更应重视基层政府在教育、卫生医疗、基础设施等方面指标的设立，这些指标的确立能直观地看出基层政府社会治理的效果，以此可作为其他绩效考核的依据。还应注重对社会治理人才的培养。所有社会活动都是围绕人为中心展开的，人也是所有

社会活动顺利开展的基础。在社会治理活动中，社会治理人员的专业素养和能力的高低甚至可以直接决定社会治理效果的好坏，因此，经常对社会治理人员进行培训，提高其专业素养和随机应变的能力，有助于整体社会治理能力的提升。人民满意度应是最重要的考核指标之一。人民是党和政府一切工作的出发点和落脚点，社会的发展最终也都是为了人民的根本利益。以此作为社会治理工作的中心，做到发展为了人民，发展成果由人民共享才能真正得到人民群众认可，政府的社会治理才能算得上是有效的。因此，将公众的满意度作为评价标准之一，才能成为受群众喜爱、尊重的为人民服务的政府。

（二）扶持社会组织发展，改进治理方式

随着利益诉求的多样化形成了多元的社会主体，单一的治理手段已经无法适应社会发展的需要，因此以整合联动的方式实现共治，是现代化社会发展的一个重要特征。而良性社会组织的成长与发展是实现这种共治格局形成的最重要影响元素之一。一切社会活动的根本动因都可以简单地归结为对利益的追求，这种对利益的追求使社会中出现了错综复杂的利益关系和以相同利益为目标的群体结合而成的利益集团和社会组织。良性社会组织能够通过有组织的社会动员实现有序的政治参与，以此达到维护自身合法权益的目的。此外，社会组织能为组织成员提供畅通的利益表达渠道，达到整合社会资源，化解社会矛盾，实现自身利益诉求的目的。要充分认识和肯定社会组织在社会治理中发挥的作用，关注和重视社会组织的发展，为其健康成长提供政策和相应措施上的保障。既要发挥出政府对社会组织的引导作用，又要加强对其监督，重视社会组织的作用。培育一个健康活跃的公民社会，就要改变政府一家独大的治理局面，改进政府社会治理方式，为政府、社会、公民等各方积极参与和合作创建一个良好和谐的社会环境。借用社会组织的力量共同完成社会治理，有助于政府提高提供公共服务的水平和效率，从而提升政府的社会治理能力。

（三）健全完善配套制度，提高法治水平

法治是现代社会文明的重要标志，而政策制度则是法治精神的重要体现和载体。完整的政策制度体系，以强有力的权威性能够确保法治在社会治理中的重要作用。法治是维护社会公平正义的主要方式，社会中的人、组织都依据法律办事，既可以调节社会成员之间的利益关系，化解社会矛盾，又能保障公民的合法权益，实现公共利益的最大化，通过法治的手段实现对社会的有效治理。继续大力宣传法治精神，使法治的观念深入人心，以此推进法治化建设。相关配套制度的完善，不仅能够提高政府的社会治理能力，还能为建设社会治理体系提供制度基础和保障，有利于社会治理体系的建立与完善。政府社会治理体系的建立与当地法治建设水平相辅相成，互为促进。在已有基础上继续为社会治理提供政策支持与指引，让社会治理做到有法可依、执法必严。在全社会范围内形成法治意识，从而提高政府的公信力。

主题报告

B.6 黄平县公共政策发展报告

李春艳[*] 杨通菊[**] 张靖云[***]

摘 要: 本报告总共收集到符合研究需求的黄平县公共政策文本内容331件,对其基本情况、政策性质、政策主体等进行量化分析,并对黄平县公共政策的总体特征、演进规律变化等内容进行归纳分析后发现,黄平县的公共政策发文主体主要是黄平县人民政府,共发文213份,占据政策文本数量的64%。2012—2020年黄平县的公共政策主要以通知、意见、条例、方案、决定、公示、通报等形式出现,文种覆盖面广且类型丰富。原发政策文件有321份,修订文件有10份。政策类型分布不均匀,规范型政策数量较多,总共有207篇,占据政策总数的63%。从整体上来看,黄平县公共政策的发展呈现出"阶段性N型"的趋势;在文种类型上体现为"规范性""战略与实施兼顾""渐进性"和"探索性"并存的特征。

关键词: 黄平县;公共政策;政策文本

---

[*] 李春艳,女,贵州省地理标志研究中心助理研究员,研究方向:地理标志、产业发展、公共政策。
[**] 杨通菊,女,黄平县农产品绿色发展服务站,农艺师,研究方向:农产品质量安全管理与品牌认证。
[***] 张靖云,男,黄平县畜牧技术推广服务中心,畜牧师,研究方向:畜牧技术推广与养殖业综合分析等。

一、问题的提出

黄平县属于贵州省黔东南西北部侗族、苗族自治州的下辖县,南邻凯里、台江,北接余庆,西连福泉、瓮安,东接施秉。随着《全国农业现代化规划(2016—2020年)》的发布,国务院对我国的农业现代化建设战略方向与实施路径给出了明确具体的安排。随后,黄平县人民政府紧跟国家发展步伐,积极制定了《黄平县职业技能提升行动实施方案》《黄平县2019—2020年金融精准扶贫工作实施方案》《黄平县农民全员培训三年行动计划2019—2022年》等一系列促进区域快速发展的政策、规划与意见,这些政策、规划与意见的出台,为黄平县的经济发展增添了新动力,黄平县公共政策的相关体系也在县政府的积极推动下日臻完善。

虽然黄平县人民政府在推动区域发展方面做出了很多努力,但是对黄平县发展政策缺少整体性认识,对于黄平县相关政策的研究也比较匮乏。黄平县总共出台了多少份政策,政策的主体有哪些,政策具有什么样的特征,这些政策在不同时段分别具有什么样的趋势等。这些问题至今没有相关研究予以解答。而对于这些问题了解不足,将会影响黄平县相关政策研究的深化发展,并有碍于我们科学、合理地预测相关政策。由此,本报告在对2012—2020年有关黄平县的政策文本进行编码分析的基础上,致力于从宏观层面把握黄平县政策发展的内容倾向与基本特征,以丰富我们对黄平县政策的相关认识与了解。

二、研究设计:概念界定、文本选择与编码体系

学术界对于"政策"的描述主要包括形式类描述与目的类描述两种类型。前者主要是立足于形式角度强调政策通常具有条例、办法、规章、法律等主要表现形式。后者是从目的性角度将政策视为国家行政机关为

实现相应的政治意图与目标而出台的相关规范与行动准则。结合国内外学者对于政策概念的解释，本报告所指的黄平县公共政策是由党中央、国务院及其组成机构与部门、黄平县人民政府等相关主体以标准公文形式公开发布的，并与促进、保障、规范区域发展直接或间接相关的规范性文件。

随着我国政务信息公开制度的日渐完善与政策科学理论的逐渐发展，学者对于公共政策文本的量化研究渐渐兴起。一方面，政策文本是政治意图的客观记录，是国家权力机构、部门为实现政治目的而依法管理职能的产物，其具有可追溯性、客观性、规范性等特征，是较为典型的剖析政府行为的一种观测对象。另一方面，政策文本具有较强的可编码性，政策文件由权威部门发布，所以政策文本具有高度规范性及一定程式性，这种特殊的性质意味着政策文件会是一种结构化程度较高的文字样本。依据2012年《党政机关公文处理工作条例》第九条的规定："公文一般由份号、密级和保密期限、紧急程度、发文机关标志、发文字号、签发人、标题、主送机关、正文、附件说明、发文机关署名、成文日期、印章、附注、附件、抄送机关、印发机关和印发日期、页码等组成"。这表明政策文本的内容结构具有规范性与相对稳定性，有助于研究者提取、归纳政策文本信息。由此，本报告运用量化统计方法收集黄平县公共政策文本信息，在整体筛选样本基础上设计编码体系，并将政策文本的文字内容转化为统计数据后进行相关的综合分析。

本报告在样本选取时遵循以下原则：首先是权威性，研究样本的信息均来自黄平县人民政府官网、贵州省人民政府官网等相关权威网站。其次是全面性，收集的研究样本基本涵盖各个层面所有涉及黄平县的文本。最后是唯一性，即部分政策会存在政策名称不同但是政策内容却一致的文本，本报告对于这种情况只保留其中一个政策文本内容。

依据上述选取原则，本报告总共收集到符合研究需求的黄平县公共政策文本内容331件，以文件发布日期为标准，研究样本的起止时间为：2012年1月1日至2020年8月15日。本报告正是以这331份政策文本内容为基础对其基本情况、政策性质、政策主体等进行量化分析，并对黄平县公共政策的总体特征、演进规律等内容进行归纳分析。

政策文本编码分析致力于将半结构化或者非结构化的文本内容转化为特定的统计数据，该方法侧重于将政策内容视为文字数据，通过运用编码的方式将文字数据转化为更加明晰的统计数字，在此基础上运用统计分析的相关理论进行分析研究。该方法可以帮助研究者获得更加清晰、精准的分析结果，见表6-1。

表6-1 黄平县政策文本编码与分类体系

一级要素变量	二级要素变量	编码（变量值）/说明
文本编号	文本编号	流水号
基本信息	政策名称	政策名称
	发文字号	
	发布年份	
	原发或者修订	1.原发 2.修订
政策主体	协同程度	1.单独发布 2.联合发布
	参与单位数量	参与单位数量
	发布单位层级	1.中共中央、国务院
		2..国务院组成部门和直属机构
		3.省级行政单位
		4.县级行政单位
政策客体	作用客体	1.综合
		2.黄平县
政策性质	文种类型	文种类型（通知、意见、办法等）
	强制程度	1.鼓励型 2.规范型 3.综合型
	文本特别说明	文本特殊情况的补充说明（草案、试行等）

资料来源：作者汇总相关文献资料所得。

本报告通过参考相关研究成果后对黄平县的公共政策文本内容进行预读，并提取政策文本中可满足研究所需的政策要素，通过对政策要素进行解构和归类，以政策主体与政策客体为核心要素，结合政策性质、发布时间等诸多要素对黄平县公共政策文本内容进行系统梳理与分析，建立如黄平县政策文本编码及分类体系，并对其分类维度进行简单说明，见表6-2。

B.6 黄平县公共政策发展报告

表6-2　一级变量要素含义说明

一级变量要素	分析目的
文本编号	登记流水号，方便规范、查找
基本信息	用于分析政策整体概况及演进趋势
政策主体	研究发文主体、重点主体和主体间的协同情况
政策客体	体现政策主要着力点、作用领域
政策属性	根据不同分类角度分析政策的性质、类型

资料来源：作者汇总相关文献资料所得。

在二级编码要素当中，政策名称、文本编号、发布年份、发文字号、协同程度、发布单位、参与单位数量、文种类型等八项要素均为一般公文当中显著存在的政策要素条目，其概念清晰且具有较高准确性。剩余的二级编码要素依据同类政策研究及相关政策理论进行分类，见表6-3。

表6-3　部分二级变量要素含义及分类说明

二级变量要素	分类	备注及说明
原发或者修订	1. 原发	区别于以往政策的新政策文件
	2. 修订	在原政策基础上修改完善的政策文件
作用对象	1. 综合	文本内容不针对特定的作用对象
	2. 黄平县	专门针对黄平县出台的政策文件
强制程度	1. 鼓励型	具有奖励性质，引导或者鼓励政策客体朝着某一目标或者方向行动
	2. 规范型	为促进区域发展的控制与管理
	3. 综合型	限制性与鼓励性兼具

资料来源：作者汇总相关文献资料所得。

在确定编码体系及其内涵基础上，通过运用Excel、Spss等软件对331份政策文本内容进行归类，并以一份文件为一个分析单位，逐条逐个进行登记。

三、政策文本要素研究结果

通过对黄平县公共政策的发布数量以及时间分布状况进行分析，可以反映出黄平县公共政策发展的阶段趋势及整体情况。依据对收集到的331份公共政策文本内容逐个登记后得到的2012—2020年黄平县公共政策发布的年份状况，见表6-4。

表6-4 黄平县公共政策年度发文数量统计 （单位：篇）

年份	2012	2013	2014	2015	2016	2017	2018	2019	2020	总计
数量	2	3	9	12	119	108	20	46	12	331

（数据来源：作者依据贵州省人民政府官网数据整理所得，http://www.qdnhp.gov.cn/。）

本报告所收集的331份政策文本当中，原发政策文件有321份，修订文件有10份。就总体趋势而言，2012—2020年黄平县公共政策的制定与颁布数量总体呈现小幅度增长，并且伴有一定程度起伏波动。然而就特定时间段而言，年度政策发文数量又具有相应的时间段特征。通过结合已经得出的图表数据与黄平县的实际发展过程后发现，黄平县公共政策发布数量的变化起伏可以划分为三阶段，见表6-5。第一阶段为初步发展阶段（2012—2014年），第二阶段为加速发展阶段（2015—2017年），第三阶段为平稳发展阶段（2018—2020年）。本报告将以此阶段划分为参考标准，在结合其他统计指标后对黄平县公共政策的发展特征进行进一步梳理。

表6-5 黄平县公共政策发展特征

序号	政策阶段	主要表现
1	初步发展阶段	每年的政策发文量较前一年有所增加，但是发文量增幅较小，政策发展尚未成熟
2	加速发展阶段	该阶段的政策发文量呈现"N"字形发展趋势，该阶段初期到中期实现了断崖式增长，中期的政策发文量最多，随后又逐渐减少
3	平稳发展阶段	政策发展经过初步发展与加速发展阶段后逐渐趋于成熟，政策发文量呈现小幅度波动

资料来源：作者汇总相关文献资料所得。

B.6 黄平县公共政策发展报告

就政策发文主体而言，黄平县的公共政策发文主体主要是黄平县人民政府，共发文213份，占据政策文本数量的64%。其次是国务院，共发文118份，占据政策文本总数的36%。这说明黄平县在制定公共政策促进区域发展的过程中紧跟国务院发展战略的步伐，时刻以国务院的发展要求为依据制定、完善黄平县发展政策的内容与目标。

通过将发文单位与黄平县公共政策发展的三个阶段进行交叉分析可知，2012—2014年，黄平县公共政策的发文主要集中在黄平县人民政府，共发文17篇，此时黄平县的发展主要依靠县政府的指导与经验探索。2015—2017年，为了加快各地区发展，国务院出台了大量加快各地方经济发展的指导政策，其中黄平县吸收借鉴的政策共有90篇，占据该阶段发文总量的38%，而黄平县人民政府的发文数量为149篇，占据该阶段发文总量的62%。在2018—2020年这一阶段时共发文78篇，其中国务院发文26篇，占据发文总量的33.3%。而黄平县人民政府的发文量为52篇，占据发文总数的66.7%。通过第二阶段的快速发展，黄平县的公共政策发文数量在第三阶段逐渐趋于平缓，见表6-6。

表6-6 黄平县公共政策发文单位阶段分布及比例

发文单位	2012—2014年 数量	比例	2015—2017年 数量	比例	2018—2020年 数量	比例
黄平县人民政府	17	100%	149	62%	52	66.7%
国务院	0	0	90	38%	26	33.3%

（数据来源：作者依据贵州省人民政府官网数据整理所得，http://www.qdnhp.gov.cn/。）

在黄平县公共政策文件当中，联合发布的政策文件共计30篇，占据政策文件总数的9%。而单独发布的政策文件有301篇，占据政策文件总量的91%。由此，黄平县公共政策制定与发文时存在跨部门合作较少、协同程度偏低的问题，见表6-7。

研究完政策发文主体，有必要对发文单位间的协同程度做一定的分析，本报告所指的协同程度是指一项政策的发文单位是一个部门还是多个部门间协同合作。现代治理极具复杂性，单个部门很难解决很多复杂问题，所以政策发文主体间的协同配合也极具研究意义。

表 6-7　黄平县公共政策发布协同情况统计表　　（单位：篇）

协同程度	单独发布	联合发布	总计
文本数量	301	30	331
所占比例	91%	9%	

（数据来源：作者依据贵州省人民政府官网数据整理所得，http://www.qdnhp.gov.cn/。）

通过联合发布的政策文件进行筛选分析发现，在 2012—2020 年，共有 5 年存在联合发文的现象。2015 年黄平县公共政策发文偏少且尚未出现联合发文的情况，2015 年以后联合发文的现象逐渐增加，这说明近几年来黄平县公共政策发文时协同合作的趋势正在逐渐增加，见表 6-8。

表 6-8　黄平县公共政策联合发布情况统计　　（单位：篇）

年份	2012	2013	2014	2015	2016	2017	2018	2019	2020	合计
数量	0	0	0	0	2	3	2	1	1	9

（数据来源：作者依据贵州省人民政府官网数据整理所得，http://www.qdnhp.gov.cn/。）

除了分析政策发文单位间的协同程度以外，政策的文种也是考察政策性质的关键指标，文种类型一般位于政策名称的末尾。例如"通知"通常用于传达、发布事项并要求下级部门执行，一般具有知照性，文件类型不同时体现出的政策性质也会存在差异。例如，"意见"一般是对重要问题或者事项给出较为宏观的处理办法或者见解，一般具有指导性。

通过对 331 份政策文本的文种进行统计、分析发现，2012—2020 年黄平县的公共政策主要以通知、意见、条例、方案、决定、公示、通报等形式出现，文种覆盖面广且类型丰富。其中文种数量多于 10 篇的有："通知"类型的文本共计 119 篇，占据总数的 36%；"意见"类型的文本共计 96 篇，占据总数的 29%；"方案"类型的文本共计 19 篇，占据总数的 6%；"条例"类型的文本共计 13 篇，占据总数的 3.9%；"办法"类型的文本共计 12 篇，占据总数的 4%；"细则"类型的文本共计 12 篇，占据总数的 4%；见表 6-9。

表 6-9 黄平县公共政策文种类型统计　　　（单位：篇）

文种类型	数量	比例
通知	119	36%
意见	96	29%
方案	19	6%
条例	13	3.9%
办法	12	3.6%
细则	12	3.6%

（数据来源：作者依据贵州省人民政府官网数据整理所得，http://www.qdnhp.gov.cn/。）

对公共政策的强制性程度进行统计分析也是研究黄平县公共政策的关键内容。以政策文件的强制性程度为依据可以将政策文本类型划分为规范型、鼓励型与综合型三种。在黄平县公共政策中，规范型政策主要表现为对特定行为的控制、调节与管理，以减少甚至停止政策制定者不期望的行为发生。鼓励型政策通常都带有奖励性质，通过引导或者鼓励政策客体向某一特定的目标或者方向行动，以此来推动黄平县发展。而综合型政策则是兼具限制型和鼓励型措施的政策类型。

通过统计发现，黄平县公共政策文件在强制性程度方面表现出的特征如下：两极分化现象明显，政策类型分布不均匀，规范型政策数量较多，总共有 207 篇，占据政策总数的 62.5%；综合型政策数量最少，有 39 篇，仅占据政策总数的 11.8%；鼓励型政策的数量居中，有 85 篇，共占据了政策总数的 25.7%，见表 6-10。

表 6-10 黄平县公共政策强制性程度统计　　　（单位：篇）

强制程度分类	规范型	鼓励型	综合型	总计
文本数量	207	85	39	331
比例	62.5%	25.7%	11.8%	100%

（数据来源：作者依据贵州省人民政府官网数据整理所得，http://www.qdnhp.gov.cn/。）

除了上述政策研究要素以外，还有必要对政策文本的特别说明进行分析。不是所有政策文件都有文本特别说明这一要素，文本特别说明主要是围绕政策实施时效做出的一类补充说明，该说明一般会被备注在文件名之后，有时也会将其置于政策文本内容最后一段起到补充说明的作用。

通过统计梳理发现，在本报告选取的331篇政策文本当中，共有12篇政策文本有特别说明，占据政策文本总数的3.6%，其余319篇没有特别说明。通过统计这12篇有特别说明的政策文本发现，"试行"的数量最多，是政策依据发展需求的变化做出新规划的文本，这类文本占据特别说明文本的42%，"修订"意味着新政策的出现和部分原政策的终止，该类政策文本占据特别说明文本的33%。"草案""暂行"这两种类型的政策虽然表述不同，但实际都意味着该项政策需要进一步完善或者调整，这两类政策合计3篇，共占据特别说明文本的25%，见表6-11。

表6-11 黄平县公共政策文本特别说明统计 （单位：篇）

文本补充说明	试行	修订	草案	暂行	总计
数量	5	4	2	1	12
比例	42%	33%	17%	8%	100%

（数据来源：作者依据贵州省人民政府官网数据整理所得,http://www.qdnhp.gov.cn/。）

四、政策文本要素研究分析

（一）黄平县公共政策整体统计结果分析

黄平县公共政策（2012—2020年）的发展过程总体上呈现出"阶段性N型"增长状态。具体可以从三个方面进行分析，首先就政策文本年度发布的整体情况而言，政策发文量呈现曲折反复的增长趋势。其次从阶段性角度而言政策文本的变化状况又可被细分为三个阶段：2012—2014年是第一阶段，此时黄平县的公共政策正处于起步发展阶段，囿于资源、环境等各方面限制，黄平县公共政策的制定在该阶段并不成熟。2015—2017年是第二阶段，黄平县在该阶段发展中深受中共中央、国务院政策方针的影响，按照国务院政策要求，不断学习并制定了本县的发展政策。2018—2020年是第三阶段，黄平县公共政策的数量较上一阶段大大减少，但是较初步发展阶段又呈现出稳步提升趋势，这说明黄平县公共政策的发展经历了前两个阶段后逐渐趋于成熟。

（二）黄平县公共政策制定主体统计结果分析

黄平县公共政策的制定主体总体上呈现出"强专门性"的特性。从2012年开始，黄平县的公共政策内容主要来源于党中央、国务院和黄平县人民政府两个部门，但是就公共政策的分布数量而言，黄平县的政策文件主要集中于黄平县人民政府，参与发文的比例高达66%。黄平县人民政府是主管黄平县发展的职能部门，也是对黄平县区域发展进行直接管理与规范的核心机构，所以黄平县人民政府理应行使其职能，并在制定黄平县公共政策的过程中发挥主导推动作用。

黄平县公共政策制定主体间的"协调性"有待加强。一方面，黄平县公共政策的发文单位类型单一，主要是黄平县人民政府及其对党中央、国务院发布的区域发展政策的延伸与学习。而黄平县与贵州省政府间的联合发文较为匮乏，与其他相邻县城间的合作交流也较少。另一方面，联合发文的数量较少。黄平县公共政策的内容主要是依靠单一部门单独发文，仅有少数政策由两个及两个以上单位联合发布。并且参与单位的数量在单篇联合发文的政策文本当中也较少，主要以两个单位联合发文为主。这种现象表明黄平县公共政策的制定、发布尚未形成部门间的联动效应，公共政策的统筹力度偏低。

黄平县公共政策的参与主体逐渐"科学化"与"多元化"。一方面，在政策发展初期的政策主导部门仅为黄平县人民政府，但是从2015年开始，黄平县依据党中央、国务院的发展政策对其发展战略、目标进行改革、调整，虽然此时仍然是黄平县人民政府主导公共政策，但是政策内容较之前发生了显著变化。另一方面，联合发文的频率较之前有所加大。

进入黄平县公共政策发展的第二阶段后，联合发文的数量与频率较之前有所提升，这有助于增强政策的有效性与科学性。

（三）黄平县公共政策文种性质统计结果分析

黄平县公共政策在文种类型上体现为"战略和实施兼顾"的特征。立足于文种结构分类的统计数据发现，黄平县公共政策既重视通知、细则、办法、通报等侧重于实施操作性质的政策文件，也注重意见、决定、指导、规划等侧重于从宏观层面实施战略部署的政策文件。并且这两种政策文件类型相对来说处于一种均衡状态，既有细节规范，也有宏观性指导，属于一种较为科学的政策战略布局。

黄平县公共政策比较突出"规范性"，强制性程度较高。在黄平县公共政策文本当中，"规范型"政策文本占据了较大比重，与"鼓励型""综合型"文种类型间的差距比较悬殊。主要以"通知""要求"等方式的政策设计调节相关主体的行为趋向，较少通过"引导""鼓励"等方式追求政策目标。这种弱鼓励、强规范的政策倾向在调动社会力量积极、广泛参与方面效益不明显，也不易于适应经济发展新形势面临的发展新需求。

黄平县公共政策发展兼具"渐进性"和"探索性"。一方面，在黄平县公共政策的发展进程中，党中央、国务院发展战略的转变会使黄平县公共政策制定环境、任务发生变化。囿于缺乏经验以及时间限制，"试行""草案""暂行"等形式的政策出现以实现一个探索性、初步性的发展规划来满足当前的发展需求。另一方面，一些"探索性"的政策会随着实践的发展凸显不足，一些政策无法适应发展变化的新需要，所以有必要对原先的政策进行修订，此外，政策环境的变化日新月异，修改政策的任务并非一蹴而就，而是需要进行多次修改才能符合黄平县渐进发展的特征。

五、研究结论及展望

黄平县公共政策的发展从总体来说经历了2012—2014年的初步发展阶段、2015—2017年的加速发展阶段和2018—2020年的平稳发展阶段。发文数量从总体上呈现出从快速上升到稳步提升的趋势。但是就不同历史阶段而言，并没有保持绝对增长趋势，也存在曲折波动。

黄平县公共政策的制定主体明晰，但是主体间缺乏协调互动。黄平县公共政策制定的核心单位具有"强专门性"的特点，各主体间具有"弱协调性"且日渐"多元化"的特点。政策制定的核心单位主要是黄平县人民政府。此外，黄平县人民政府也会在党中央、国务院出台的相关政策基础上有针对性地提出契合自身发展所需的政策。伴随着黄平县公共政策的发展成熟，有更多的部门逐渐参与到黄平县公共政策的发展与规范队伍当中，但是尽管政策制定主体日渐多元化，政策的整体协作性程度依旧处于较低水平，各部门间的联合发文频率较低、数量较少，且参与发文的各单位当中发挥主体作用的部门类型较为单一，各参与主体间的协同程度仍旧需要加强。

黄平县公共政策在性质上主要体现出"规范性""战略和实施兼顾""渐进性"和"探索性"并存的特征。通过分析政策文种类型发现，侧重操作实施类型的政策文件数量与侧重从宏观层面战略部署的政策文件数量基本保持平衡，黄平县公共政策在发展过程中既注重实施又注重战略。依据政策文种的强制性程度可以将政策文件划分为规范型、鼓励型与综合型三种类型。通过对这三类政策文种类型进行统计分析发现，规范型公共政策的数量最多，占比最大，政策类型间的两极分化现象比较明显，类型分布不均匀。将文本特别说明的政策文件进行统计发现，黄平县公共政策制定时勇于创新和试验，敢于经过实践检验后根据基础状况不断调整、修改政策。

通过分析黄平县公共政策的演进历程可知，制定的政策并不是万能的，也并不是一蹴而就的，而是会随着时间的变化发生改变。国情、经济社会发展水平、资源、机遇、挑战等诸多因素均会对区域发展政策产生影响，所以始终坚持从因时因地的角度去思考政策环境和诸多要素之间的关系变化，才能更大限度地保证政策决策的科学性与合理性。

　　为了提高政策的效能性，加强各部门之间的协同与合作，进一步培育政策制定的多元主体是关键。随着社会经济的快速发展，社会问题与日俱增，在这种新的发展环境下，政策制定者不仅需要提高自身能力与素质，增强政策的合理性，而且需要重视跨部门、跨领域间的协同合作，通过打破部门间壁垒，促进多部门间的联合发文，才能进一步增强公共政策的科学性。

参考文献：

　　[1] 赵莉晓. 创新政策评估理论方法研究：基于公共政策评估逻辑框架的视角 [J]. 科学学研究,2014,32(2):195-202.

　　[2] 文宏. 间断均衡理论与中国公共政策的演进逻辑：兰州出租车政策(1982—2012)的变迁考察 [J]. 公共管理学报,2014,11(2):70-80,142.

　　[3] 郑智航. 最高人民法院如何执行公共政策：以应对金融危机的司法意见为分析对象 [J]. 法律科学（西北政法大学学报),2014,32(3):11-24.

　　[4] 何其生. 国际商事仲裁司法审查中的公共政策 [J]. 中国社会科学,2014(7):143-163,207-208.

　　[5] 唐克,刘家刚. 城镇化进程中社区教育政策执行主体的偏差行为问题：基于社区教育实践中的困境问题调研 [J]. 远程教育杂志,2014,32(5):75-81.

　　[6] 李伟. 坚持专业性、科学性和开放性理念，实现政策评估的客观、公正与准确 [J]. 管理世界,2015(8):1-4.

　　[7] 郑振清,亚永平. 贫富差距扩大的政治效应：全球金融危机以来东亚选举政治变迁研究 [J]. 中国社会科学,2014(11):83-103+206.

　　[8] 邓喆,孟庆国. 自媒体的议程设置：公共政策形成的新路径 [J]. 公共管理学报,2016,13(2):14-22+153.

　　[9] 范帅邦,郭琪,贺灿飞. 西方经济地理学的政策研究综述：基于CiteSpace的知识图谱分析 [J]. 经济地理,2015,35(5):15-24.

　　[10] 陈家建,张琼文. 政策执行波动与基层治理问题 [J]. 社会学研究,2015,30(3):23-45,242-243.

　　[11] 朱正威,石佳,刘莹莹. 政策过程视野下重大公共政策风险评估及其关

键因素识别[J].中国行政管理,2015(7):102-109.

[12] 赵梦晗.全面二孩政策下重新审视公共政策中缺失的性别平等理念[J].人口研究,2016,40(6):38-48.

[13] 谭清值.公共政策决定的司法审查[J].清华法学,2017,11(1):189-206.

[14] 温美荣,马若熙.构建公共政策评估的关键绩效指标体系探析：以X市试行众创空间绩效考评制为例[J].行政论坛,2017,24(3):93-99.

[15] 任弢,黄萃,苏竣.公共政策文本研究的路径与发展趋势[J].中国行政管理,2017(05):96-101.

[16] 薛澜,赵静.转型期公共政策过程的适应性改革及局限[J].中国社会科学,2017(9):45-67+206.

[17] 王姝.国家审计如何更好地服务国家治理：基于公共政策过程的分析[J].审计研究,2012(6):34-39.

[18] 鲁先锋.网络背景下的政策议程设置研究[D].苏州：苏州大学,2014.

[19] 王浦劬,赖先进.中国公共政策扩散的模式与机制分析[J].北京大学学报(哲学社会科学版),2013,50(6):14-23.

B.7
黄平县公共技术发展报告

钟蕾* 袁兴平** 王强***

摘 要： 黄平县具有得天独厚的生态环境和独特的少数民族文化底蕴，也是贵州省内的农业大县之一，因此，黄平县公共产品种类繁多，各具特色。本报告以黄平黄牛、黄平稻田鱼、黄平蓝莓、黄平线椒、黄平食用菌、黄平糯小米、黄平太子参等9个公共农产品和黄平泥哨、俚家蜡染两个公共工艺品为研究对象，对每个产品公共技术的发展背景、公共技术的主要内容、公共技术的现状进行详细介绍，并有针对性地提出意见和建议，推动黄平县公共产品产业发展。

关键词： 黄平县；公共产品；公共技术；发展现状

一、黄平县简介及其主要公共产品

黄平县位于贵州省东南部，属黔东南州苗族、侗族自治州，全县面积1668平方公里，辖8镇3乡，总人口39.8万人，以苗族、俚家人等少数民族为主，占总人口的68.5%。黄平县历史悠久，少数民族文化厚重，特别是苗族和俚家人的"民族文化"影响深远。黄平县山川秀美、物资丰富，地处亚热带季风气候、四季分明、气候温和、雨量充沛，年平均

---

* 钟蕾，女，贵州省地质矿产中心实验室助理工程师，研究方向：农业残留、环境有机分析。
** 袁兴平，男，黄平县农业农村局饲草饲料站站长，农艺师，研究方向：农村公共技术与特色种养殖等。
*** 王强，男，黄平县农业技术推广中心土壤肥料工作股股长，助理农艺师，研究方向：农业技术推广。

气温 15.1℃，年平均降水量 1307.9 毫米，年均日照 1104.7 小时，海拔 519~1367 米，境内生长野生植物近 3000 种，其中药用野生植物达 1/3，森林覆盖率达 59.64%，为农业种植、养殖提供得天独厚的条件。与此同时，黄平县还有中国现代民间绘画之乡、中国泥哨艺术之乡、中国优质无籽西瓜之乡、贵州省长寿之乡、国家重点生态功能保护区等美誉和称号。

黄平县作为贵州省农业大县之一，也是国家扶贫开发工作重点县，黄平人民也善于利用其富饶的物资、良好的生态条件、苗族和僮家特色少数民族独有文化。一直以来，黄平人民十分注重农业产业和民族特色产业的发展，并在原有产业的基础上不断引进、创新、尝试，使黄平县农业产业、民族特色产业实现转型和多元化发展。

《黄平县"十三五"规划》明确指出，着力实施大农业战略行动，加快农业现代化步伐；着力实施大旅游大健康战略，加快发展现代服务业。即一方面着力发展特色农业产业，如中药材、精品水果、草食畜牧、蔬菜等特色农业产业，加快建成绿色食品、有机食品大县；另一方面深挖苗族、僮家文化，打造民族文化工艺品，推动旅游业发展。"十三五"规划期间，全县全面推进农产品产业品牌建立和升级，大力发展民族特色工艺品，不仅注重高标准农田建立、精品水果发展、特色中药材种植，也注重民间艺术品的产生和推广。2020 年是"十三五"规划的收官之年，截至 2020 年，黄平县主要公共产品不断获得地理标志产品保护、绿色食品认证、高标准农田示范区等品质认证，发展较好的主要经济农产品有：黄平黑毛猪、黄平黄牛、稻田养鱼、林下养鸡、林下养蜂等养殖；黄平县蓝莓、西瓜、桃、百香果等精品水果；黄平线椒等蔬菜；香菇、黑木耳等食用菌；大米、糯小米等粮食作物；黄平白及、太子参、元胡、生姜、玫瑰花等中药材。与此同时，黄平泥哨、僮家蜡染等黄平县非遗产品，也在不断融入更多民族特色和生活素材，加强产品宣传后，产品知名度不断提升。

二、黄平县主要公共技术研究背景及主要内容

黄平县是黔东南州特色农产品和旅游文化发展示范县之一，其具有代表性的公共农产品、公共工艺品涉及范围广且多元，公共技术具备广度和深度。本报告从黄平黄牛、黄平稻田鱼、黄平蓝莓、黄平线椒、黄平糯小米、黄平太子参、黄平食用菌等主要公共农产品和黄平泥哨、偅家蜡染等公共工艺品背景及其主要公共技术点来阐述黄平县主要公共技术背景及其主要内容。

（一）黄平黄牛

黄平黄牛是贵州省优良的役肉兼用型品种，2020年被农业农村部评为国家地理标志农产品认证产品。黄平黄牛皮薄骨细、肉质色泽暗红，经烹饪后无腥味、肉和脂肪分离、爽滑醇香、口感好、肉质鲜嫩、富含多种维生素和矿物质，具有高蛋白、低脂肪、易消化、易吸收等特征。近年来，随着人民生活水平的提高，膳食结构的改变，畜牧业释放出巨大的市场潜力，截至2020年，全县黄牛存栏3.82万头，出栏1.64万头，产值达3.5亿元。黄平黄牛是黄平县现代农业主要发展产业之一。

黄平黄牛公共技术主要分公共养殖技术、公共加工技术两大类。其中，公共养殖技术主要包括品种选育改 — 饲草种植 — 肉牛规模养殖的场址选择 — 养殖规模与占地面积 — 场区布局 — 牛舍建筑与设备设施 — 设备配置 — 饲养管理 — 饲养投入品 — 产品安全 — 消毒与防疫 — 环保要求 — 制度建设及档案管理等技术点。公共加工技术主要包括鲜（冻）牛后腿肉修整 — 清洗 — 分切成块 — 初煮 — 冷却切块 — 卤制 — 初步脱水 — 烘烤 — 干燥 — 冷却 — 切条 — 烘干 — 二次调味 — 质检 — 消毒杀菌 — 包装 — 检验 — 成品。

（二）黄平稻田鱼

稻田养鱼，是以稻田埂作为鱼生长环境的新兴农业养殖产业，也是

农业产业结构调整的重要内容之一。养殖鱼的品种以鲤鱼、草鱼为主。黄平县是稻田养鱼产业发展较早和发展较好的县,黄平县现有稻田鱼养殖面积8000亩,亩产400公斤,每亩收入4000~5000元,给黄平县带来了一定经济效益和生态效益。黄平稻田鱼早在20世纪60年代就已形成较成熟的公共养殖技术,其公共养殖技术主要有田块选择 — 养殖模式的确定 — 工程改造 — 鱼坑清理 — 鱼苗品种确定 — 鱼苗放养 — 水稻种植 — 日常巡视 — 饲料投放及管理 — 水位调节 — 病害防治 — 收获等。其主要技术点有以下四点:一是田块选择,要求水源充足、土壤保水性好、排灌方便;二是工程改造,目的是通过田埂加宽、加高,开设鱼沟、鱼坑等改造,营造科学养鱼基础环境;三是鱼苗放养,注重放养时间、放养密度、鱼种处理等细节;四是水位调节,合理排灌,以提供鱼生长的良好环境等。

(三)黄平蓝莓

蓝莓,又称越橘,是保健水果,能预防癌症、白内障、心脏病等疾病,能增进视力、美容、改善睡眠以及加固血管、改善循环,可鲜食也可加工,市场前景广泛。黄平县蓝莓产业从2012年贵州金佰瑞农业股份有限公司成功引入开始,经过短短几年发展,种植面积、种植技术、加工技术等都得到了突破,并逐步向好发展,截至2020年,种植面积达6000亩,分布在新州镇、旧州镇、一碗水乡,亩产近300公斤,带动周边500余农户脱贫致富,是黄平县发展较好的精准扶贫特色产业。

黄平蓝莓公共技术主要有公共种植技术、公共采摘技术、公共贮藏运输技术、公共检测技术、公共加工技术等方面。公共种植技术,主要包括园地选址(向阳、缓坡、沙土、水源充沛)— 整地(深翻、pH调节)— 育苗移栽 — 定植(密度、时间)— 土肥水管理(土壤、施肥、灌溉管理)— 修剪技术(幼树期修剪、成树期修剪)— 病虫鸟害防治(叶枯病等主要病害、食叶害虫等主要虫害)等技术点。公共采摘技术,主要包括成熟果实判断要求 — 采收时间 — 采收方式、工具 — 采摘过

程 — 分拣、分级 — 采摘后存贮等技术点。公共贮藏运输技术，主要包括入库 — 预冷 — 贮藏方式 — 贮藏条件 — 贮藏期限 — 贮藏管理 — 出库要求 — 包装、分拣 — 运输条件等技术点。公共检测技术，主要包括产品品质要求 — 产品品质指标检测，产品安全指标确定 — 产品安全指标检测等技术点。公共加工技术，主要包括加工产品的确定 — 加工类型的确定 — 加工厂房的建设要求等技术点。

（四）黄平线椒

黄平线椒，以"细""长""辣"而得名，是贵州优质地方品种之一，2020年已获得国家地理标志农产品认证产品，一直以来都是黄平县特色助农产业，也是黄平县六大农业支柱产业之一，具有一定社会知名度和市场认可度。黄平线椒公共种植技术主要有选种 — 育苗 — 整地施肥 — 移栽定植 — 田间管理 — 采收等技术点，其中选种育苗阶段可细分为苗床准备 — 播种期及播种量 — 种子处理 — 催芽 — 苗期管理（假植、温湿度管理、追肥、病虫草防治）等。田间管理可细分为肥水管理 — 中耕除草 — 植株调整 — 病虫害防治 — 采收等。黄平线椒除公共种植技术外，还有储藏公共技术、公共检测技术、公共销售技术、公共加工技术等。

（五）黄平糯小米

谷陇糯小米是黄平糯小米代表，其以"颗粒大""米油大""色泽亮"而广为人知，具有品质优良、色泽金黄、颗粒饱满、清香宜人、软糯可口的特色，富含粗蛋白、硒、铁、锌等微量元素，具有美容养颜、滋阴补肾、补脾益胃等功效。近年来，黄平县委县政府意在将谷陇打造成贵州知名的糯小米之乡，产业不断向标准化、规模化、科技化方向发展，截至2020年年初，其种植面积达5000亩以上，亩产600斤左右，单价8~10元，市场前景良好。谷陇糯小米具有一定社会知名度，产品一经收获就被黔五福食品有限公司收购，同时产品还获得绿色食品认证，具有良好市场前景和社会认可度。谷陇糯小米公共技术主要有品种选择 — 晒种 — 浸种 — 适时整地 — 育苗移栽 — 施底肥 — 适时追肥 — 适

时灌溉 — 中耕除草 — 绿色病虫害防治 — 采收 — 贮藏。

黄平糯小米公共技术注重育苗移栽、绿色防控技术。其中，育苗移栽主要体现在育苗移栽阶段形成起垄—地膜覆盖—直播或育苗移栽的技术，并将糯小米亩产提升至500斤以上，是糯小米种植技术上的一大创新。绿色防控主要体现在病虫害防治阶段，形成拌种防治、生物化学防治相结合的防治方式，即酷拉斯拌种培育壮苗，预防地下害虫危害；黄板、杀虫灯、诱捕器等生物防治手段对蚜虫、黏虫等虫害进行诱杀；合理喷施氨基寡糖素、申嗪霉素等生物农药解决白发病、空壳率高等难题，增强植株抗逆抗病性，多种手段共同提高小米质量和产量，目前，全县主要小米种植区域内已形成一套较为成熟的绿色高效高产栽培技术。

（六）黄平太子参

太子参，药食两用药材，也具有一定观赏性。有益气健脾、生津润肺功效，可治疗食欲不振、自汗口渴、肺燥干咳、脾虚体倦、气阴不足等症状。贵州气候适宜，生态环境良好，为太子参种植提供良好条件，贵州因此成为我国四大太子参种植主产区之一，而黄平县是贵州太子参主产区。目前，黄平县太子参种植面积达25000亩，实现太子参种植加工一体化，为黄平县带来良好的经济效益和社会效益。黄平太子参公共种植技术主要包括：地块选择 — 选种 — 土壤深耕、除草 — 施基肥 — 适时耕种 — 除草追肥 — 遮阴 — 适时灌溉 — 病虫害防治 — 采收 — 贮存 — 加工 — 包装 — 销售。其公共种植技术主要技术点有以下几点：一是地块选择，太子参种植对于土壤质量要求较高，需腐殖层厚的砂质土壤，尽量避免连作；二是适时耕种，耕种时间一般在10月下旬到12月中旬，最佳耕种时间在11月上中旬，可保持良好产量和质量；三是遮阴，一般采用与玉米连作，保证6月底至七月初，玉米利用植株高度为太子参遮阴，为太子参增产；四是病虫害防治，病毒病、猝倒病、叶斑病、地老虎等是太子参主要病虫害，合理利用生物、物理和化学防治方法，针对具体病虫害进行预防和治理，能提高太子参产品质量和产量。

（七）黄平食用菌

食用菌，通称蘑菇，是子实体硕大、可食用的大型真菌总称，因生长地域、生长环境不同而呈现不同品种。我国已知品种有600余种，常见品种有香菇、平菇、木耳、银耳、竹荪、松口蘑、鸡枞菌、羊肚菌、猪肚菇等。因具有多糖、萜类、多酚类等功效型生物活性成分，常用于日常食用和药用。黄平县食用菌产业是该县近年来快速发展的农产品特色产业之一，全县栽植的食用菌品种有香菇、黑木耳、黑皮鸡枞菌、猪肚菇等，面积达800余亩。食用菌主要公共栽培技术有：菌种培育—菌包培养料调配—装袋灭菌—接种—适时灌溉—合理施肥—温湿度控制—酸碱度控制—适时采收。主要公共栽培技术有以下几点：一是菌种培育，这是食用菌培育的起点，确定培育品种、选取优良菌种、规模化培育、科学调控生长环境，旨在培育优质高产的菌种；二是菌包培养料调配，食用菌栽培基础和关键点，根据培育品种不同选取不同成分培养料及不同比例的配料组成菌包，为食用菌生长发育提供所需营养成分、水分，旨在提升食用菌产量和品质；三是灭菌，灭菌是食用菌栽培成功的必要因素，使用科学灭菌条件对装袋、生长环境进行全面消毒、灭菌，确保整个过程灭菌状态；四是温湿度、酸碱度控制，这是食用菌生长外在条件的关键，使食用菌生长条件保持最佳状态，确保食用菌优质高产。

（八）黄平泥哨

黄平泥哨，又叫"泥叫叫"，产自黄平旧州，是苗族人智慧的结晶，属于彩塑泥捏儿童玩具之一，主要出自苗族泥塑艺人吴国清老人之手，从20世纪初发现至今已有90余年的历史，其造型题材广泛，涉及鱼鸟虫兽，代表作是十二生肖，种类繁多，已有120余种。其表现形式简练粗犷、生动传神、趣味童真、韵味无穷，反映出艺人们对生命和民族的热爱，是苗族文化的传承。作为黄平县纯手工工艺品，其公共技术主要涉及黄土原料选择—造型确定—手工搓捏—成型—木屑煅烧—上色—涂油—晾晒—包装等。其公共技术主要有以下三点：一是主题选材的确定，作为民间艺术品，黄平泥哨的主题既有十二生肖等传统作品，又保持不断创新，创作元素多元化，并体现创作者的新颖思维；二是手工搓捏，这是黄平泥哨工艺的重中之重，是工艺品制作成败的关键，创作者以简练概括、不过于追究细节的态度，勾勒出形态多样、神态各异，韵味无穷的实物；三是上色、涂油，与苗族服饰色彩搭配相似，黄平泥哨上色一般以黑色打底，红黄蓝白等色做点缀，透露着苗族特有的少数民族特色。

（九）僅家蜡染

蜡染是我国西南部少数民族独具特色的传统手工印染工艺。贵州苗家、僅家蜡染较为知名，僅家蜡染作为贵州第二大蜡染产业，代表着千百年来僅家人的情感和价值观念。僅家是一个有着自己的语言、服饰、生活习惯的少数民族，现多数聚集在黄平县。僅家蜡染是特定地理环境、经济条件、少数民族的产物，其作为僅家妇女必备技能之一，常以刺绣搭配，又以图案均匀、疏密相间、花纹别致、风格独特著称，是僅家人生活的一部分，常用作服饰、窗帘、床单、被罩等生活用品装饰中。僅家蜡染公共技术主要包括：原料及材料的选择和工艺制作流程等，其中原料及工具包括僅家人自制土布、棉布和布匹；两片及以上相同大小的铜片，一段用小木棍固定住的蜡刀；瓷碗、铁碗等容器；能够加热的熔蜡器；天然植物制成的染料。工艺制作流程：自制土布 — 沸水煮土布 — 牛角磨平 — 晒干 — 熔蜡 — 磨蜡刀 — 土布绘制图案 — 蜡刀蘸蜡 — 点蜡 — 染料制备 — 染色 — 反复浸染 — 冲洗 — 清水煮沸 — 漂洗 — 去蜡完成 — 晾干。

三、黄平县主要公共技术发展现状

（一）黄平县主要公共产品公共技术发展现状

产业要发展、要进步，需要不断更新技术，换句话说技术更新是推动产业发展、进步的有力保障。本报告以黄平县主要公共农产品和公共工艺品公共技术为研究对象，以图书馆翻阅资料等形式为研究途径，从地方标准发布情况、期刊文章发表情况、图书章节收录情况、硕士学位论文发表情况、新闻报道情况等公共技术表达形式出发，收集整理出几个公共产品公共技术的发展现状，汇总成表 7-1。

表 7-1 黄平县主要公共产品公共技术发展状况汇总

	地方标准/个	期刊文章/篇	硕士学位论文/篇	图书章节/篇	新闻报道/篇
黄平黄牛	0	1	0	1	>5
黄平稻田鱼	0	4	0	0	>5
黄平蓝莓	0	0	0	0	>8
黄平线椒	1	3	0	0	>10
黄平糯小米	0	3	0	0	>10
黄平太子参	0	3	2	0	>5
黄平食用菌	0	0	0	0	>5
黄平泥哨	0	2	4	26	>20
僚家蜡染	0	10	2	3	>10
小计	1	26	8	30	>78

从表 7-1 可以看出，现阶段，黄平黄牛以地方标准、期刊文章、硕士学位论文、图书章节、新闻报道等形式发布的公共技术数量分别为 0 篇、1 篇、0 篇、1 篇、5 篇以上。其中，期刊文章为《贵州省黄平县肉牛业产销趋势分析及对策》发表于《贵州畜牧兽医》，主要从黄平县肉牛生产基本情况、肉牛品种改良情况、市场变化情况、产业结构组织模式及销售方式等方面对黄平黄牛进行分析并提出发展对策。1 篇图书章节来自《中国特色大典·贵州篇》，黄平牛肉干作为黔东南特色肉禽加工食品在书中有介绍，从产品品种、品质口感、生产厂家及技术等方面进行介绍。黄平黄牛新闻报道媒体主要是搜狐网、多彩贵州网、且兰黄平等，分别从黄牛养殖技术、养殖方式、养殖管理和养殖规模等方面进行报道。

从表 7-1 可以看出，现阶段，黄平稻田鱼以地方标准、期刊文章、硕士学位论文、图书章节、新闻报道等形式发布的公共技术数量分别为

B.7 黄平县公共技术发展报告

0篇、4篇、0篇、0篇、5篇以上。其中，期刊文章主要是《黔东南州及遵义市稻渔模式与产业分析》《黔东南稻田养鱼》《黔东南州推广"垄稻沟鱼"》《稻田养鱼——贵州苗族区稻田养鱼调查记》，分别发表于《农机服务》《中国水产》《贵州农业科学》，主要从稻田养鱼养殖历史、养殖技术要点、养殖环境要求等方面进行分析和总结。黄平稻田鱼新闻报道媒体主要是贵州政协报、贵州民族报、搜狐网等，主要从黄平稻田鱼经济效益、生态效益、养殖技术等方面进行报道。

从表7-1可以看出，现阶段，黄平蓝莓、黄平食用菌两个主要公共农产品以地方标准、期刊文章、硕士学位论文、图书章节等形式发布的公共技术数量为0，新闻报道数量分别为8篇以上和5篇以上。其中，黄平蓝莓新闻报道媒体主要是中国蓝莓网、新华网贵州频道、人民网贵州频道等，分别从蓝莓园区选择、品种选择、种植形式、管理模式、产品品质及质量等公共技术方面对黄平蓝莓进行报道；黄平食用菌新闻报道媒体主要是搜狐网、且兰黄平等，分别从食用菌栽培品种、栽培方式、栽培技术要点、采摘要求等公共技术方面对黄平食用菌进行新闻报道。

从表7-1可以看出，现阶段，黄平线椒以地方标准、期刊文章、硕士学位论文、图书章节、新闻报道等形式发布的公共技术数量分别为1篇、3篇、0篇、0篇、10篇以上。其中，地方标准是《黄平线椒品种及栽培技术规程》（DB52/T 970—2014），由罗爱民等起草，于2014年10月30日发布并于同年次月30日正式实施，该标准对已认证黄平线椒1号和2号品种进行品种描述、规定生产管理措施和产地环境质量要求，并规定该标准适用范围；两篇期刊文章分别为《辣椒新品种黄平线椒2号的选育》和《黄平线椒1号的选育及高产栽培技术探析》《贵州不同辣椒品种的品质及挥发性成分分析》，分别发表于《辣椒杂志（季刊）》和《农技服务》《食品科学》。前两篇文章分别从选育过程—选育结果—品种特征特性—栽培要点等四个方面进行讲述，不同之处在于前篇描述新品种为黄平线椒2号；后篇描述新品种为黄平线椒1号，两篇都属于品种选育领域，且都包含种植规程相关内容，是指导黄平线椒标准化种植的理论科学依据，第三篇文章是从贵州辣椒品种为研究基础，对不同品种辣椒品质进行分析，经实验对比得出黄平线椒适合鲜食的结论；黄平线椒新闻报道媒体主要是搜狐网、贵州农经网、黔东南新闻网、多彩贵州网等，分别从种植历史、品种选育、育苗、品质特色等公共技术方面进行新闻报道。

从表7-1可以看出，现阶段，黄平糯小米以地方标准、期刊文章、硕士学位论文、图书章节、新闻报道等形式发布的公共技术数量分别为0篇、3篇、0篇、0篇、10篇以上。其中，期刊文章分别为《基于主成分分析的不同品种小米品质评价》《黄平县小米主要病虫害种类及绿色防控技术》《乌当糯小米品种比较研究》，分别发表于《食品工业科技》《农技服务》《耕作与栽培》，内容分别是对黄平糯小米等贵州糯小米从主要成分、营养价值、功能成分、理化性质等方面进行分析、对比和评价；对黄平糯小米等四种贵州产小米进行产量、品种特征及其生育期、经济性状四个方面的对比和分析；对黄平县糯小米主要病虫害种类、对应物理防治、农业防治和化学防治等内容进行介绍。黄平糯小米新闻报道媒体主要有中国食品报、粮油市场报、黔东南日报等，主要从黄平糯小米种植历史、标准化种植及管理模式、产品特色等方面进行报道。

从表7-1可以看出，现阶段，黄平太子参以地方标准、期刊文章、硕士学位论文、图书章节、新闻报道等形式发布的公共技术数量分别为0篇、3篇、2篇、0篇、5篇以上。其中，期刊文章分别为《贵州省施秉、黄平县太子参种植基地土壤肥力的测定与评价》《瓮福：特色配肥实现"三省三增"太子参精准施肥示范观摩会在贵州黄平召开》《贵州省黄平县太子参基地土壤环境质量监测与评价》，分别发表于《中药材》《中国农资》《贵州农业科学》。内容分别是，经试验测定、分析与评价，得出结论：黄平县太子参产区土壤肥力综合评价为一般，可满足太子参生长需要，但需注意平衡施肥，改善土壤质量，且尽量避免连作，用于指导太子参生产及为土壤管理提供科学依据；黄平太子参水管理技术总结与宣传；太子参种植对土壤要求较高，贵州黄平是太子参主要种植区之一，对其土壤质量环境进行监测和评价。两篇硕士学位论文，福建农林大学的刘克强在硕士学位论文《太子参良种选育及园林应用研究》中将黄平太子参与其他地区产太子参作为研究对象，其具有药用和商品太子参优良种源、种源产量高、质量高、皂苷含量高等优点；贵阳医学院的黄秀平硕士论文《黔产太子参质量与土壤无机元素的相关性研究》采用对照法对黄平县与贵州其他产地太子参及其土壤样品进行监测分析，得出产品质量、主要成分含量、内部关系、土壤肥力好等结论。黄平太子参新闻报道媒体有搜狐网、多彩贵州网等，主要从黄平太子参标准化种植、病虫害防治、产品特色等方面进行报道。

从表7-1可以看出，现阶段，黄平泥哨以地方标准、期刊文章、硕士学位论文、图书章节、新闻报道等形式发布的公共技术数量分别为0篇、2篇、4篇、26篇、20篇以上。其中，期刊文章主要有《黄平泥哨的文化现象》《黄平泥哨旅游工艺品创新设计研究》《基于逆向工程的黄平泥哨的数据采集》《贵州黄平苗族泥哨的艺术特色及制作工艺》等，分别发表在《当代贵州》《大众文艺》《贵州科学》《装饰》等；四篇硕士学位论文分别是2014年贵州师范大学刘健的《民间美术在产品设计中的开发应用——以黄平泥哨系列音响造型为例》；2019年贵州大学张新悦的《黄平泥哨包装设计创新研究》；2019年贵州师范大学唐婉琳的《贵州黄平苗族泥哨艺术形制表达的程式化探究》和2012年贵州民族大学周莲莲的《"民族民间文化进校园"文化传承模式探析——以黄平县为研究个案》；图书章节主要有《中国特色大典·贵州篇》《中华博物通考·调绘卷》《中国民族信息年鉴2006》《醉美特产·中华特产品鉴全攻略》等；报纸文章主要发布在贵州日报、贵阳日报、贵阳晚报、贵阳政协报等。归纳总结黄平泥哨已发布公共技术主要涉及内容有黄平泥哨的文化历程、制作工艺流程、工艺创新设计、传承价值与保护、文化普及、包装设计、公共销售、数据采集等。

从表7-1可以看出，现阶段，㑊家蜡染以地方标准、期刊文章、硕士学位论文、图书章节、新闻报道等形式发布的公共技术数量分别为0篇、10篇、2篇、3篇、10篇以上。其中，期刊文章主要有《贵州民间蜡染概述》《浅谈贵州省黄平县㑊家蜡染》《黔东南州㑊家蜡染图案艺术特征及其在时装设计中的运用》《僼家女性蜡染服饰文化内涵及其功能探析》《解读贵州僼家服饰蜡染艺术中的族群性——黔东南州黄平县重兴乡望坝村的田野考察案例》等，分别发表在《贵州大学学报（艺术版）》《戏剧之家》《毛纺科技》《中国民族博览》《装饰》等；两篇硕士学位论文分别为昆明理工大学袁璐璐的《基于AR技术的黔东南苗族手工艺品数字化保护应用研究》和贵州民族大学宋晓璐的《僼家蜡染纹样在"围巾·僼家新语"中的运用——毕业设计创作报告》；图书章节分别收录于《且兰拾遗》《中国织绣服饰全集·1.织染卷》《苗岭布依的民俗与旅游（贵州篇）》；报纸文章主要发表在中国民族报、光明日报、黔东南日报等。僼家蜡染公共技术主要涉及其民族文化产生背景、工艺制作方式、特点、艺术风格及类型、运用和发展历程、地域特色和风格、时代元素融入与创新等。

（二）公共检测技术发展现状

产品合格检测报告是其面向市场的市场准入条件，检测报告则是由具备产品相应检测指标检测资质的检测机构，按具体检测指标规定检测标准方法对产品进行预处理、仪器检测、分析数据，并结合相应判定标准给出的产品检测结果合格与否的证明材料。产品根据要求、形态、用途等的不同，对应不同判定标准和不同类别产品检测标准方法，以食用菌为例，若申请绿色食品，则产品需满足《绿色食品 食用菌》（NY/T 749—2018）评判标准中规定感官指标、理化指标、重金属、农药残留等卫生安全指标，并按推荐检测方法检测；若产品为食用菌制品，则需满足《食品安全国家标准 食用菌及其制品》（GB 7096—2014）评判标准中规定原料要求、感官要求、理化指标、污染物限量、农残限量、微生物限量、食品添加剂等卫生安全指标，并按推荐检测方法检测；若产品为出口产品，则需满足《进出口速冻蔬菜检验规程第7部分：食用菌》（SN/T 0626.7—2016）评判标准中规定感官检验、杂质检验、规格检验、农残检验、重金属检验、添加剂检验等卫生安全指标，并按推荐检验检测方法进行检验检测。综上所述，一个合格产品的上市，需经过不同标准方法的检验检测，突破重重关卡。

黄平县现有农业产品类型包括蔬菜类、水果类、畜禽类、食用菌类、蜂蜜类、粮食类、中药材类等，且产品延伸的子产品及孙产品也百花齐放，整体呈现多元化发展趋势。因此，其面临的检测指标也就不计其数，黄平县现有检测机构和检测能力，是远远不能满足检测需求和检测资质的。黄平县农产品检测站现有检测仪器仅有气相色谱仪、原子荧光仪等少量检测仪器，以仪器设备检测能力来看，仅能完成有机氯、有机磷、除虫菊酯类等农药类化合物和重金属砷等部分重金属的检测，而且仅能满足部分农业部门检测，食品行业、中药材行业检测条件不能满足，黄平县检测机构硬件条件的匮乏，反映了黄平县公共检测技术能力有待提升和发展。

（三）公共创新技术发展现状

黄平县通过糯小米种植技术创新解决产量低的难题。黄平糯小米种植历史悠久，以谷陇糯小米最为知名，一直以来，提升糯小米亩产问题始终困扰着各地小米种植农户，黄平县糯小米种植技术人员勇于创新，大胆提出育苗移栽阶段对耕地形成机械起垄—黑膜覆盖—单垄双行打孔直播或育苗移栽核心技术，该技术打破传统直播种植方式，实现技术创新，具有提升育苗成活率、及时补植，降低损失、减少直播除草劳动力等优点，并解决了糯小米产量低的难题。该技术一经田间试验成功便在全县范围内大量推广应用，并获得一致好评。

黄平黄牛养殖模式的转变提升了养殖产业的经济收益。近年来，黄平县与科研院所、高校合作，在产学研模式下，通过南方草地生态科技扶贫项目（养牛）、石漠化综合治理草食畜牧业项目（养牛、养羊）、农业产业化养牛项目、山地生态畜牧业项目和基础母牛扩群增量项目等的实施与验收后，在经历黄平黄牛养殖模式的不断探索后转变成功，实现养殖模式从原来个体散养式逐步转变为"农牧结合、饲草分离"集中式、规模化、综合养殖场养殖模式。黄平县黄牛养殖模式的创新，利于提升养殖农户的养殖积极性，利于黄牛品种改良，提升了黄牛养殖产业的经济效益。

黄平县通过牛肉干产品研发创新加固牛肉干品牌效应。贵州黄平牛老大食品有限公司自1984年成立至今，一直是贵州省级扶贫龙头企业和农业产业化经营重点龙头企业。该公司致力于牛肉加工产业链发展，注重品牌建设，现已形成"牛老大"牛肉干品牌；注重技术创新，现已形成温控法牛肉干嫩化技术、无公害牛肉干天然发色技术两大技术创新，并转换至牛肉干系列产品实际生产；注重产品研发，现已形成醇香、五香、麻辣、香辣、沙嗲、卤汁、神香等7个品种，40多个规格的牛肉干系列产品，年产量达300吨。该企业力争生产天然纯正，老少皆宜，口感多元的民族牛肉干产品，充分发挥龙头企业带动作用，加固"牛老大"牛肉干品牌效应。

　　黄平泥哨通过工艺创新推动公共产品多元化。设计者从十二生肖形态的泥哨入手，在不改变原来造型的基础上，将泥哨的民族色彩与现代时尚元素相结合，扩展其构成形式和表现方法，形成三套全新的主题作品，分别是色调中的民族时尚：运用概括、夸张的表现手法形成鲜明的特点，使之具有更强的生命力；色彩中的民族气息：在色彩不变的基础上，使泥哨的整体图案从视觉上体现出民间手工艺品自然、纯真的气息；寓意中的民族和谐：尝试运用多种颜色搭配，使色彩效果具有强烈的感染力和吸引力，用色彩表现民族的和谐。近年来，黄平县加强与省农科院辣椒研究所合作，县经济作物技术推广站从2006年至2017年连续11年承担贵州省辣椒品种区域试验工作。2017年以来，黄平县参与国家特色蔬菜产业体系遵义试验站工作。长期以来，黄平县特色蔬菜产业取得了一定成绩。目前，黄平县已经成为贵州省特色蔬菜体系五个示范县之一。县经济作物技术推广站通过引进辣椒新品种，应用集育苗地膜覆盖等辣椒轻简省力栽培技术，提高了全县辣椒产业科技水平。2020年7月，罗爱民参加省辣椒研究所的品种选育工作，利用黄平线椒选育的"黔椒11号"辣椒新品种获农业农村部非主要农作物产品登记。推动了黄平辣椒产业及特色蔬菜产业的发展。

四、黄平县主要公共技术发展现状分析

（一）黄平县公共技术呈现出发展不均衡的特点

结合表7-1可知，文中所列黄平黄牛、黄平稻田鱼、黄平蓝莓、黄平线椒、黄平糯小米、黄平太子参、黄平食用菌、黄平泥哨、偫家蜡染等9个黄平县公共产品公共技术表现形式和现状可知，9个产品的地方标准、期刊文章、硕士学位论文、图书章节和新闻报道合计数量分别为1个、26篇、8篇、30篇、78篇以上，占比分别为0.6%、18.2%、5.6%、21.1%和54.5%。结合表7-2可知，黄平县农业类公共产品和艺术类公共产品公共技术发布数量分比为18篇和47篇，占比分别为28%和72%。

表7-2 黄平县不同类别公共产品公共技术发布（除新闻报道外）情况统计

	农业类公共产品	艺术类公共产品
公共技术发布情况/篇	18	47

（数据来源：黄平县政府网 http://www.qdnhp.gov.cn/xxgk/。）

分析数据可知：①从整体来看，9种产品公共技术表现形式发展不均衡，呈现地方标准发展较弱，新闻报道发展较强的趋势；②从单个产品来看，仅有黄平线椒1个产品形成地方标准，其他8个产品均为0；③从地方标准、期刊文章、硕士学位论文、图书章节形式公共技术来看，农业类公共产品公共技术发展现状稍落后于艺术类公共产品公共技术。

（二）部分产业公共技术发展状况不乐观

由表7-1可看出，黄平蓝莓和黄平食用菌两个公共产品以地方标准、期刊文章、硕士学位论文、图书章节形式发布的公共技术数量为0，数据不太乐观。分析原因可能有以下几点：一是新兴公共农产品，单从蓝莓、食用菌产业来说，是具备一定研究历史的，也具备一定公共技术，但两

个主要公共农产品是近几年黄平县为脱贫攻坚、乡村振兴而引入的新兴产业，公共种植技术处于初步摸索和逐步完善阶段；二是专业技术支撑力量有待加强，两大产业短时间内在黄平县铺开种植（栽培），面对数量庞大的缺乏实践经验的种植农户来说，公共技术的获取和积累是需要大量专业技术人员指导和培训的；三是科技成果转化逐步得到重视，每个产业每在一个地区从 0 到 1 的发展，其技术不是靠生搬硬套就可以的，需要技术工作者通过不断创新、不断实践，建立一套适宜当地种植（栽培）的公共技术，应用至实际生产中，并加以推广，完成科技成果转化。

（三）黄平黄牛养殖产业公共技术已初步形成系统

黄平县黄牛公共养殖技术发展现状可以总结为以下三点：一是强化公共技术的转化应用。近年来，黄平县通过与中国农业科学院、贵州大学等中央级、省级科研单位项目合作等方式，实现黄平黄牛品种选育与改良、种草养畜、饲料改良等公共关键技术点的科技成果转化应用，黄牛养殖产业结构发生变化，形成以规划重点实施区域辐射带动形式的产业结构，养殖模式向"农牧结合、饲草分离"转变，整体呈现规模化、标准化、专业化养殖。二是提升技术人员数量和质量，全县乡级、村级配齐畜牧兽医技术员，技术员具备一定疾病预防、诊断并治疗等专业知识，并在关键时刻发挥重要作用。三是注重技术宣传与培训，落实机构齐全有保障。黄平县除成立县级、乡级种草养牛产业发展办公室外，各级畜牧技术推广站及畜牧协会、各乡镇农业技术推广服务中心等致力提升科技能力、指导服务，做好技术推广工作，全面提升养殖户的专业技术水平和养殖户的积极性。

五、意见与建议

（一）落实公共技术深度挖掘工作，推动产业发展

黄平县既有得天独厚的生态环境，又有独特的少数民族文化底蕴，

因此，黄平县的公共产品种类多且各具特色。公共技术主要涉及畜禽养殖、水产类养殖、精品水果和蔬菜种植、食用菌栽培、粮食作物种植、中药材种植、畜禽产品深加工、精品水果蔬菜深加工、粮油作物深加工、中药材深加工、手工艺品加工等。每个产品对应行业都由多个公共技术构成，每个公共技术都是科技成果的转化，针对黄平县公共产品涉及行业广的特点和公共技术发展存在难深挖的问题，建议县政府可以从技术人员角度出发，制定并落实科技成果转化的激励制度，充分调动各行业技术人员的积极性，实现公共技术深度挖掘，并转换为相应团体标准、期刊文章等，推动黄平县各公共产品相关产业标准化、现代化发展。

（二）加大公共检测投入力度，提升公共检测技术水平

黄平县公共产品检测涉及初级农产品检测、加工类食品检测、中药材类检测等多个行业检测，黄平县县级资质检测机构力量薄弱，远远不能满足市场检测需求。为提升全县公共检测技术水平，建议从以下三点出发：一是成立公共检测技术小组，组长牵头，明确检测实力，制定检测资质范围；二是注重检测人才引进、培育和发展；三是增加检测仪器设备的购置和使用，补充检测硬件设备。

（三）普及公共技术转化应用，助力乡村振兴

公共技术科技研究的意义在于实际生产的转化应用，它是增加农民收入的新途径，也是农业产业结构调整的新选择和精准扶贫的新机遇。广大农户作为主要生产者，是公共技术科技转化的直接受益者。例如，黄平糯小米技术人员通过对糯小米种植农户开展小米种植技术培训班、请专家定期田间指导技术服务、统一发放种苗等方式，实现了普及新技术的同时提升种植户的积极性，推动了黄平糯小米产业的发展。

B.8
黄平县公共宣传发展报告

刘清庭* 王丽** 刘登全***

摘　要： 广义上，黄平县公共宣传即黄平县通过大众媒介向公众传播信息，塑造、提升黄平县的整体形象。从行政管理的层面，黄平县人民政府及其统管的各相关行政单位，是黄平县社会公共事务的管理部门，承担着维护黄平县社会和谐稳定，促进黄平经济、文化、政治繁荣发展的责任，因此黄平县地方政府及其统管行政单位是黄平县公共宣传工作的主体。本报告以贵州省黔东南苗族侗族自治州黄平县城市形象及县域农产品品牌宣传为研究对象，梳理和分析黄平县公共宣传的主体、内容、传播方式，分析黄平县公共宣传未来的发展方向，以期更好地立足于实践改善宣传措施，提升黄平县整体形象。

关键词： 黄平县；公共宣传；农产品品牌

一、黄平县公共宣传的主要传播者

当前，各界对"公共宣传"的研究不多，概念难以定义，从现有资料及文献看，如喻世友主编的《资本主义管理大辞典》（北京：人民出版社，1994）、百度、360百科等定义"公共宣传"是："指利用第三方（多为新闻媒体）将与企业有关的积极信息传递给受众，以达到塑造、

---

* 刘清庭，女，贵州省地理标志研究中心助理研究员，研究方向：地理标志。
** 王丽，女，黄平县农业技术推广中心，助理农艺师，研究方向：农业产业发展。
*** 刘登全，男，黄平县农业技术推广中心，助理农艺师，研究方向：农业产业发展。

提升企业正面形象的目的。"该表述是基于商业领域的概念，是并不全面的。实施公共宣传实际上就是进行信息传播的过程，传播过程包括五个要素：传播者（主体）、传播内容、传播媒介、受众（客体）和传播效果。第一，传播者（主体）。对一个区域的公共宣传，不仅涉及商业，还涉及整个县域的社会、文化、思想政治等多方面，从行政管理层面来看，黄平县人民政府及其统管的各相关行政单位作为黄平县社会公共事务的管理部门，承担着维护黄平县社会和谐稳定，促进黄平经济、文化、政治繁荣发展的责任，因此黄平县地方政府及其统管的行政单位在黄平县公共宣传工作中应担当主要传播者（主体）的角色。第二，传播内容。传播与宣传的核心内容主要还是信息，并同样受政府主体的目标支配，传播内容因传播的项目和目的而不同。第三，传播媒介。包括报纸、杂志、广播电视、互联网等大众媒介。对于不同的目的性要求，为取得预期的宣传效果，将选择不同的大众传播媒介，或将几种不同的传播媒介综合运用。占有优势的社会资源，统领大众传媒是政府在传播宣传上的主要特征。第四，受众（客体）。客体是广域的，包括公民、政府机构和其他社会组织。因目的和项目内容等的不同，其对象也会有所划分，而非无差别的公众。第五，传播效果。能清晰地将信息在有效的时间内传达出去是最基本的要求，但宣传还应注重传达出去后，能否达到动员、感化的目的。

二、黄平县公共宣传的发展历程

广义上，政府的公共宣传就是政府传播，但政府传播相对较广，其概念一直未被广泛应用。在我国，宣传相比于传播在概念上更为大众所熟悉知晓，实际上宣传的概念也更多见诸党政的文章当中。一方面，这源于习惯称谓，从管理架构来看，我国政府是实行党管宣传的政治架构，各级政府的传播口径由宣传部门来把关。因而，很多人认为政府传播由党委宣传部负责，故统称作宣传，也就是党的宣传就是政府的宣传；另一方面，中华人民共和国成立后我国才有真正意义上国家的政府公共宣传，但政府的宣传承传着党的宣传历史。

受种种因素的影响，历史上很长一段时间里，黄平县公共宣传是比较典型的单通道式、指令式的。影响政府决策的绝大部分有效信息、政府输出的决策信息以及这些决策在执行中的反馈信息，都是由政府配制或为政府所信任的正规通道进行传输。黄平县人民政府通过一个以党的系统为主线、政治上可靠、路线比较畅通的内部信息传输通道，接收国家政治中枢的决策指令，在利用有限的大众传播媒介的情况下，迅速下达到每个地方，包括基层乃至每一个企事业单位和社会团体。这是一种单通道式的政府信息传播途径，既有适应我国当时国情的一面，但也存在一些弊端，最主要的就是容易导致信息失真。

改革开放的春风给经济的发展带来了机遇，也给政府传播带来了新气象。随着改革开放的逐步深入，我国的政府传播从单通道式逐渐转变为混合通道式，并在20世纪90年代得到了较快发展。党政机关中的信息系统、官方或半官方的思想库、新闻媒介、民间信息机构以及有一定信息职能的社团组织等信息机构合为一体，本着为党和政府提供服务的原则从事信息工作，最主要的特征表现为紧密的核心与松散的外围并存，一个主导系统和多个辅助系统采取合作、协同的方式运行。党政机关的职能部门是信息的输入和输出机构，依然占据着主导地位。党委宣传部主要负责收集和整理思想、理论、舆论、新闻、教育、文化等方面的信息。属于政府序列的文化、教育等方面的职能部门与上级、同级的党委宣传部，在信息交流方面有着传统上的密切联系。各级人大常委会的办事部门和研究部门，成为群众意见表达的一个重要渠道。政府传播注入了新的生命力，顺应时代的要求，不断创新和发展，使大众传播媒介逐渐成为政府传播最重要的传播途径，而且这种传播呈现出越来越明显的趋势。黄平县也在这一发展过程中越来越重视大众传媒的作用，充分利用和发挥大众传媒的优势，在向人民大众发布信息、传递政策信号等方面发挥出重要的作用。黄平县的公共宣传也不再局限于某一方式，而是依托当地广播电视台、《且兰黄平报》、广播站等多种方式，丰富黄平县的公共宣传方式，为黄平县公共宣传的进一步发展打下了良好基础。

随着互联网、个人网站、微博、微信公众号等新兴媒体的出现，个人既是政府公共宣传的受众，也是传播的主体，政府的宣传不再那么纯粹了。此外，各种信息在传播渠道上和来源上也受到不同媒体、不同主体的干扰竞争，趋向要求得到更多的自由选择，更多是变成平等取向的传递互动。因此宣传不能再简单强势，高高在上，硬性灌输，否则只会适得其反。现今社会进入信息和资讯业快速发展的时代，在社会转型过程中传播环境更为复杂，政府公共部门需要传达的正向主流信息受到各种各样的传媒信息的干扰，很容易分散民众的注意力，政府公共宣传要从数量、传播渠道以及手段上改进，以提高宣传的时效性、质量及效果。总之，经济发展促进了公共管理模式的转变，也催生了政府公共宣传向政府传播概念的转化。黄平县善于利用新兴媒体为自身的公共宣传助力，如创建了属于黄平人民自己的门户网站——且兰黄平，不仅宣传了黄平县，也为外界了解黄平提供了一个新的渠道。

三、黄平县公共宣传概况

（一）黄平县基本概况

黄平县行政区划辖8镇3乡、142个行政村9个社区，总人口39.8万人，其中苗族、僳家人等少数民族占68.5%，总面积1668平方公里。

黄平是国家重点生态功能保护区，是中国现代民间绘画之乡，中国泥哨艺术之乡，中国优质无籽西瓜之乡，贵州省长寿之乡。

黄平县地处国家级舞阳河风景名胜区上游，拥有飞云崖、上舞阳、旧州古镇、浪洞森林温泉、岩门长官司城等景区，全县有人文景观48处，自然景观52处；有旧州古镇建筑群、飞云崖、重安江水碾群和岩门长官司城4处国家级重点文物保护单位；有省级文物保护单位5处，县级文物保护单位63处；有朱家山原始森林公园，其野生动植物1000余种。有可追溯到2300多年前的"且兰文化"，有红军长征二次过黄平的

"红色文化",有旧州"二战机场"的"抗战文化",有林则徐、郭沫若等为代表的众多历史名人组成的"名人文化",有苗族和傕家人浓郁风情的"民族文化"。

黄平县境内生长有野生植物近3000种,其中药用野生植物达1000余种,森林覆盖率达到59.64%,是个典型的山区农业县,粮食以水稻为主,其次为玉米、红薯、马铃薯,经济作物以烤烟、油菜为主。随着农业产业结构调整力度的不断加大,经济作物转变为以中药材太子参、甘蔗为主,果树以柑橘为主,多为温州宝橘,另有金秋梨、无籽西瓜。柑橘年产量达10万吨,无籽西瓜年种植超过2万亩,马铃薯年产量达10万吨以上。

黄平县交通便利,通达四方。湘黔铁路、株六复线横穿县内谷陇、翁坪两个乡镇,余安高速、安江高速、天黄高速、凯里黄平机场组成了立体交通网。随着黄平至贵阳、黄平至瓮安高速公路的修建、凯里黄平机场的航线加密,基本形成"南进北出、东入西走、天上地下、快捷通畅"的立体交通格局。

由此可见,黄平县拥有发展成为融山水观光、生态休闲、民族采风、文化研究于一体的旅游资源大县的良好禀赋,为提升黄平县城市形象及县域特色农产品的宣传营销提供良好的现实基础。但是,资源优势并不能自动转化为吸引受众注意力的有利条件。在信息时代,能否有效利用并开发资源,取决于对外宣传,还取决于遵循传播规律开展高效对外宣传项目。从黄平县目前的发展状况来看,其在对城市形象和区域农产品品牌宣传上有不错的效果。

(二)黄平县公共宣传的内容

黄平县政府进行公共宣传的行为既是一种行政行为,也是一种为民服务的方式,既是政府的政令传达方式,也是政府的公关方法,同时是树立政府形象的重要手段之一。

黄平县政府公共宣传的首要任务是发布新闻。这是从黄平县宣传工作伊始就一直保持的传播内容。传播活动的类型很多,有政治传播、经济传播、文化传播、形象传播等，发布新闻构成了政府传播最主要的内容。新闻是对新近发生的事实的报道，政府传播所发布的新闻以政府、政策、国计民生为中心。例如，国家出台的新政策、对原有政策的调整、对新政策的解读等；报道领导人最近的活动，发布各级政府新颁布的政令等。

国情是站在国家的高度对整体形势的把握，是要告知民众国家目前的局势、发展水平、在国际环境中所处地位等信息，关注的是国家的整体情况。在这方面，政府具有不可替代重要性。一般的社会机构无法站在国家的高度鸟瞰全局，也难以获得全面且权威的资料。作为国家的行政机关，政府也有责任定期主动向民众汇报国情和政府工作业绩。

（三）黄平县城市形象的对外宣传

1. 树立"且兰"品牌形象

黄平县是2300多年前的神秘古国"且兰"的旧所。《汉书·地理志》诠释："沅水出牂牁，东南至益阳入于江，过郡二、行二千五百三十里……。无水首受故且兰，南入沅。"《水经注·无水》又载："沅水出故且兰县，南流至无阳县，无水又东南入沅。"明确了舞水（无水、沅水）发源于且兰，第一个经过（首受）地且兰（即今天的贵州黄平旧州）。《华阳国志·南中志》曰："以牂牁系船，因名且兰为牂牁国，分侯支党，传数百年。"清许克家编《黄平州志》曰："今舞水源于黄平旧州都凹水，然则故且兰即黄平旧州治，牂牁江即舞水，似为得之。"以上古籍、辞书、方志、著述，都认同古且兰国治所就在贵州黔东南凯里西北部的黄平县旧州古镇。

黄平县1999年提出旅游扶贫开发，2003年实施"旅游兴县"战略。2005年，经过多方考察论证后，黄平县将"且兰古国"定位为黄平县旅游文化的主要品牌，开始全力运用全县公共资源对"且兰古国——黄平"的城市影响进行品牌策划与宣传。工作列入计划后，黄平县旅游事业局当即在国家商标局对"且兰"进行多达17个类别的商标注册，以保证其品牌受法律保护。同时，各相关部门发掘和重建且兰国古镇，形成视觉形象。黄平县还积极谋划、策划多种"且兰文化"活动，提升游客体验。"十二五"期间，各部门积极筹备相关工作，制作黄平县及旧州古城旅游资源PPT，编制旅游招商项目，同时通过招商积极引进投资合作伙伴。县里先后赴北京、上海、广州、南京、杭州、深圳、长沙、成都、昆明、香港、澳门、台湾等地开展招商活动100余次；邀请北京厚木、上海中电绿科、江苏永鸿集团、重庆渝万集团、深圳旅游资源联盟（笔克集团）、贵州新盘古文化产业有限公司等30余家企业到黄平县进行考察。为提升黄平县整体旅游形象，先后规划开发了旧州舞阳湖建设项目、旧州旅游综合体等。

2. 2016年黔东南州第四届旅发大会、第五届AOPA国际飞行大会暨首届贵州黄平飞来者大会

2016年，黄平县积极谋划在旧州古镇举行的黔东南州第四届旅发大会，这次会议是黄平县举全县之力打造的大旅游会议。黄平县精心打造"四园合一"旅游精品，即旧州古城文化旅游精品产业园区、舞阳湖生态疗养避暑度假区、朱家山森林康体生态养生基地、旧州现代高效农业示范园，形成人文古镇、生态疗养、森林康体、现代农业旅游产业体系。活动充分展示了黄平浓郁的地方特色，旅发大会期间举办游行展示、飞行特技表演、龙舟竞技赛、2016贵州黄平中国功夫争霸赛等16项具有浓郁地方特色的文体活动，现场有黔南州各级领导、国内外嘉宾及观众两万余人。黄平县以旧州抗战机场为契机，争取到了第五届AOPA国际飞行大会举办权，这次活动以国内外飞行爱好者为目标受众，采取"迎进来"的宣传方式，让参会观众亲身感知黄平县文化美景和城市发展，大会有力地促进了航空体育和传统体育的融合，打造了黄平精品旅游低空飞行路线，使航空文化、抗战文化和且兰文化交相辉映。两次成功的对外宣传活动，取得了良好的效果，根据黄平县统计局的统计，2016年黄平县全年接待游客180.29万人次，较2015年增长30.2%，实现旅游收入12.3亿元，较2015年增长48.4%。其中，外国人5279人次，较2015年增长73.6%；香港、澳门和台湾同胞1175人次，较2015年增长68.6%，黄平旅游产业实现"井喷式"增长，有效推动了黄平县交通、住宿、餐饮、

文娱行业的发展。黄平县成为黔东南州知名民族文化旅游目的地，是创建旅游品牌的重要引擎之一。

（四）黄平县区域农产品品牌宣传

黄平县是山区农业县，相较发展旅游业、挖掘和塑造"且兰"城市旅游文化，黄平县更重视生态农产品的品牌培育和宣传，通过实施系列质量工程、品牌创建项目来提升黄平县农产品品牌知名度，吸引外界关注。2015年，黄平县《2015—2017年质量发展三年行动实施方案》出台，黄平县将农产品质量考核工作纳入重要议事日程，还建立品牌激励和考核机制，常态化加强市场质量监督，使农产品监测合格率达到99.9%；鼓励全民开展品牌创建工作，使一批批具有本土特色的产品在重奖之下脱颖而出。黄平县将特色农产品与民族文化和非遗力量相结合，把黄平黄牛、本地土猪、林下养鸡、林下养蜂等生态畜牧业和糯小米、苗族古稻、百香果、线椒等种植业作为脱贫致富产业，壮大了"且兰遗风"公共品牌，把苗乡绿色农产品更好地推向市场。自2018年以来，"中国农民丰收节"成为中国农民欢庆丰收、释放情感、传承文化的节日和时代精神的重要标签。黄平县借"中国农民丰收节"的东风，自每年中央举办丰收节后，相继举办"黄平农民丰收节"，2020年9月26—28日的黄平第三届农民丰收节以"唱响丰收赞歌、迈向同步小康、促进乡村振兴"为主题，邀请高校、市场相关专家学者一起，围绕"种子安全与大健康""民俗文化与山地高端农业品牌构建"等座谈会，为黄平县发展绿色优质农产品、构建生态健康高地、促进农业与文化旅游融合发展献策建言，活动以重安镇半山万亩古梯田为主会场，活动包括民间民俗表演、银项圈文化展示、苗族古歌合唱、收割水稻、百香果采摘、蜂蜜品尝、网红现场带货直播、苗家长桌宴、篝火晚会等，让参与者"看丰收、庆丰收、话丰收、享丰收"，以活跃城乡市场，搭建农产品销售平台。据悉，丰收节期间，到黄平的旅客近万人次，农产品现场销售和订单总金额近100万元，500多户2500余人从中受益。

（五）黄平县公共宣传的主要媒介

1. 地方政府门户网站

政府网站是黄平县公共宣传的主要途径之一。黄平县人民政府主办的"黄平县人民政府网"（http://www.qdnhp.gov.cn/），是黄平县电子政务建设的重要组成部分，该门户网站以公众为中心，坚持"政务信息公开、网上办事和公众参与"三大功能定位。栏目设置着重围绕政务信息公开、网上办事和公众互动三大类功能导向，为居民、企事业单位、投资者、旅游者和党政机关公务员五大服务对象进行内容、服务与互动功能设计。栏目设有"首页""新闻中心""政务公开""网上服务""政民互动""走进黄平""专题专栏""部门乡镇街道""快速通道"等板块及许多子板块，内容涉及县政府工作的方方面面，网站提供了监督投诉、民意征集、领导访谈、网上调查、表格下载、办事查询等服务，充分体现了黄平县的特色和百姓需求。具体而言，首页精心设置配有"魅力黄平、养生黄平、旧州古镇、神秘且兰"字样的黄平县高清图片滚动展示，尤其吸人眼球，旁边设置黄平县官方政务公众号、微博及 App 的二维码添加提示，充分体现了黄平县为推进政务公开、加强对外宣传、引导网上舆情、方便公众参与经济社会活动的强烈意愿。

2. 官方微博、微信公众号

随着新媒体的兴起，微博、微信等网络媒体成为公共舆论的发源地、集散地，担负着政治媒体的使命。2013 年 8 月 19 日，习近平总书记在全国宣传思想工作会议上提出，在当今社会关系重构的社交媒体时代，要建构我国科学有效的社会舆情管理体系，必须正视舆论生态新变化，树立大数据观念，善用大数据技术预测和引导社会舆论。2013 年 10 月 15 日，《国务院办公厅关于进一步加强政府信息公开回应社会关切提升政府公信力的意见》，鼓励各地区、各部门积极探索利用新媒体，及时发布各类权威政务信息。2014 年 9 月，国家网信办要求全国各地网信部门推动党政机关、企事业单位和人民团体积极运用即时通信工具来开展政务信息服务工作，通知强调，全国各地要切实加强政务公众号信息内容建设，不断拓展和升级政务公众号服务功能，紧紧围绕中心工作，及时回应社会关切，推进政务信息公开，广泛征求民意，加强双向交流，提升施政亲和力。有了相关文件及单位技术支撑，黄平县在信息公开方面，也跟随全国脚步，向政务新媒体方向转化、拓展，涌现出如官方微博、微信、具有专门对外宣传性质的网站等，来丰富黄平县公共宣传的方式，见表8-1。

表8-1 黄平县公共宣传的主要官方自媒体

类别	名称	所有者	账号及网址	粉丝/个	发文数量/条
微博	黄平在线（新浪）	中共黄平县委宣传部官方微博	—	2526	1100
	黄平县政务微博（新浪）	黄平县人民政府	—	404	755
	且兰黄平（腾讯）	且兰黄平腾讯官方微博	—	—	—
微信公众号	黄平微讯	黄平县委宣传部	hpweixun	—	134
	黄平政讯	黄平县人民政府	gzhpxzf	—	—
	且兰山水秀黄平美无涯	黄平县文体广电旅游局	—	—	—
网站	且兰黄平网	黄平县委宣传部	http://www.julanhp.com/	—	—

资料来源：作者收集整理，截至2020年12月31日。

3. 地方电视台

黄平县地方电视台是黄平县一直沿用的主要宣传媒介，既要传达上级的政令，又要为地方的发展服务，还要满足群众不断增长的文化需求。黄平县地方电视台每日播放的《黄平新闻》，内容详尽丰富，但是由于电视台辐射范围限制，一直以来其传播受众都是"内部"的。2016年，黄平县广播电视台创办新媒体品牌"黄平视眼"，可以说是黄平县广播电视台探索传统媒体如何运用互联网新媒体来宣传黄平的一个新创举，该媒体创办以来始终以"传播信息资讯，记录实事民生；共享精彩影音，留住美好记忆"为工作理念，发布内容包括黄平新闻、黄平县重大活动实况录像、黄平风光片、原创纪录片等内容。2019年"黄平视眼"正式入驻中央电视台旗下的媒体融合类产品"央视新闻移动网矩阵号"，这意味着黄平县的新闻资讯,可以借助这个国家级新媒体平台对外传播,通过央视平台讲好黄平故事,传播黄平声音,让央视新闻移动网成为对外宣传黄平的国家级媒体平台、舆论宣传新阵地,成为黄平县对外宣传的重要力量。

四、黄平县公共宣传发展的方向

新媒体时代的来临,一个地方政府在很多工作上将直面改革的紧迫性,宣传工作涉及地方社会、经济、政治、文化等方方面面,政府在作公共宣传时更应做好充分准备,与时俱进,站在新的高度总揽全局。研究黄平县公共宣传概况以及宣传如何适应社会的转型变革,吸引更广大民众的关注,树立黄平县正面的形象,牢牢把握话语权,建立威信,引导和教化民众的思想行为,减少施政的阻力,对维护和稳定改革发展大局,提高黄平县文化软实力等都有重要的现实意义。未来,黄平县政府的公共宣传应该向以下几个方向发展。

(一)公共宣传应该要适应民主化的发展

由于大众传播媒介的不断发展、民众民主意识的普遍提高,使受众在获取信息上更加趋于平等、公正,这就要求政府传播主体转变工作思维方式、强化平等意识,转"说教、命令"的单一宣传方式为"对等、民主"的双向宣传方式,多在服务和迎合客体方面想方设法,研究多种行之有效的方式,提高信息的可接收性,改进公共宣传方法。

过去由于传播业相对封闭落后,政府宣传多是处在高高在上的地位,将信息自上而下逐级传播。民众获取信息的途径除了政府外,没有其他渠道可以获取,因此政府在信息的传播及宣传方面占据了相当大的垄断性、主动性、权威性。随着各种媒体的飞速发展,信息渠道逐渐扩展和通畅,受众的素质也在提高,民主意识逐渐增强,人民知晓权进一步得到尊重。相较于以往,受众借助于大众传播媒介,较容易地获得相关的大量信息,接收的方式和信息增多。微信公众号、微博、抖音短视频等互联网个人媒体出现，也使政府公共宣传面临新挑战。政府与民众在传播渠道的两头趋于平等，甚至民众比政府享有更多的选择余地。这种政府与民众之间在传播地位上的改变现象，迫切要求政府主体强化平等意识和服务意识，改进方法以适应变化。

此外，政府公共宣传旧有的宣传思想僵化，缺乏创新，不善竞争将严重影响政府公共管理的开展，如何利用政府传播顺畅民意，做好民意的疏导，继而发挥进言纳谏，吸纳民众意愿的作用，来提高政府公共管理的水平成为新时代的重要课题。在新时代民主社会下，黄平县公共宣传一方面要清除官僚作风，以平等的姿态服务人民、愉悦人民，增强向心力；另一方面要顺应民众，贴近民众，成为政府与民众沟通的桥梁，使政府公共宣传成为推动政府提高行政效率、改进管治水平的动力，并成为推进社会文明进步的重要力量。

（二）政府公共宣传要将社会化和市场化相结合

现代社会是信息时代，大众传播媒介飞速发展，在政府治理上尽可能利用不同的媒介如报刊、电台、影视和新兴的互联网服务等传递有关信息，服务于政府工作。善用社会资源，应走市场化的路线。实际上，市场化运作的模式也是重视传播客观规律的做法。政府的很多传播工作采用市场化运作模式，让市场这只无形的手推动媒体竞争，发挥杠杆效应，提高传播效率，让专业的媒体机构来执行传播工作。因此，政府方面要将宣传的工作面下移，下放到专门的传播机构、社工机构，发动社会有生力量来共同完成。

（三）政府公共宣传要走专业化道路

尽管黄平县在对城市形象、农产品品牌等方面的公共宣传上取得一定成功，宣传效果较好。但是，对于黄平县宣传工作来说，还面临专业化程度不足的问题，如在电视节目制作方面受相关的专业知识所局限，尽管投入也不少，与专业的电视制作机构比较还有很多不足，节目制作质量也不算高，宣传效用也不算最佳。政府传播专业化受技术层面的制约，随着互联网等传播迅速、功能强大的新兴媒体出现，政府对某一技术的研究和掌握程度有限，难以对一些跨行业、跨部门的传播知识有更深的了解，因此，黄平县政府在公共宣传应用上，一方面是吸纳传播相关方面的优秀人才来完成，另一方面要从体制上进行改革。

从专业角度考虑，政府公共宣传更多应该是制定长远规划，负责统筹协调各种媒体为宣传服务，如以直接购买服务的形式参与。强调专业，是对科学知识的重视和对人才的尊重。现在政府管得过多过广，更需要依靠专业的媒体机构，脱身于事必躬亲的具体事务中，避免在直接参与中迷失，而应站在更高的层面上发挥指导作用，运筹帷幄，决胜千里。按照党的十七届六中全会的精神，让宣传文化走市场化的道路，让专业的人干专业的事，这才是宣传文化发展的大方向。

五、附　录：

表 8-2　黄平县公共宣传品名录

分类	名称	主要内容	说明
	综合类		
书籍	《民族文化生态旅游大县——黄平》	黄平县的历史、文化、民俗、风情	2004年，中国文联出版社，黄平自助游系列丛书之一，114页
	《黄平名胜名人》	黄平县的自然风光、民族风情、风景名胜和名山、名人以及发生在黄平历史上的各种大事件	2004年，贵州民族出版社，139页
	《亮点：教授眼中的魅力黄平》	基层农业、特色农业	2010年周崇先编著，黔东南州彩色印刷厂印制，245页
	《我歌我快乐之黄平》	同步小康优秀民间歌谣85首，其中音视频作品27首	2017年，贵州人民出版社
	《黄平美无涯》	黄平悠久的历史文化、红色文化、人文景观、自然风光和民族风情，既是一本教科书，又是一本旅游指南书	2005年，贵州人民出版社，291页
	《黄平旅游诗选》	黄平县名胜古迹、地方特色诗选	黄平县乐源诗社编，182页

B.8 黄平县公共宣传发展报告

分类	名称	主要内容	说明
视频/音频	黔东南州第四届旅发会宣传片：盛情黄平 笑迎天下	黔东南州第四届旅发会宣传片	1分38秒
	长征地图——黄平县	黄平县红色文化	第31集，4分09秒
	铸就新辉煌，奋进新时代：黄平县改革开放四十周年宣传片	宣扬改革开放成绩	34分07秒
	黄平形象宣传片：魅力黄平	—	6分53秒
	醉美的地方	—	黄平县委县政府、贵州电视台倾力打造
大型活动	2016黔东南州第四届旅发大会	举办游行展示、飞行特技表演、《大话且兰》开幕式、龙舟竞技赛、2016贵州黄平中国功夫争霸赛等16项具有浓郁地方特色的文体活动	—
	2018黄平"最美中国年"主题活动	以传统的买卖年货、赶灯会、猜灯谜等年俗，融入开心农场、非遗体验、风情演艺、篝火晚会和灯光秀等活动向大家呈现黄平年味	—
	2016—2017第五届、第六届AOPA国际飞行者大会暨第二届黄平飞来者大会	黄赛航空AIR SHOW飞行表演团队受邀进行为抗战模拟空战烟火场景表演	—
	2018飞向蓝天·海峡两岸群星助力脱贫攻坚大型公益演唱会	张信哲、齐秦、陈慧娴、巫启贤、卓依婷、印小天等数十位明星亲临，以演唱会形式吸引全国人民的关注，以此来打造"且兰古国度·旧州名古城"的旅游品牌。	—
	2018—2020中国农民丰收节·黄平	以中国农民丰收节为契机举办，目的在于宣传黄平县农产品	2018年开始，每年一届
专题类			
且兰品牌	《且兰黄平》		2016年，汕头大学出版社，226页
	《黄平自助游系列丛书之二 且兰古都 黄平旧州》	且兰遗韵、地方美食、民间文化	2004年，中国文联出版社，黄平自助游系列丛书之二，102页
	《见证且兰古国》	黄平且兰国相关录音、文刊	2007年，贵州东方音响出版社，110页
	《游魅力黄平 看旧州古镇》	旧州古镇，且兰文化专栏	视频，3分55秒
	《黄平旧州风景篇·且兰传说》		视频4分01秒

续表

分类	名称	主要内容	说明
民族文化	《黄平苗族芦笙文化》	黄平当地的芦笙会及省内的芦笙节介绍，芦笙起源与芦笙文化阐释，芦笙词曲、芦笙艺人和芦笙技艺、芦笙舞的跳法	2015年，贵州科技出版社，336页
	《黄平苗族情歌》	流传于黄平地区的爱情传说故事，以及游方时的对歌，描绘了苗族人民对苦难的不屈不挠和对美好愿望的孜孜以求。全书共分：游方礼仪，游方情歌选，爱情叙事史诗三章，插有部分图片以及相关附表	2015年，贵州大学出版社，410页
	《黄平自助游系列丛书之四 蚩尤后裔 黄平苗族》	—	2004年，中国文联出版社，黄平自助游系列丛书之四，125页
	《黄平自助游系列丛书之五 头戴太阳的土民黄平偞家》	—	2004年，中国文联出版社，黄平自助游系列丛书之五，103页
	《黄平县重兴乡偞家人》	以播放图片、配音形式介绍偞家人风俗习惯	音频4分06秒
景点：飞云崖	《黄平自助游系列丛书之三 黔南第一洞天飞云崖》	—	2004年，中国文联出版社，黄平自助游系列丛书之三，104页

参考文献：

[1] 刘萍.公共外交理念对地方政府对外宣传的启示[D].成都：四川大学，2007.

[2] 尹佳.论新中国政府传播及其创新[D].长沙：湖南大学，2007.

[3] 杨飏.从宣传到传播：新媒体时代我国政府公共传播转型研究[D].北京：中国政法大学，2018.

[4] 彭栩生.论政府公共宣传的创新：以广东番禺区宣传部创办的《文明大家赢》为案例[D].长春：东北师范大学，2012.

[5] 龙小平.黄平县大手笔打造大旅游[J].当代贵州，2016(28):24.

[6] 黄平县2016年国民经济和社会发展统计公报[EB/OL].(2017-06-01). http://www.qdnhp.gov.cn/xxgk/jcgk/tjxx/tjnb/201706/t20170601_27735527.html.

B.9 黄平县公共服务发展报告

陶玉鑫* 白明松**

摘　要： 近年来，黄平县的总体发展呈现稳中有进的健康趋势，其公共服务也在新的发展环境中面临着新的挑战和机遇。2019年，黄平县基础设施固定资产投资9.19亿元，交通设施日益完善，解决了群众出行难的问题；2018年参保人数较2017年增加6812人，2019年共发放2392万元特困救助金，公民福利水平稳步提高；公共技术文化与基础教育方面，2014年以来，全县各级部门及社会各界开展教育帮扶493次，帮扶物资折合资金累计达1700余万元，教育水平总体呈上升趋势；大气污染防控效果显著，空气优良度从2017年的94.7%上涨到2019年的99.2%；最后，医疗服务水平不断提高，增强了人民的获得感、幸福感。今后，黄平县还应从增强超前服务意识、增强基层技术力量、社会监督方式多元化以及公共服务数据的收集等方面开展工作，以提高黄平县整体的公共服务水平。

关键词： 黄平县公共服务发展；公共服务；公共服务发展环境

一、公共服务简介

公共服务是指具有公共性的服务活动，一般包括广义和狭义两个层面的含义。在广义上，政府使用公共资源从事的几乎所有工作都可以视

---

* 陶玉鑫，女，贵州省地理标志研究中心助理研究员，研究方向：地理标志。
** 白明松，男，黄平县农业技术推广中心经济作物推广股股长，助理农艺师，研究方向：经济作物技术推广与特色精品蔬菜、水果。

为公共服务；而狭义上则认为公共服务是指具有公共性或准公共性，用于支撑经济社会正常运转、直接满足全体或部分公民生活和发展的共同基本需求的服务项目以及提供服务的过程，狭义上的公共服务同国家所从事的宏观经济调节、市场监管、社会管理等一些职能活动有所区别。而基本公共服务是由政府主导、保障全体公民生存和发展的基本需要，与经济社会发展水平相适应的公共服务。自"十二五"以来，我国已初步构建起覆盖全民的国家基本公共服务制度体系，随着不同级别不同种类基本公共服务设施的优化完善，国家基本公共服务项目和标准得到全面落实，保障全体公民生存和发展的能力和群众满意度逐步提升。2017年1月，国务院印发《"十三五"推进基本公共服务均等化规划》，将《"十三五"国家基本公共服务清单》作为附件同时发布，由此可见，完善基本公共服务体系，建立健全公共服务体制机制，促进基本公共服务均等化、普惠化、便捷化，保障和改善民生水平已经成为民之所望、政之所向。

公共服务的制度框架由供给侧和需求侧构成，供给侧是把公共服务制度作为公共产品向全民提供的诸如公共教育、劳动就业与创业、社会保险、医疗卫生、社会服务、住房保障、公共文化体育、残疾人公共服务等公共性服务活动；而需求侧则是贯穿人民群众一生的基本生存与发展的需求。公共服务的目的是满足人民群众日益增长的美好生活需要，使人民群众学有所教、劳有所得、老有所养、病有所医、困有所帮、住有所居、残有所助，通过推进公共服务供给侧的改革，统筹协调公共财政安排，保障人才队伍建设，依法监督评估，这是达成公共服务目标的重要途径。

二、黄平县公共服务发展环境

黄平县位于贵州省东南部，黔东南苗族、侗族自治州的西北部，距离凯里50公里，距离贵阳179公里。全县面积1668平方公里，辖8镇3乡、142个行政村9个社区，总人口数39.8万人。近年来，黄平县的国民经济和社会发展一直保持着总体平稳、稳中有进的健康态势，而在全面建成小康社会决胜阶段的"十三五"时期，按照党中央脱贫攻坚的目标，为达到2020年基本公共服务均等化总体实现的目标，务必保障贫困地区基本公共服务主要领域所涵盖的指标接近全国平均水平，因此，黄平县公共服务发展又面临着新的机遇和挑战。

（一）经济发展进入新常态

黄平县经济新常态的"新"体现在经济发展由高速增长向高效率稳速增长转型；而"常"则体现在经济发展总体趋势上的相对平稳，黄平县国民经济和社会发展统计公报显示，2015—2019年全县地区生产总值绝对值呈现稳步增长，经济的稳步发展、民生的持续改善为黄平县公共服务供给侧改革提供了基础原动力。

（二）社会发展呈现一系列新特征

随着社会结构的变动，城镇化水平大幅度提高，《黄平县2014—2018年度小康指标监测进程表》统计数据显示，黄平县城镇化率2014年完成进程为88.40%，2018年完成进程为100.00%，城乡结构发生明显的变化；此外，利益格局深度调整，利益关系更趋多样化、复杂化，人民群众的公平意识、民主意识、权利意识也在随着社会发展和人均生活水平的提高而不断增强，人民群众思想观念的变化使人民群众对公共服务建设的社会预期更高，让加快公共服务均等化建设的任务变得更加重要。

（三）人口总量呈现增长趋势，人口结构相对稳固

根据《黄平县2017年国民经济和社会发展统计公报》《黄平县2018年国民经济和社会发展统计公报》《黄平县2019年国民经济和社会发展统计公报》的统计数据得知黄平县2019年年末户籍人口39.03万人，比2018年年末增加1578人；2018年年末户籍人口38.87万人，比2017年年末增加2600人，人口总量呈现增长趋势，但人口结构相对稳固，如表9-1所示。人口数量关系着公共服务的供给调整，人口结构对覆盖人群的义务教育经费、养老保险经费等资源布局有较大影响。

表 9-1 2017—2019 年年末黄平县人口结构

年份	指标	年末数/人	占年末户籍人口比重/%
2017	0～17 岁	93232	24.15
	18～34 岁	101726	26.35
	35～59 岁	132702	34.37
	60 岁以上	58433	15.13
2018	0～17 岁	90524	23.00
	18～34 岁	102287	26.00
	35～59 岁	134622	35.00
	60 岁以上	61248	16.00
2019	0～17 岁	89638	23.00
	18～34 岁	104816	26.90
	35～59 岁	136817	35.10
	60 岁以上	58988	15.10

（数据来源：作者依据相关文献资料汇总所得。）

（四）科技革命滋长新突破

表 9-2 为黄平县 2014—2018 年度综合科技进步水平指数统计，随着新一轮科技革命的掀起，电子信息通信、大数据、生物科技、云计算等新兴技术快速发展，科学技术间的密切结合不仅推动了生产力的发展，也使公共服务模式更加多样化、公共服务供给方式不断创新、新业态持续涌现。

表 9-2 黄平县 2014—2018 年度综合科技进步水平指数

年份	综合科技进步水平指数年度完成数/%	完成进程/%
2014	30.29	67.31
2015	54.60	100.00
2016	73.40	100.00
2017	62.90	100.00
2018	70.70	100.00

（数据来源：作者依据相关文献资料汇总所得。） 注：标准值 ≥ 45

（五）消费需求多样化

根据《黄平县2019年国民经济和社会发展统计公报》所公示的数据，2019年年末黄平县就业人员共计10.64万人，其中城镇就业人员共2.99万人，黄平县2019年全年城镇新增就业人数4422人，比2018年增加25人。随着就业率的提高，社会生产力的不断发展，人民群众的消费领域逐渐扩宽，消费内容越发丰富，对提高生活水平、改善生活质量的愿望也就更加强烈。在此社会环境下，提高公共服务的水平以此满足多维度、多形式的消费需求自然成为黄平县公共服务发展建设的任务目标之一。

三、黄平县公共服务发展现状

公共服务涵盖范围十分广泛，包括基础公共设施的建设与维护、人民群众就业失业保障、社会保障服务、医疗卫生、公共安全、公共交通、公共信息化服务、科技文化发展建设、基础教育、公共体育、环境保护等公共事业，为人民群众参与社会经济活动、社会文化活动、社会政治活动提供基础保障和创造条件。中共中央办公厅、国务院办公厅在2018年印发了《关于建立健全基本公共服务标准体系的指导意见》（以下简称《指导意见》），《指导意见》指出力争到2025年，基本公共服务标准化理念融入政府治理，标准化手段得到普及应用，系统完善、层次分明、衔接配套、科学适用的基本公共服务标准体系全面建立；到2035年，基本公共服务均等化基本实现，现代化水平不断提高。近年来，在党中央、县政府的领导下，黄平县政府本着为人民服务、维护人民民主为己任的思想进一步完善了当地的公共服务建设，下文将从基础设施建设、社会保障、公共科技文化与基础教育、环境保护、医疗卫生几个方面对黄平县公共服务发展现状进行简单的阐述。

（一）基础设施建设

2020年年初由于受新冠肺炎疫情影响，黄平县市政基础设施项目延迟复工。但在省疫情防控领导小组下达复工复产通知后，黄平县相关部门积极推进基础设施建设项目的复工复产。据报道，截至2020年3月25日，在建项目已全面复工复产，市政基础设施方面，相关项目复工率达百分之百。2019年上半年黄平县实现开工建设项目109个，完成城市基础设施投资5.01亿元；全年基础设施固定资产投资达9.19亿元，完成州下达给黄平县基础设施建设9亿元的任务。2018年，黄平县在顺利通过相关审核后完成对曹冲堡普通公租房小区和重安镇廉租房小区内的道路硬化、给水管网、雨污水管网等，以及小区内绿化、亮化等配套基础设施建设。2017年交通基础设施建设方面，通村公路建设顺利完工，黄平县公路总里程增加到1972.3km；启动农村"组组通"公路建设，完成数据采集523.531km，路基完成474.112km，完成路面230.923km；实施县乡公路改造"建养一体化"项目，解决了农村群众的出行困难；贵阳至黄平高速公路和瓮安至黄平两条新增高速公路动工；对农村公路安保工程加大投入力度。投资300万元实施农村公路防护工程2个，投资316万元危桥改造项目3个，实施窄路面公路拓宽改造18.6km、生命安全防护工程120km、农村公路危桥改造833m²，通行客运班线和接送学生车辆集中的公路急弯陡坡、临水临崖等重点路段安全隐患治理全覆盖，农村公路列养率达100%；增加凯里黄平机场航线；完成上塘朱家山原始森林油路的铺设、旧州古镇至舞阳湖景区快捷通道和抗战机场至老里坝沥青路的投入使用。此外，根据黄平县2014—2018年度居民出行便捷情况统计可见黄平县农村及城市的交通基础设施建设在逐渐完善，这不仅方便了人民群众的出行，更促进了黄平县的经济发展，为黄平县打赢脱贫攻坚战助力，见表9-3。

表9-3 黄平县2014—2018年度居民出行便捷情况统计

年份	农村建制村通沥青（水泥）路比重/%	城市人均拥有道路面积/m²
2014	44.66	7.00
2015	64.03	11.31
2016	99.60	11.20
2017	100.00	20.40
2018	100.00	17.84

（数据来源：作者依据相关文献资料汇总所得。）

（二）社会保障

黄平县人力资源和社会保障局是黄平县社会保障提供的主要公共服务主体，其负责统筹规划并推进建设涵盖城乡的多层次社会保障体系，贯彻落实养老保险、失业保险、医疗保险、工伤保险、生育保险等社会保险及其补充保险的政策和标准。黄平县国民经济和社会发展统计公报显示，2019年年末参加社会保险人数较2018年增加1944人，2018年年末参加社会保险人数较2017年增加6786人，而2017年年末参加社会保险人数较2016年增加3009人，总体参加社会保险人数呈现上涨趋势，证明黄平县公民福利水平稳步提高，人民群众的基本生活质量得以保障，见表9-4、表9-5、表9-6。

表9-4 黄平县2019年度居民参加社会保险情况统计

	年末参险人数/人	比2018年同期增减人数/人
城镇职工基本养老保险	13817	增加1186
城乡居民养老保险	181602	增加1116
职工基本医疗保险	14634	减少88
城乡居民基本医疗保险	331801	减少988
失业保险	3947	增加116
工伤保险	10785	增加541
生育保险	10052	增加61

（数据来源：《黄平县2019年国民经济和社会发展统计公报》。）

表9-5 黄平县2018年度居民参加社会保险情况统计

	年末参险人数/人	比2017年同期增减人数/人
城镇职工基本养老保险	18954	增加481
城乡居民养老保险	180486	增加4846
医疗保险	14772	增加704
失业保险	3831	增加71
工伤保险	10244	增加362
生育保险	991	增加322

（数据来源：《黄平县2018年国民经济和社会发展统计公报》。）

表 9-6　黄平县 2017 年度居民参加社会保险情况统计

	年末参险人数/人	比 2016 年同期增减人数/人
城镇职工基本养老保险	1.85 万	增加 2595
城乡居民养老保险	175640	与上年持平
医疗保险	27873	增加 56
失业保险	3734	增加 147
工伤保险	9882	增加 57
生育保险	9669	增加 154

（数据来源：《黄平县 2017 年国民经济和社会发展统计公报》。）

此外，黄平县通过实施"四大医疗救助"（减免优惠、大病保险、医疗救助制度、医疗扶助制度），"流浪乞讨人员救助四措施"（强化领导责任制、建立健全排查制度、启动全天候救助应急预案、建立健全长效管理机制）等措施给予城乡困难群体接济和生活扶助。在 2019 年一年里，黄平县特困救助金便发放了 2392 万元，其中向 334 名特困供养人员发放特困供养资金 361.05 万元，向 1119 名孤儿发放基本生活保障金 111.9 万元，并向 3.89 万名重度残疾人员发放护理补贴和托养补助 330.76 万元。

通过黄平县财政局、黄平县人社局等部门支持社会保险、社会福利、社会救助遭遇生存困境的公民、社会优抚法定特殊群体等多项社会事业的发展，覆盖黄平县全县的社会保障体系不断完善，黄平县居民的生活保障水平也在此过程中得到不断提高。

（三）公共科技文化与基础教育

表 9-7 为黄平县 2017—2019 年的教育发展情况，均衡发展城乡间、学校间义务教育是缩小城乡差距、解决区域经济不平衡、促进社会公平、推进"科教兴县"的关键，据统计，黄平县县内中学八项指标的综合差异系数为 0.206，黄平县县内小学八项指标的综合差异系数为 0.392，皆符合验收指标要求；在教育帮扶工作方面，自 2014 年以来，黄平县各级各部门以及社会各界深入黄平县内的学校开展教育帮扶工作 493 次，帮

扶物资折合资金累计 1700 余万元。在 2017—2019 年的三年里，黄平县学龄儿童入学率达到了百分之百。

表 9-7 黄平县 2017—2019 年教育发展情况

指标	单位	2019 年统计数	2019 年较 2018 年增减值/%	2018 年统计数	2018 年较 2017 年增减值/%	2017 年统计数	2017 年较 2016 年增减值/%
普通中学学校数	所	14	0.0	14	0.00	14	0.00
普通中学在校学生数	人	22250	−1.5	22594	−0.04	23642	−2.18
普通中学教职工数	人	1810	−2.5	1858	0.01	1848	7.006
教师数	人	1528	0.5	1521	0.01	1513	2.16
小学学校数	所	79	0.0	79	0.00	79	−5.95
小学在校学生数	人	24089	0.5	23976	−0.01	24301	−7.67
小学教职工数	人	1737	2.0	1702	0.01	1679	−5.83
教师数	人	1501	3.6	1455	0.02	1421	−0.35
幼儿园数	所	81	0.0	81	0.01	80	77.7
入园儿童数	人	3245	−35.0	5021	0.02	4926	−1.87

（数据来源：作者依据相关文献资料汇总所得。）

据统计黄平县 2017—2019 年年度高考总报考人数变化情况如下：2019 年比 2018 年增加 1186 人，2018 年比 2017 年减少 84 人，2017 年比 2016 年增加 144 人，总录取率维持在 90% 左右。而黄平县高中及以下阶段教育情况统计如表 9-8 所示，其高中阶段毛入学率在逐步提高，但九年义务教育巩固率有所波动，应重视黄平县尤其是县内部分贫困地区的控辍保学工作，针对辍学问题完善相应政策措施，避免学龄儿童及青少年因贫失学辍学、避免出现因上学远、上学难而失学和辍学的问题。

表 9-8　黄平县 2014—2018 年高中及以下阶段教育情况统计

年份	九年义务教育巩固率 / %	高中阶段毛入学率 / %
2014	95.90	87.74
2015	95.93	88.30
2016	96.00	89.42
2017	95.00	91.30
2018	91.80	91.60

（数据来源：作者依据相关文献资料汇总所得。）

截至 2019 年，黄平县 11 个乡镇都通有线电视，用户达 4 万户，设立乡镇综合服务站 11 个，设有无线发射台 1 座，且转发卫星电视节目数量从 2017 年的 12 套上升到 2018 年的 14 套，到 2019 年的 16 套；公共图书馆 1 个，总藏书量 3.8 万册；4 处全国重点文物保护单位；6 处省级文物保护单位；63 处县级文物保护单位。

（四）环境保护

2020 年 4 月，黄平县新州镇利用 QQ、微信群、公众号等新媒体媒介宣传新冠肺炎病毒防控形势下农村人居环境整治的必要性、关键性与迫切性，动员居民提升村庄卫生环境整治自觉性，形成疫情防控期间环境卫生保护的良好氛围。在 2017—2019 年的三年间，黄平县环境空气监测优良率从 2017 年的 94.7% 上升至 2018 年的 98.6%，再上升至 2019 年的 99.2%，充分表明黄平县的空气质量几年来处于持续改善的状态，空气污染程度变轻，证明黄平县大气污染防治工作取得良好成效。近年来，黄平县还多次开展环境卫生整治督查工作，对街道路面、城市运河河面、沟渠的保洁、公共区域垃圾清运情况进行核查，确保白色垃圾、建筑垃圾等在生活区域不堆积，咨询并解决各组、各村、各街道保洁员的问题与困难，提高黄平县环境保护整治质量。

（五）医疗卫生

表 9-9 为黄平县 2017—2019 年度医疗卫生机构数目统计，截至

2019年年末黄平县共有医疗卫生机构19个（不含个体诊所），在这三年间黄平县卫生机构床位数不断增加，卫生技术人员数量基本保持不变，证明黄平县卫生与健康事业的基础与根基建设正在不断完善。同时，2014—2018年，黄平县5岁以下儿童死亡率不断降低，截至2018年的统计值为7.32％，相较2014年的统计值10.55％显著降低；千人拥有执业（助理）医师数在不断提高，截至2018年的统计值为3.02人，相较2014年的统计值1.26人显著升高。

表9-9 黄平县2017—2019年度医疗卫生机构数目统计

年份	县级综合医院/个	中医医院/个	县妇幼保健机构/个	中心乡镇卫生院/个	一般乡镇卫生院/个	县疾控中心/个	卫生监督局/个	民营医院/个	其他
2017	1	1	1	5	6	1	1	4	合医局1个
2018	1	1	1	5	6	1	1	4	合医局1个
2019	1	1	1	5	6	1	1	4	血浆站1所，村卫生室129个

（数据来源：作者依据相关文献资料汇总所得。）

四、黄平县公共服务发展现存问题

（一）缺乏超前服务意识

黄平县投资促进局在2019年8月指出，在优化营商环境工作中对群众和企业的服务存在着循规蹈矩、按部就班的问题，同时改良服务的措施不多，渠道不广；对贵州省优化营商环境下达的政策文件思想认识还不够充分；没有建立完善的问题清单及整改台账，加大了实现任务目标的时间成本。缺乏超前服务意识，无法为公众和企业等相关主体提供良好的服务，僵化死板、效率低下的服务水平严重限制了黄平县的公共服务的发展。

（二）基层技术力量薄弱

黄平县公共服务发展基层技术力量薄弱主要表现在以下两个方面：第一，专业技术人员输入新鲜血液力量不足。由于对专家及技术人员再学习、再深造的平台不够完善，导致人才再培训、人才保留、人才队伍建设扩大的发展遭到了一定的阻碍，人才流失严重是导致黄平县基层公共服务供给不足的重要原因之一；第二，部分公共基础设施建设不完善，无法很好地与时代发展相适应，如机械化作业的基础设施建设、田间地头自动化设备等在基层的推广使用和更新等方面有待进一步加强。

（三）社会监督主体较为单一

根据潘道长通过向黄平县部分政府工作部门及其他社会成员发放250份调查问卷（最终收回216份，收回率86.4%，随机取样100份）的统计分析结果得知，被调查人员对黄平县政府责任清单制度的了解程度并不高，排除被调查者工种界定、调查数量较小等因素引起的样本取样局限性，基本可以了解到对于大部分社会群众来说，他们对黄平县政府责任清单的认知程度较低，且不全面，进而导致对政府责任清单、公共服务的监督主动性下降。社会监督主体较为单一不利于公共服务的可持续发展和做到为公众提供需要、必要的公共服务，降低了人民的获得感和幸福感。

（四）公共服务数据碎片化

大数据时代虽然为黄平县公共服务发展带来工作上的便捷，却也带来了公共服务数据碎片化的隐患，就黄平县公开的小康指标监测进程表而言，其监测单位就包括了黄平县统计局、黄平县教育科技局、黄平县农业局、黄平县水务局、黄平县住建局、黄平县人社局、黄平县工业信息化和商务局、黄平县财政局、黄平县发改局、黄平县市场监管局、黄平县卫计局等多个数据统计主体。对于统计数据的主体而言，不同层级的政府部门有不同的数据统计系统、不同的数据来源、参差不齐的数据质量，这都会使黄平县公共服务数据呈现碎片化发展，一方面，政府需要花费时间对各部门所取得的公共服务数据进行预处理，导致公共服务平台数据更新变慢；另一方面，各部门之间数据衔接的不紧密进而影响了黄平县公共服务发展的数据系统性，导致其数据整合力下降。

五、 解决黄平县公共服务发展现存问题的对策

美国公共管理学家罗伯特·B.登哈特在对传统公共行政理论和新公共管理理论进行系统分析、总结及批判反思的基础上提出了新公共服务理论。新公共服务理论认为公共行政人员在组织公共管理事务、执行公共政策、管理公共组织时应将工作重心集中于承担为公民服务和向公民放权的职责，他们的工作重点既不应当是给政府船舰"掌握船舵"，也不应当是给政府船舰"划桨"，而应该是建立相应具有显著完善整合力和回应力的公共机构。新公共服务理论中的优益部分对黄平县公共服务发展以及黄平县建设服务型政府有一定的指导作用。此外，推进公共服务重要领域建设和解决公共服务主要环节中存在的问题是促使黄平县公共服务高效发展的关键所在。

（一）打破墨守成规的思维模式，培养超前服务意识

树立公平公正、民主法治的价值观，秉持全心全意为人民服务的宗旨，面对公共服务建设中遇到的问题，打破墨守成规的思维模式，避免思想僵化、事事循规蹈矩，具体问题具体分析，结合黄平县的实际情况找出解决问题的正确方法。在履行职能时，将为人民服务、给群众办事作为理念，想民之所想，急民之所急，将具备超前服务意识、提供高效优质的服务作为黄平县公共服务的价值取向。

（二）完善人才队伍建设

针对公共服务的不同领域，聘请在不同领域有建树的专家组成顾问组，科学编制规划，指导黄平县公共服务发展。完善基层服务团队，出台相关政策确保留住人才、合理利用人才，依托贵州省内外优秀高校培

养和储备公共服务人才。开展人才引进计划，安排专家下基层等提高基层服务人员的素质和能力。

（三）优化资源配置，保障黄平县公共服务发展供给

科学统筹布局各领域、各层级公共资源，向黄平县公共服务发展中的薄弱环节进行倾斜，尤其应重视黄平县内贫困地区的控辍保学工作，完善学校的基础设施建设、贫困学生资助体系，积极宣传《中华人民共和国义务教育法》，避免学龄儿童及青少年因贫失学、辍学，因厌学辍学，避免出现因上学远、上学难而失学、辍学的问题。加大资金投入和督促力度，对投入的资金进行均衡配置和优化整合，推动黄平县公共服务均等化发展。通过规范资金管理办法提高黄平县公共服务专用资金的利用效率，在供给机制上向多元化发展，推进政府和社会资本的合作，积极引导社会力量的参与，推进政府购买公共服务，保障黄平县公共服务发展供给。

（四）加强互联网与黄平县公共服务整体体系的深度融合

依托微信、微博等新媒体平台，向群众宣传公共服务、办好公共服务。例如，使用国家社会保险公共服务网络平台或者手机App让公众参与社会保险线上服务；在助残服务上，搭建黄平县残疾人就业创业网络在线服务平台，并利用网站开办线上残疾人证办证、变更、挂失、换新等业务；利用网络平台的在线留言或信箱功能，及时了解群众对黄平县公共服务的需求和建议，推进黄平县公共服务相关决策的科学化和民主化；启用网络在线咨询服务对公众关于黄平县公共服务的事项进行网上受理、网上办理、实时反馈和在线答复；统筹各部门的数据资源，整合大数据信息，为黄平县政府的决策和监管提供支持。

（五）加强公共服务设施建设

以群众需求为导向，推进图书馆、乡村文化室、广播电视数字化、社区书屋、农民体育健身工程、社区运动中心等公共服务设施的建设；健全社会救助经办网络服务体系；建设失能、特困老人救助养护服务机

构，并推进老年人专用服务设施、护理床位的购置；对危险公共建筑、老旧公共运动设施、不符合国家环境标准的火化炉进行拆除或改造。

六、总结

人民群众享受公共服务是其基本公民权利，而保障黄平县公民的这一基本公民权利是黄平县政府的重要职责。当前在面临经济发展进入新常态、社会发展呈现一系列新特征、科技革命滋长新突破等诸多新环境形态的出现，如何加强公共服务人才培养培训、协调公共服务财政资源配置，是黄平县公共服务发展的关键所在。总体而言，黄平县稳中提质的发展态势对提升黄平县公民幸福感、筑建社会"安全网"、改善人民群众整体福利、带领广大群众共同迈向全面小康社会、实现中华民族伟大复兴的中国梦，都具有至关重要的意义。

参考文献：

[1] 贺巧知.政府购买公共服务研究[D].北京：财政部财政科学研究所，2014，第27页。

[2] 国务院.国务院关于印发"十三五"推进基本公共服务均等化规划的通知.国发〔2017〕9号[EB/OL].[2020-07-23].http://www.gov.cn/zhengce/content/2017-03/01/content_5172013.htm.

[3] 黄平县概况[EB/OL].[2020-07-23].http://www.qdnhp.gov.cn/zjhp/hpjj/201607/t20160721_26937380.html.

[4] 黄平县2019年国民经济和社会发展统计公报[EB/OL].[2020-07-23].http://www.qdnhp.gov.cn/xxgk/jcgk/tjxx/tjnb/202007/t20200713_61585616.html.

[5] 黄平县2014-2018年度小康指标监测进程表（省反馈数）[EB/OL].[2020-07-24].http://www.qdnhp.gov.cn/xxgk/jcgk/tjxx/tjsj/201912/t20191223_36552744.html.

[6] 黄平县2017年国民经济和社会发展统计公报[EB/OL].[2020-07-24].http://www.qdnhp.gov.cn/xxgk/jcgk/tjxx/tjnb/201806/t20180620_28391723.html.

[7] 黄平县2018年国民经济和社会发展统计公报 [EB/OL]. [2020-07-24]. http:// www.qdnhp.gov.cn/xxgk/xxgkml/tjxx_33371/tjnb_33374/201908/t20190828_28852954.html.

[8] 中共中央办公厅 国务院办公厅印发《关于建立健全基本公共服务标准体系的指导意见》[EB/OL]. [2020-07-27].http://www.gov.cn/zhengce/ 2018-12/12/content_5348159.htm.

[9] 黄平县市政基础设施项目复工率达100%[EB/OL]. [2020-07-27].http://www.qdnhp.gov.cn/xwzx/bmdt/202004/t20200402_55767946.html.

[10] 加强城镇基础设施建设助力稳增长 [EB/OL]. [2020-07-27].http://www.qdnhp.gov.cn/xxgk/201906/t20190625_28814517.html.

[11] 黄平县市政基础设施超额完成任务 [EB/OL]. [2020-07-27].http://www.qdnhp.gov.cn/xxgk/xxgkml/ghjh_33359/ssjz_33362/201912/t20191231_39844890.html.

[12] 黄平县2017年公租房配套基础设施建设项目全面完工 [EB/OL]. [2020-07-27].http://www.qdnhp.gov.cn/xwzx/zwyw/201808/t20180830_28510663.html.

[13] 黄平2017年交通基础设施建设成果丰硕 [EB/OL]. [2020-07-27].http:// www.qdnhp.gov.cn/xwzx/zwyw/201801/t20180115_28117369.html.

[14] 黄平县四大医疗救助解决贫困群众看病难题 [EB/OL]. [2020-07-27]. http://www.qdnhp.gov.cn/xxgk/xxgkml/shjz_33413/201710/t20171017_27929274.html.

[15] 黄平县民政局四措施加强流浪乞讨人员救助工作[EB/OL]. [2020-07-29]. http://www.qdnhp.gov.cn/xxgk/xxgkml/shjz_33413/201804/t20180424_28271892.html.

[16] 黄平县去年一年发放特困救助金2392万 [EB/OL]. [2020-07-29].http:// www.qdnhp.gov.cn/xxgk/xxgkml/shjz_33413/202004/t20200427_57747669.html.

[17] 黄平县"三个三"推进义务教育均衡发展 [EB/OL]. [2020-07-30]. http://www.qdnhp.gov.cn/xwzx/zwyw/201802/t20180202_28151219.html.

[18] 新州镇三举措整治环境卫生助力疫情防控 [EB/OL]. [2020-08-03].http:// www.qdnhp.gov.cn/xxgk/xxgkml/jdjc_33380/hjbh_33381/202004/t20200427_57743974.html.

[19] 黄平县2019年环境空气质量显著提升 [EB/OL]. [2020-08-03]. http:// www.qdnhp.gov.cn/xxgk/xxgkml/jdjc_33380/hjbh_33381/202002/t20200204_47039203.html.

[20] 黄平县开展优化营商环境问题摸排工作 [EB/OL]. [2020-08-03].http:// www.qdnhp.gov.cn/ztzl/gzsyjgwydlcdh/201908/t20190809_28843010.html.

[21]潘道长.我国地方政府部门责任清单制度研究[D].西安:陕西师范大学,2017,第21页。

[22]李玲玉.大数据时代政府公共服务问题研究[D].太原：山西大学,2019,第27页。

[23]王丽娟.罗伯特·B.登哈特新公共服务理论研究[D].昆明：云南大学,2009,第3页。

专题报告

B.10
黄平线椒地标品牌与产业发展报告

谢源* 罗爱民** 石林***

摘　要： 地理标志产品相较于其他产品而言，具有明显的知名度和比较优势。黄平线椒因其独特的种植环境及品质特点，2020年4月，获得国家农产品地理标志登记保护。作为黄平县持续性的支柱产业，黄平线椒目前种植面积达3万亩，年产量2.4万吨。种植区域包括新州、旧州、上塘、谷陇、野洞河、黄飘、苗陇、翁坪、重安等乡镇。随着当地政府的大力扶持，黄平线椒产业正处于产业发展上升期。

关键词： 黄平线椒；地标品牌；产业发展

一、黄平线椒地标品牌报告

（一）地理标志农产品的内涵

在日益激烈的市场竞争环境中，品牌是一个产业和企业生存与发展的重要基础。为了进一步增强地理标志产品及产业的市场竞争力，黄平人的品牌宣传与建设意识不断提高。

与众不同的地理环境、气候和技术工艺决定了地理标志产品独特的

---

* 谢源，女，贵州省地理标志研究中心助理研究员，研究方向：地理标志。
** 罗爱民，男，黄平县农业农村局，高级农艺师，研究方向：蔬果技术研究与推广。
*** 石林，男，黄平县农业农村发展中心，农艺师，研究方向：辣椒种植与产业化发展。

品质特点与质量优势，地理标志产品相较于其他产品而言，具有明显的知名度和比较优势，此种优势有利于增加产品知名度与美誉度，提高消费者对地理标志产品信誉的认同感。也可提升地理标志产品市场占有率，同时，实现"名牌"效应。

（二）黄平线椒获批农产品地理标志

黄平县独特的地形地貌、特殊气候以及良好的土壤生态为当地线椒提供了优良的栽培环境，使黄平县生产的线椒具有独特的质量品质。2020年4月，我国农业农村部根据《农产品地理标志管理办法》的规定，对黄平线椒实施农产品地理标志登记保护。

黄平线椒地理标志突出了黄平与线椒的联系，增强产品地缘联想性，便于产生品牌联想。获得登记保护后，黄平线椒即具有专属性，非保护范围内生产的线椒产品不能使用该地理标志。这有利于保证黄平线椒产品质量特色。同时，农产品地理标志具有共享性，即在黄平县境内，所有按照黄平线椒质量控制技术规范生产线椒的企业或个人均可获得授权使用"黄平线椒"地理标志。地理标志的公共性为区域产业的快速发展提供了基础。

农产品地理标志都具有相应的质量控制技术规范，该规范限定了地标产品的生产地域范围、独特的自然生态环境、特定生产方式、产品品质特色及质量安全、标志使用规定等。规范化的种植以及管理，保证了黄平线椒的品质质量，有利于黄平线椒产业发展，并带动当地经济发展。

二、黄平线椒发展报告

黄平线椒是当地人主要的经济种植作物，随着辣椒消费群体的逐渐扩大以及辣椒市场需求量的不断上升，黄平线椒产业已逐渐成为当地经济发展的重要支柱型产业。

（一）黄平县线椒种植业发展现状

1. 产地生态环境

黄平县地处黔中丘原向黔东低山丘陵过渡地带，境内海拔在600~1200米。气候为亚热带季风气候，四季分明，气候温和，年均气温13℃~16℃，最热的7月平均气温为24.7℃；年日照时数1104.7小时，昼夜温差大；境内降水丰富，年均降水量1307.9毫米。土地类型以低山、中山山地、低山丘陵地貌为主，土壤呈酸性、土质疏松、土壤肥沃、排水良好，土壤中腐殖层厚。黄平县境内水系发达，水资源丰富，大小河流100多条，各类水资源合计21亿立方米，其中地表水径流量20.8亿立方米。

2. 种植情况

黄平线椒种植范围为新州镇、野洞河镇、上塘镇、旧州镇、谷陇镇、重安镇、黄飘村、苗陇村、翁坪村、大寨村、岩门司村等。

2019年种植线椒面积达3万亩，年产量2.4万吨。黄平县政府已将蔬菜作为全县农业主导产业来抓。2020年，黄平县多地调整种植，增加线椒种植面积。同时开展低效作物调减工作，引导群众大力发展线椒等既高效又实惠的经济作物作为替代作物。

3. 种植品种

种植的品种主要为经过提纯选育研究得到的适宜种植的黄平线椒1号和黄平线椒2号。两个品种均属高产、稳产、抗逆性较强、耐重茬鲜干两用型新品种。青熟果绿色，红熟果深红色，果面光滑微皱，果皮薄、质地松细，商品性好，辣味中等，干椒香味浓郁。连续采收期长，每667平方米产干椒210公斤左右，高产可达300公斤左右。

（二）黄平线椒产业发展现状

近年来，黄平县结合脱贫攻坚工作，把辣椒产业作为县内一个特色农业产业来发展，线椒种植面积不断增加。黄平县经过开展市场需求调查，科学分析各类作物的经济效益，将辣椒作为低效作物调减的主要替代品种。各乡镇在龙头企业技术、市场带动和基层党组织对农村经济的引领下，通过统一育苗培植、统一技术指导、统一收购销售等链条式服务，逐步将辣椒从老百姓自给自足的普通农作物转化为增加收益的经济作物来发展，并不断规模化、产业化。

1. 初步建设黄平县线椒生产基地

黄平县辣椒种植产业在政府扶持下，与脱贫攻坚挂钩。除了最初的线椒种植区域新州、野洞河、谷陇、黄飘、苗陇、翁坪、重安等乡镇外，2020年，黄平县在旧州镇、上塘镇也发展线椒的种植，同时对原有线椒种植区域，新州镇、谷陇镇等进行线椒种植产业优化，促使当地蔬菜种植业向优质高效发展。

2. 良种得到广泛运用

黄平线椒作为黄平县地方品种，在"八五"期间，被选为全国优异地方品种。黄平线椒最初由当地农民自繁自育，造成地方品种退化与混杂现象。经过黄平县农业农村局经作站对当地收集的农家辣椒材料开展品种提纯选育研究，选育出品质优良的黄平地方线椒品种黄平线椒1号、黄平线椒2号，并于2009年通过贵州省农作物品种审定委员会审定。优良的品种为当地辣椒产业奠定了坚实的基础。黄平县通过重点培育黄平线椒1号、黄平线椒2号，实现线椒增产增收，推动产业发展。

3. 线椒栽培技术大力推广

2014年，贵州农业委员会提出并归口，由黄平县农业农村局及贵州省果树蔬菜工作站起草了贵州省地方标准《黄平线椒品种及栽培技术规程》。标准规定了黄平县线椒的产地环境质量要求、品种和生产管理措施。标准的制定进一步推进了黄平线椒种植的规范化。

4. 政府带动产业发展

近年来，黄平县政府按照"大区域布局、大连片规划、快速度推进"的总要求，把黄平线椒作为农民致富的主导产业来抓，采取"集体经济+合作社+公司+农户"的辣椒种植及管理模式，加强对农民专业合作社的组织、引导和服务。政府选派专业技术员，从选地、选种，到种植、管理各环节进行精心指导，积极帮助当地农户解决辣椒种植管理技术和销售问题，确保群众收入，激发广大群众的种植积极性，推进线椒产业规模化、标准化、产业化发展。

（三）黄平线椒产业发展存在的问题

辣椒产业是贵州省很有竞争力的产业，其中贵州省遵义地区对全国辣椒市场已经具有相当的影响力。黄平县线椒产业处于发展阶段，致力于扩大种植规模，但也存在以下问题。

1. 科技投入不足

专门从事辣椒研究的科技队伍力量薄弱，政府支持辣椒产业发展的科技项目少、力度小，基地试验示范辐射带动力度小，缺乏标准化、无害化生产技术研究和推广应用。

2. 缺乏辣椒加工龙头企业

当地辣椒加工企业普遍规模较小、加工产品品种较为单一，忽视原料基地建设，新技术、新品种的推广以及种植培训等方面的投入不足，加工企业推动产业发展力度不足，没有起到能动作用。

3. 辣椒生产与市场缺乏联结

黄平县多镇采取"农户种植、公司保底回购"的方式开展订单式合作，农户种植线椒，公司按保底价进行回购。这样的方式能够保证种植农户有一定的收入，但是企业和椒农的联系还是以契约为主，缺乏紧密的联系，企业在收购产品时存在压价现象。线椒的生产难以实现与辣椒流通市场相接，对黄平线椒产业的发展产生约束。

4. 辣椒深加工程度低

黄平线椒加工以传统的手工加工产品为主，产品还主要停留在原料或半成品水平，当地加工企业加工能力普遍不高，规模较小。加工企业场地零星分散，多数小规模的生产企业的产品难以上档次。

5. 农业基础设施薄弱

主要是育苗设施材料有待进一步完善，先进的漂浮育苗、穴盘育苗技术推广力度不强，辣椒种植地排灌条件差，抵御自然灾害能力薄弱。

6. 资金投入不足

缺乏资金建立黄平县线椒常规品种提纯扶壮制种生产基地，完全依靠农户自己选留种，导致种子质量参差不齐，不利于线椒产业化发展。

（四）黄平线椒产业发展主要政策与措施

推动黄平线椒产业的发展，是黄平县实施脱贫攻坚的科学选择，其出发点和落脚点是让广大农民增收和得到实惠，成为支撑当地种植户脱贫的持续性支柱产业。黄平线椒产业的发展，可以助推当地农户成功脱贫。发展黄平线椒产业已成为贵州省辣椒产业的整体中的一环，使贵州省辣椒产业更具竞争力，提高了贵州辣椒市场占有率。

黄平县内各乡镇调整产业结构，扩大黄平线椒种植规模。推广线椒标准化种植，推广漂浮育苗、穴盘育苗，农机整地、增施有机肥、深沟高厢、地膜覆盖栽培，病虫害绿色防控等生态化栽培技术，提高了辣椒单产和效益。在套种模式、育苗技术、移栽管理、整枝、配方施肥、病虫害防治、中耕除草、节水灌溉、适时收获等生产环节进行技术培训。通过黄平线椒标准化种植，来保证黄平线椒优良的品质，打好黄平线椒产业发展基础。同时，通过加强优良品种推广，加大新品种试验示范力度、大力兴办县乡镇示范点等方式，促进了辣椒产业可持续发展。

设立黄平线椒育种、育苗基地，建立种源基地，推进辣椒地方常规品种提纯复壮制种工作，通过选地与隔离、单株选择、提纯扶壮繁育原种及制定原种生产田，种子收获以及种子检验等技术环节，保证了种子的纯度。规范提纯，确保对黄平线椒种子品质的把关控制，保护黄平线椒优质的种子资源，确保黄平线椒品种的纯正和安全。建立育苗基地，为线椒的高效种植提供保障。

大力推广订单农业。通过公司对农户种植的线椒进行保底回购，确保农户在除去化肥、地膜、农药等费用外有一定的收入，以保护农户的基本利益，使广大线椒种植户得到实惠，提高农户种植线椒的积极性，带动更多农户从事线椒种植。

推进黄平线椒加工企业成长，发展线椒精深加工，延长加工产业链，引导线椒从食用型、原料加工型向精深加工型转变，增加黄平线椒附加价值。

积极推行农业保险工作。要加强农业保险的宣传工作，引导更多的企业、合作社及农户参与辣椒保险，以尽量减少自然灾害造成的损失，减轻了农户种植辣椒的后顾之忧。

（五）黄平线椒产业发展趋势

追求效益，开拓市场。利用黄平线椒本身的特色，针对消费者对线椒品质、特色、安全的消费需求，严格控制黄平线椒育种、育苗标准化，栽培、采收标准化，积极开拓黄平线椒市场。

科技导向，不断优化。通过与高校、科研机构加强联系，将黄平线椒产业与科技结合，加强与省农业科研单位合作，不断开展黄平线椒1号和黄平线椒2号品种提纯复壮工作。重点做好黄平线椒的高产优质栽培技术研究工作，进一步研发选育保持黄平线椒优良品性的新品种，实施辣椒换种工程。不断优化黄平线椒种植体系，实现高产、优质、高效，为黄平线椒产业发展提供力量源泉。

打出特色，突出亮点。黄平线椒产业要发展，必须打造黄平线椒品牌。大力扶持当地线椒企业，鼓励企业向名优绿色产品及深加工方向发展，打造黄平线椒优质品牌。

B.11
黄平黄牛地标品牌与产业发展报告

彭渊迪* 石兴林** 刘吉祥***

摘　要： 2020年，黄平黄牛获农业农村部第290号公告批准，成为农产品地理标志保护产品。这既是黄平县第一个畜牧类农产品地理标志，也是黄平县畜牧产业的两大支柱产业之一。截至2020年，黄平县全县黄牛存栏5.32万头，出栏2.82万头，产值达4亿元。黄平县已经建成黄平黄牛养殖小区7个，现有25头以上规模养牛场（企业、合作社）115个，累计投入资金3.5亿多元，先后实施了南方草地生态畜牧业建设项目、南方草地科技扶贫种草养牛项目等。获得政府贴息补助的黄平黄牛养殖农户48户，养殖黄平黄牛1100头，实现建档立卡贫困户利益联结分红325万元，产业建设带动农户4710户，户均年增收15000元。今后，努力实现黄平黄牛品牌化发展，将其打造成为黄平县特色的"地域名片"。

关键词： 黄平黄牛；地标品牌；产业发展

一、黄平黄牛的历史知名度

（一）黄平黄牛人文历史

黄平黄牛又叫黄平小黄牛。黄平县饲养畜禽，历史悠久，据嘉庆

---

* 彭渊迪，女，贵州省地理标志研究中心助理研究员，研究方向：地理标志与地方标准。
** 石兴林，男，黄平县动物疫病预防控制中心主任，兽医师，研究方向：动物疫病净化。
*** 刘吉祥，男，黄平县畜牧技术推广服务中心主任，兽医师，研究方向：畜牧兽医。

五年《黄平州志》记载，马、牛、羊、犬、猪饲养普遍，交换亦很频繁，养牛已为农业生产提供主要劳动力和肥料，农户视牛为宝贝，更有姑娘出嫁作为陪嫁品。民国时期，羊、猪、牛、马、兔、鸡、鸭、鹅广为饲养。1981年黄平县开展畜禽品种调查，对200头成年牛测定，成年母牛一般三年产两犊，亦有一年产一犊者，由于饲养管理粗放，近亲繁殖，品种退化现象严重，个体差异大。1985年后，黄平县政府引进县外优良品种冻精，采用人工配种技术与本地母牛杂交，显示出杂交优势。目前，经过多代培育后黄平黄牛的物种基因达到稳定。

黄平黄牛历史悠久，古时黄平县苗族人的古歌中唱道："公才来议榔，婆才来议榔，议水牛和黄牛，来议定狗和猪，来议定鸭和鸡，议水牛黄牛在厩，议狗猪在地上，不准狗上屋顶，半夜不准鸡鸣。"古歌中体现出对黄牛采用圈养的当地养殖手法。黄牛在很久之前就已经是黄平地区的役肉畜种之一。而除了役用和食用价值以外，黄牛的皮对当地㑩家人也有着异常重要的作用。在对㑩家人的调查报告中有这样一段话，"物品置入鼓内之后，必须选用同一色的黄牛皮封鼓。选择做鼓皮的黄牛颇有讲究，必须是雄性黄牛，且毛要同色、身要壮实、皮要富有弹性；牛背上的旋和肚子上的旋要对称；牛尾要拖地，它代表一只脚，同其他四只脚并称'五脚着地'；牛的犄角长势要对称，互向内弯，俗称'团圆角'。在进行完一系列的仪式后才能用特定的方式宰杀黄牛。牛宰杀后，将皮剥掉，用石灰水浇淋牛皮，使其脱毛成革。用石块盖住旋是为了在脱毛时留住旋毛，以便在切皮封祖鼓时有明显的参照标志，以旋毛为中心来切皮封鼓。封鼓时要用360颗钉子，钉在鼓头和鼓尾的四周，象征一年的365天。"可见，黄平黄牛对古时黄平当地少数民族人民的生活有着极大的影响。

（二）黄平黄牛知名度

黄平黄牛是在产区独特的地理环境与特殊的自然条件下，经过长期选育和人工驯化而形成的优质肉牛。黄平黄牛因独特的品质在肉牛市场上具有很高的知名度。黄平县气候温和，土地肥沃，牧草资源丰富，再加之境内多山、坡陡，复杂的地形地貌使黄平黄牛长期在山高坡陡的山地中活动。在这样的地形中，黄平黄牛登高与跳跃的能力得到不断加强，从而增强了体质，肌肉得到很好的锻炼，进而赋予了黄平黄牛体型匀称、体质结实、肢蹄强健的品质特征。

黄平县旧州古镇是贵州省十大历史文化名镇和二十个重点保护与建设的民族村镇之一，其中的旧州牛肉干就是以黄平黄牛作为原材料，新中国成立前的宋氏牛肉干曾为旧州有名的食品。1985年在旧州兴办了牛肉干食品加工厂，生产醇香牛肉干，原料为新鲜黄牛肉，配以米酒、蜜糖、砂糖和20多味中药精制而成，具有甜、咸、麻、辣、醇香开胃等特点，曾作为航空食品远销省内外。它既不同于北方的五香牛肉干，陕西的清真牛肉干，又不同于广州的甜香牛肉干，四川的麻辣牛肉干，具有醇香甜咸、软硬适度、色泽鲜润、入口化渣、回味悠长等独特风味。这也是黄平旧州牛肉干驰名海内外的主要原因。

黄平黄牛知名度扩大是在近二三十年，伴随着黄平黄牛销量的增加和肉牛加工产业的发展，黄平黄牛成为黄平县一个发展很快的特色养殖业。黄平县域内空气清新，水土无污染，生态环境优越，这为当地发展无公害绿色有机黄牛产品提供了绝佳的自然环境。早在2006年，黄平县就获得了全国无公害肉牛生产基地县称号。目前，黄平境内每天都有大量的黄牛以物流的方式发往贵阳、遵义、安顺和重庆等地。

二、黄平黄牛品质关联因素

（一）地形地貌

黄平县地处黔中丘原向黔东低山丘陵过渡地带。地势由西、西北向东、东南逐渐降低，境内海拔在600~1200米。黄平黄牛具有役用性能强，适应山区饲养条件的特性，黄平县地形为北部山地隆起，是黔北高原武陵山脉的延伸，南部隆起山地为苗岭山脉的余系，中部为河谷坝子和丘陵地带。境内海拔属于典型的西南山区丘陵地形，海拔高差较大，独特的地理位置为黄平黄牛的饲养提供了适宜的环境。

（二）气候情况

黄平县属亚热带季风气候区，四季分明，气候温和，雨量充沛。年均气温13℃~16℃，最热的7月平均气温为24.7℃，年均降水量1307.9毫米，昼夜温差大，全年无霜期282天。黄平黄牛较耐寒耐热，黄平县适宜的温度有利于黄平黄牛的生长发育，充沛的降水和较大的昼夜温差，有利于牧草以及农作物的生长，牧草品质好，为黄平黄牛的饲养提供了丰富优质的饲料。

（三）水资源

黄平县境河流纵横密布，属长江水系，有大大小小100多条河流，主要有重安江、舞阳河、平溪河、西堰河、苗里河、野洞河。水利资源比较丰富，地表水年平均径流量8.62亿立方米，地下水径流量年平均2.57亿立方米。全县建有多若繁星的沟塘和引水工程。截至2015年年初，黄平县有中型水库1座，蓄水总量6320万立方米，小型水库34座，蓄水容量2223.86万立方米，黄平县丰富的水资源环境既为黄平黄牛役用放牧时提供了便利的饮水条件，又确保了黄平县牧草和农作物的生长繁殖，保障了黄平黄牛的生长。

（四）草场情况

随着黄平县大力发展畜牧业，牧草面积已达到630万亩。由于土壤酸碱度适中，加之土壤有机物含量较高，黄平本地自然生长的白茅、芒、细柄草、金茅等草被长势良好、品质好。在此基础上黄平县还引进了金银草等适宜黄平县气候的草种，并种植水稻、玉米等农作产品，拓展了饲料的种类，增加了饲料的来源。黄平县独特的地理环境和适宜的自然条件，为黄平黄牛的生长发育提供了优良的环境，这些因素共同造就了黄平黄牛净肉率高，繁殖率高的优良特性。

（五）品种优势

黄平黄牛的品种为黎平黄牛。黎平黄牛是传统地方知名牛品种，入选国家畜禽遗传资源品种名录，特征突出，养殖历史悠长，而黄平县正好是黎平黄牛的主要分布区，在黄平县养殖环境和养殖方式的影响下，经过多年选育，形成适宜当地生态条件的、具有当地特点的新群体——黄平黄牛。且经过长时间的择优选育，黄平黄牛的品质性状已经固定了下来，品质特色有了保障。

三、黄平黄牛产业

黄平黄牛养殖历史悠久。黄平县天然的草场，是黄平发展肉牛产业的坚实基础和最基本条件，为黄平发展黄牛产业提供了物质基础和有利的前提条件。如今，黄平县紧扣黄平黄牛繁殖率、净肉率高、役用性能强、适合山区饲养的优点，结合丰富的天然草场资源优势，大力发展养牛业，为扩大养牛饲料来源渠道，黄平县将玉米、水稻种植和牧草种植两手抓，同时依托南方草地生态畜牧业和石漠化治理建设项目，投资5000多万元，人工种植牧草31000亩，并出台优惠政策，推动牧草种植和饲草料加工产业的发展。对利用荒山荒坡种植牧草的每年每亩补贴1500元，在荒山荒坡实施退耕还林还草的，每年每亩给予500元补贴，对县域内年加工牛羊饲草料1万吨以上的规模饲料加工企业、给予每吨20元的补贴。截至2017年12月，黄平全县牧草种植已达6500多亩。完全解决了黄牛牧草单一、黄牛饲料不足的问题。

2018年，黄平县按照"调结构、拓产业、转方式、降成本、补短板"的思路，以省委省政府实施脱贫攻坚"春风行动"为契机，围绕"一县一业"种草养牛项目，大力推进产业扶贫，采取三项举措推进农业结构调整，全面打赢脱贫攻坚战。黄平县更是大力引进龙头企业以公司为纽带，通过"龙头企业+科研机构+合作社+基地+农户"的运营模式，带动群众走产业化发展道路。加速推动了黄平养牛产业的发展进程。2019—2020年，黄平县针对黄平黄牛这一特色产业，紧紧围绕"一县一业、精准扶贫、产业致富"的发展观念，科学布局规划，整合资金资源，创新发展思路，结合国家地标产品深度剖析黄平黄牛产业，制定出一系列黄平黄牛产业发展的措施和规划，把黄平黄牛产业打造成国家现代农业产业示范基地，成为带动当地人民脱贫致富的重要抓手。

1. 产业定位精准

成立专班、明确专人、制订方案、创新产业规划。明确把黄平黄牛产业的发展摆在脱贫攻坚中的优先地位，坚持创新、协调、绿色、开放、共享的发展理念，依靠黄平良好的自然资源和区位优势，充分发挥肉牛养殖产业的带动效应，切实促进畜牧业增效，农民增收。

2. 科学产业布局

以乡镇为实施单位，以农户为实施个体，划定旧州、新州、谷陇、野洞河、上塘、浪洞、纸房等乡镇为重点实施区域，辐射带动全县11个乡镇，坚持"种草养畜、以草定畜"的原则，推行"农牧结合、饲草分离"的养殖模式，积极发展规模适度的养殖大户，形成规模优势。

3. 落实产业责任

县乡两级分别成立种草养牛产业发展办公室，指导养牛产业发展，制订肉牛产业工作计划，监督项目的实施、验收、后续管理及资金使用。把肉牛产业作为脱贫攻坚的重要抓手，定人定岗定责，细化工作措施，明确时间节点、加大工作推进力度，不折不扣地完成各项目标任务。同时，落实以龙头企业为主体的社会责任，形成"企业联基地、基地联农户、合作社联农户"的肉牛产业发展格局。

4. 完善融资机制

针对大多数贫困农户缺乏资金的实际情况，黄平县整合各方资源，为农户养殖黄平黄牛解决资金问题。农业银行、农商行、村镇银行分别推出"牛保姆""旺牛贷""鑫奔奔"等为黄平黄牛养殖产业量身打造的贷款产品，积极探索活牛等生物性抵押贷款和保单质押贷款的试点建设，争取金融扶贫贷款资金，采取特殊政策和措施，寻找发展突破口，切实解决肉牛产业发展中普遍存在的融资难、融资贵的问题。目前已授信4.5亿元信贷资金用于发展全县黄平黄牛产业。

5. 出台扶持政策

黄平县政府出台《关于加快推进现代畜牧业发展的实施意见》，协调黄平县龙头企业为养殖黄平黄牛的农户代养能繁母牛承担50%的贷款利息，县扶贫办通过小额贷款贴息政策进行补助。实施黄平黄牛养殖项目的建档立卡贫困户，购买能繁母牛每头补助5000元，购买育肥牛每头补助3000元。

6. 完善奖励模式

探索"见犊补母"奖励模式，对饲养10头以上能繁母牛的养殖户，在完成肉牛保险和完善养殖档案的前提下，每产1头牛犊补助1000元。

7. 建立保障机制

在黄平县相关部门的规划下，实施标准化养殖，引导农户在技术、防疫、饲草方面精细化管理，改变以往"靠天养畜"的传统养殖方式，做到生态养殖，科学养殖。充分利用国家和贵州省科技项目对肉牛产业的支持，加强科研院校与养牛产业领域的技术合作，以中国农业大学、贵州大学、贵州省农科院、贵州省草科所、贵州省畜牧兽医研究所等作为技术依托单位，加快对关键领域、关键环节、关键技术的形成系统化攻关和应用推广，促进科技成果转化应用。

8. 提供防疫保障

发挥各级畜牧技术推广站、各乡镇农业技术推广服务中心等在行业科技能力提升与技术服务指导方面的关键作用，配齐配强镇村畜牧兽医技术员，加强疫病防控工作，一旦出现疫情，及时上门免费服务，降低养殖风险和成本。

9. 饲料保障

利用"粮改饲"项目对养牛户种植青贮玉米进行补贴，推进饲草改良、加工，完成青贮玉米、高产牧草种植1.62万亩，产值280万元。引进牧草公司1家，确保冬、春季草料供应。

10. 建立生产基地

根据每个乡镇实际情况，建立年出栏黄平黄牛200至1000头以上的规模养牛场（企业、合作社）3个，出栏100头以上的规模养牛场（企业、合作社）8个，出栏50头以上的规模养牛场（企业、合作社）33个。其中，有省级龙头企业2家，州级龙头企业1家，国家级畜禽养殖标准化示范场1个。

11. 发展加工企业

贵州黄平牛老大食品有限公司始建于1984年，2010年被评为贵州省级扶贫龙头企业和农业产业化经营重点龙头企业，多年来"牛老大"产品开发和品牌建设逐步完善。黄平县充分发挥"牛老大"食品公司品牌效应，实现肉牛饲养、加工全产业链发展，现已形成7个品种类型40多个规格的牛肉干系列产品。公司年生产牛肉熟制品达到300吨，目前正在进行异地搬迁扩建，扩建后将达到年产牛肉熟制品800吨的生产能力。

12. 拓展产销对接

通过建立线上线下销售平台、打造"黄平黄牛全牛宴"、加强肉牛交易市场建设等措施，促进肉牛及其产品市场流通，实现"农户+基地+市场"的有效对接。

截至2020年，黄平县全县黄牛存栏5.32万头，出栏2.82万头，产值达4亿元。黄平县已经建成黄平黄牛养殖小区7个，现有25头以上规模养牛场（企业、合作社）115个，累计投入资金3.5亿多元，先后实施了南方草地生态畜牧业建设项目、南方草地科技扶贫种草养牛项目等。获得政府贴息补助的黄平黄牛养殖农户48户，养殖黄平黄牛1100头，已实现建档立卡贫困户利益联结分红325万元，产业建设带动农户4710户，户均年增收15000元。

四、黄平黄牛地理标志产品品牌化

2020年，黄平县初步构建起黄平黄牛产业发展体系，黄平黄牛作为区域品牌已被大众所认知，黄平黄牛产业已经发展成为来自黄平县的区域公共品牌，形成了黄平县特色"地域名片"。

作为农产品地理标志保护产品的黄平黄牛其产业特征具体表现为以下六个方面。

1. 品质方面

黄平黄牛在同类产品中有突出的品质特色，因为当地的自然和人文关联因素而呈现出这样的品质，借助后续的管理和监督，保证并提升产品质量。

2. 环境方面

县境内自然天成的生产环境，赋予了适宜黄牛养殖的特殊环境条件。

3. 饮食方面

县境内长久以来形成的食牛肉的文化环境，其特殊的加工工艺，彰显出其独具特色的品质。

4. 标准方面

县委、县政府高度重视其产业的发展，相关部门牵头制定相关标准体系，规范化生产，保障品质。

5. 营销方面

结合现代营销模式，建立先进的销售渠道和模式，树立产品独特的形象。

6. 文化方面

深度挖掘产品的历史文化内涵，提升产品价值。这不仅是黄平黄牛作为农产品地理标志产品所具备的特征，也是黄平黄牛作为地理标志产品品牌化的必要措施和方法，以质量特色为基础，以监督管理为保证措施，通过加强品牌形象与消费者建立深层联结，实现产品知名度扩大化，最终彰显产品独特的价值。

打造区域公用品牌是强农富农的重要途径，是带动农民增收致富的重要抓手。区域公用品牌的价值在于证明该区域内具有突出特色品质的优质农产品，并且该产品能使区域内农业企业、合作社、农户等共同成长和增收，最重要的是该产品的品质质量和形象有该区域的地方政府亲自背书。2017年中央明确提出，推进区域农产品公用品牌建设，支持地方以优势企业和行业协会为依托打造区域特色品牌。2019年6月，国务院印发《关于促进乡村产业振兴的指导意见》，实施农业品牌提升行动。农业品牌建设就此驶入"快车道"，区域公用品牌呈现快速发展势头。地理标志产品品牌化自然就成为最符合其发展态势的路径。

让品牌成为地理标志产品和区域特色产业的代表性符号，以品牌建设促进品质提升。通过品牌引导扶持产业生产，提高产品档次和附加值，增强其增收能力。

《中国区域农业品牌发展报告（2019）》指出，我国区域农业品牌在政府背书、地域文化、辐射带动等方面优势明显，但也存在着品牌同质化、品牌保护欠缺等短板。这也是黄平黄牛地理标志产品品牌化需要解决的问题。乐观的是黄平县人民政府已经认识到地理标志产品品牌化的实施意义，已经通过制定地理标志产品监督管理办法，制定黄平黄牛团体标准体系，打造黄平黄牛区域公共品牌可视化 VI 系统，创建黄平黄牛品牌形象，提升黄平黄牛的品牌效应。

区域公用品牌是一个地区的名片，彰显着当地的特色品牌，拉动产业发展，提高产品附加值，既能增强地区的辐射力和吸引力，又能激发当地人民的自豪感和荣誉感。黄平县牢固品牌农牧理念，推进黄平黄牛产业高质量发展。

为进一步加强黄平黄牛地理标志的宣传、推广和使用，讲好地理标志品牌的故事，提高产品的"软实力"。黄平黄牛获批地理标志产品只是一个开始，下一步工作的重中之重是打造地理标志品牌。充分发挥政府的主导作用，高位推进。依照"政府主导、企业运作、协会带动"的工作路径，高标准策划，高质量管控，做好区域品牌顶层设计，深入挖掘黄平黄牛独特的品牌价值，系统构建黄平黄牛区域公用品牌的战略体系，大力推动黄平黄牛产业发展。全力发挥企业市场主体的作用，发展特色优势产业，申报绿色食品、有机产品认证。依托黄平黄牛生产加工龙头企业，构建"公司＋商标（黄平黄牛）＋基地＋农牧户"的利益联结机制，将农牧户纳入地理标志产业体系，形成标准统一，价格保护，品质保障，共同拓展黄平黄牛产业市场，助推黄平黄牛产业高质量发展。尽快落实"黄平黄牛团体标准体系"的建设，全面实施标准化生产，实现全产业链标准化运作。建立一套完整的黄平黄牛可追溯体系和大数据平台，推动黄平黄牛品牌产业化发展。

五、黄平黄牛农产品地理标志产品发展

随着我国农业发展进入新常态，调整产业结构，转换宣传方式已经成为促进产品产业增效的新引擎。农产品地理标志作为重要的区域公用品牌，在提高产品竞争力方面作用显著，而对于获得农产品地理标志登记的区域，登记也仅仅是一个开始，整个品牌的建设仍需要全面立体地加以强化。

创立品牌。立足黄平县独特的自然生态环境、黄平黄牛独特的生产方式、黄平黄牛所具备的产品品质、人文历史四个地理地标的核心要素，挖掘其产品亮点，做到"人无我有、人有我特"。

培育标识使用。黄平黄牛农产品地理标志登记证书持有人以及相关部门应大力培育和扶持黄平黄牛农产品地理标志标识使用人，发挥其带动作用，并在政策支持、税收、补贴等方面给予具体的帮扶。

品牌管理。强化黄平黄牛的产品质量管控，确保其核心特色品质稳定，防止其特色品质退化，更不能出现质量安全等问题。

健全地标产品配套制度。制定并出台黄平农产品地理标志各类配套制度，严格规范产区，合理调控产量，加强对生产经营者的培训和指导。

建立品牌形象。规范黄平黄牛名称、符号、标识、口号等公共性要素，形成统一的、清晰的、足够的视觉辨识度。

品牌传播。加强黄平黄牛农产品地理标志的宣传，讲好黄平黄牛的文化和品牌故事，提高产品"软实力"；创建黄平黄牛产业示范区，发挥榜样力量，形成经典案例，实现文化传承；结合新媒介，开发电子商务新领域，组织征文"选秀"，扩大社会影响，强化文化认同；积极参加交流展览，抓住当前地理标志产品的国际机遇，与国际地理标志产品进行互认和交流合作。

质量保护。建立黄平黄牛可追溯溯源体系，保证黄平黄牛地理标志产品可以保真溯源，有地可查；加强自律管理，对不符合要求的产品及主体及时进行清理退出，保障品牌声誉；强化依法管理、依规用权，做

好黄平黄牛地理标志监督检查，打击假冒伪劣产品，维护黄平黄牛地理标志产品的正宗形象。

六、小结

农产品地理标志是推进优势特色农业产业发展的重要途径和有效措施。国家对特色农产品实行地理标志保护，旨在打造农产品区域性品牌，促进农业产业化发展和高效农业发展，规范特色农产品市场竞争秩序。

农产品地理标志是一种农产品品牌，实行授权使用，谨防滥用行为伤害集体商标。保护黄平黄牛这一品牌商标，可以授权规范的或规模化的企业使用，实行规模化生产管理，让企业去履行黄平黄牛地理标志产品质量和信誉的维护责任。

同时，当地政府应强化品牌化管理意识，积极引导企业开展同行监督。在此基础上，政府及有关部门要做好相关的引导及服务工作。为黄平黄牛品牌化管理搭建平台，引导企业和农户积极参与到黄平黄牛地理标志产品的建设和管理当中，为企业与农户构建一个良好的经营环境，有条件的可以建立行业协会，形成共同遵循的行业规范，强化对养殖方式、养殖环境、饲料使用、加工工艺、出厂检验等全环节的约束和监管。同时，应加强监管力度，形成常态化、长效化的监管机制，建立健全覆盖全产业链的监管措施和制度，完善黄平黄牛产地溯源机制，做好源头管理等。

依靠"网络带动、科技支撑、平台推广、质量保护"等措施扩建黄平黄牛农产品地理标志知名品牌。通过借助"互联网+""科技+""平台+""法律+"等宣传推广方式扩大黄平黄牛农产品地理标志品牌知名度，延伸"线上线下"注册、运用、保护地理标志基准线；走科技兴农之路，提升地理标志农产品的产量和品质；发挥平台效应，提升地理标志品牌知名度。

依靠"地标名片"+"区域公共品牌"的发展模式和发展措施，助推黄平黄牛产业向标准化、规模化、品牌化、品质化、深度化发展。

B.12 黄平白及地标品牌与产业发展报告

姚鹏* 苏桢** 杨志敏***

摘　要：黄平白及是贵州省有名的道地药材，在黄平县有着悠久的栽培及用药历史。当地系少数民族聚居地区，白及历来便是当地民间常用药，也是当地的苗医用以治疗结核病的主药。长期的白及种植和药用经验积累，赋予了黄平白及丰富的人文因素及鲜明的品质特色。在绿色发展与生态文明建设的今天，通过地理标志保护制度中的地理标志产品质量控制、地方标准的制定、技术培训计划、招商引资政策以及区域品牌的打造等方面的具体技术路线，可以有效地助推地理标志产业的发展及变革，使黄平白及产业真正实现产业化、规模化、集团化的发展，从而实现我省乡村振兴战略的既定目标，也能协同推进人民富裕、贵州自强与贵州美丽。

关键词：黄平白及；地理标志；产业发展

白及作为我国的传统中药材，早在中医四大经典著作之一的《神龙本草经》中就将其收录为下品，明代医药学家李时珍所著的《本草纲目》中也记载白及有"其根白色，连及而生，故曰白及。其味苦，而曰甘根，反言也。吴普作曰根，其根有曰，亦通。"在2020年版《中国药典》一

---

* 姚鹏，男，贵州省社会科学院助理研究员，研究方向：地理标志产品保护、生态学。
** 苏桢，男，黄平县药材产业发展服务中心副主任，农艺师，研究方向：中药材规范化种植。
*** 杨志敏，女，黄平县药材产业发展服务中心副主任，农艺师，研究方向：中药材种植技术推广。

部中，白及为兰科植物白及Bletilla striata（Thunb.）Reichb.f.的干燥块茎。其味苦、甘、涩，性凉，归肺、胃、肝经。具有收敛止血、消肿生肌的功效，主治于肺胃出血、外伤出血、痈肿疮疡、皮肤皲裂、水火烫伤等病症。黄平白及是贵州省有名的道地药材，在黄平县有着悠久的栽培及用药历史，当地系少数民族聚居地区，白及历来便是当地民间常用药，也是当地的苗医用以治疗结核病的主药。长期的白及种植和药用经验积累，赋予了黄平白及丰富的人文因素及鲜明的品质特色。黄平白及作为黄平县重点扶持和资助的扶贫产业，通过技术手段改进，成功培育了高产易植的优质白及，实现规模化种植，现已成为贵州最大的白及生产基地之一，通过"政府+科研院所+企业+农户"的模式，建设白及生态种植基地，帮助贫困农民增收致富。

地理标志保护制度最早源自法国，《保护工业产权巴黎公约》首次提出了对"货源标记"的保护，在明确了"货源标记"即地理标志原产地概念的同时，也明确地提出了对地理标志产品的产地来源进行有效的保护。地理标志保护制度是一种行之有效的促进产业发展的制度，地理标志保护本身也是一种经济行为，而这种经济又是典型的绿色循环经济。在绿色发展与生态文明建设的今天，通过地理标志保护制度中的地理标志产品质量控制、地方标准的制定、技术培训计划、招商引资政策以及区域品牌的打造等方面的具体技术路线，可以有效地助推地理标志产业的发展及变革，使黄平白及产业真正实现产业化、规模化、集团化的发展，从而实现我省乡村振兴战略的既定目标，也能协同推进人民富裕、贵州自强与贵州美丽。

一、地理标志保护助推黄平白及产业化发展的重要性

（一）地理标志保护制度是打开旧农业思维枷锁的一把钥匙

地理标志保护制度天生就与市场有着密切的关系，地理标志产品本身是在为市场创造价值，其在取得认可和繁荣市场的同时，市场也助推

了地理标志产品的发展，形成一种良性的发展循环。同时，地理标志保护制度也是市场对于优质产品的一种准入机制，其在认证的过程中，能有效地规避那些低质、劣质的产品。在这一机制的刺激之下，生产者自然就会自主地去选择生产那些质优的地理标志产品，为自己带来更大的利润空间，这也促使生产者转变其生产模式，去迎合市场对优质产品的需求，从而树立现代市场的经济观念。特别是在当前黄平白及产业化发展起步较晚的情况下，白及种植大多数还停留在传统的种植模式之下，由地理标志产品认证带来的效益能有效打破旧农业思维枷锁而与市场接轨，让农民持续增收、脱贫致富。

（二）地理标志保护制度是实现黄平白及产业发展模式跃升的助推器

地理标志保护制度其本质就是对产品的质量控制及品牌打造，且两者也是相辅相成的互生关系，优质的产品质量保证了品牌在市场中的树立，品牌的树立带来了更多效益，效益又稳定及提升着产品的质量。在产品的质量上，地理标志产品的认证代表着市场对其的认可以及对质量的高要求，这也就代表了对该产业发展的高要求，生产经营者为能在市场中立于不败之地，追求更多的利润，其必然会迎合市场的最新需求，以全产业链的视角进行考虑，不断地提升、更新自身的生产技术、生产模式，工具等软、硬件条件，创新产销对接、利益联结机制。而对于品牌而言地理标志产品的认证本身就是对一种区域品牌的打造，这一区域品牌在市场中不断成长壮大，为消费者所熟知且具有一定市场价值，所以地理标志保护制度的实施在直接带来较为客观的经济效益的同时，也能在一定程度上刺激产业发展模式不断跃升。目前黄平白及产业面临着起步晚、基础设施落后、技术力量薄弱等问题，但黄平具有栽种白及得天独厚的自然与地理环境，其白及产量大、质优，而黄平白及这一具有独特品质特征与质量声誉的地理标志产品，构成了当地经济发展的精品，是推动黄平经济发展的新引擎。

（三）地理标志保护制度是整合各行政职能部门推动黄平白及产业发展的有效黏合剂

2020年4月30日，根据国家农业农村部第290号公告，黄平白及成功申报为农产品地理标志登记产品，同时黄平县境内的黄平黄牛及黄平线椒也成功申报为农产品地理标志登记产品，随着地理标志产品的增多，黄平县的地理标志产业逐渐扩大，当地政府也越来越重视对该产业的引导、扶持、管理及服务，这就促使了各行政职能部门进行协同配合，不断提升及转变对于地理标志产业的管理及服务的工作模式，将各项工作任务落实、落地、见效，在实现黄平白及产业发展壮大的同时推动产业扶贫和农村产业结构调整。当地人民政府结合实际情况出台相应地理标志管理办法及申报地理标志奖励机制，科学指导、分配、协调政府各部门履行各自职能与责任，推进区域内地理标志产品的保护与管理，促进地域范围内公共区域品牌的打造与建立；市场监督管理部门负责组织地方地理标志产品申报相关工作，组织相关部门、企业、合作社等制定地理标志产品地方标准，对标准使用者进行监督管理，组织进行地理标志产品标示申请使用工作，对标示使用进行监督管理，培育当地地理标志产品潜在资源，组织当地企业、合作社等机构进行地理标志相关知识及法律法规的培训工作，组织协调相关部门进行示范区建设工作；农业部门负责对当地企业、合作社、协会等机构的地理标志产品养殖、种植、加工的技术指导，组织相关机构进行技术培训；环保部门负责地理标志产品生产环境监理和环境保护行政稽查，负责生态环境保护，负责环境监测、统计、信息主管工作，推动地理标志产品生产者参与环境保护；宣传部门负责地理标志产品宣传工作，通过纸质媒体、电视媒体、互联网、新媒体等多种形式对地理标志产品进行宣传推广，增强地理标志产品知名度，促进地理标志产业发展；财政部门严格把好地理标志相关资金的分配使用，保证地理标志产业发展。

二、黄平白及与地理标志的关联性分析

地理标志制度与黄平白及产业发展有着紧密的关系。地理标志保护制度中保护的核心内容主要包含两个方面，首先是对产品的品质特征进行保护，而产品的品质特征的形成与其特定的地域环境有着密不可分的关系，地理标志产品的地域环境主要包括原产地的土壤、气候、海拔、水质等先天自然环境因素。其次是对产品的名称进行保护，地理标志产品名称的构成有的是产地名称加上产品名称，也有的是在该产品的生产区域内由多年的传统及大众的普遍认知造就的习惯商品名称，这种形式的名称保护实质就是由人文因素所形成的，以体现该产品所在产地的特有历史文化、本土知识、特有技艺工艺配方等。

（一）黄平白及自然因素分析

1. 黄平县温和湿润的特殊气候为白及提供良好的生长条件

黄平县地处黔中丘原向黔东低山丘陵过渡地带，地势由西、西北向东、东南部逐渐降低，山脉多呈北东走向，地形为北部山地隆起，为黔北高原武陵山脉的延伸，南部隆起山地为苗岭山脉的余系，中部为河谷坝子和丘陵地带，最高海拔1367米，最低海拔519米，较大的地理落差形成了特殊的气候环境。县境属亚热带季风气候区，四季分明，气候温和，雨量充沛。年均气温13℃～16℃，最热的7月平均气温为24.7℃，年均降水量1307.9毫米，年日照时数1104.7小时，总体上有春暖秋和、冬暖夏凉，温暖湿润的气候特点。境内地形起伏大、类型多，因受地形、地势和海拔的影响，土壤、气候、生物均有立体分布的特点，全县森林覆盖率高达59.64%，日照少，辐射弱，春秋两季多阴湿雨，契合了白及喜阴耐湿的生长习性。白及在生长发育过程中喜较阴凉湿润气候，怕严寒，年平均气温在14.6℃左右，生长旺盛，低于12.5℃时生长不良。在0℃时和遇到低温霜冻时，常导致白及鳞茎冻伤或冻死。对土壤的含水量

要求在25%到30%，含水量过多，则会引起白及鳞茎及根系的腐烂甚至全株死亡。白及的栽种环境在年平均降水量1200毫米左右，在相对湿度75%到85%的地区其生长发育良好。白及一般于3月出苗，4月进入开花期，5月至7月为植株的结实期。同时这一时期也是白及植株生长的旺盛期，地上部分生长迅速，直至7月下旬白及的地上部分不再变化，8月下旬植株进入倒苗期，地下部分生长缓慢，直到10月植株完全倒苗。黄平县境内于2月中旬开始逐渐回暖，年均最低气温5℃，极少低于0℃，保证了白及的顺利出芽和冬季鳞茎的冬眠；全年的降雨集中在5月到10月，为处于生长旺盛期的白及提供充足的水分，满足了白及对温度、水分及弱光的要求，为黄平白及提供了良好的生长条件。

2. 黄平县土壤多呈弱酸性到中性，土壤有机质含量丰富，适宜优质白及种植

黄平县境内多山地、丘陵、河谷盆地，低中山分布在县域西部、西北部、北部及南部地区，海拔多在1000米以上；丘陵分布于中部、东南部。海拔多在700米至1000米；盆地俗称"坝子"，有旧州、平溪河谷盆地，呈狭长形。土壤类型多样，多石灰土、黄壤、红壤和黄棕壤，其中石灰土和黄壤共占全县土地面积的80%以上。县境有大小河流100多条，中、南部有舞阳河、重安江、苗里河，属长江流域洞庭湖水系，流域面积1236平方公里，占全县总面积的74%；北有平溪河，属长江流域乌江水系，流域面积316平方公里，占全县总面积的19%；全县河网密度每平方公里0.41公里。在县境的沟边林下、灌木草丛多分布着野生白及，丰富的植被资源还提高了土壤肥力，涵养水土。白及是浅根性药用植物，其鳞茎在土中10厘米到15厘米以上，所以对土层厚度的要求也在30厘米左右，具有一定肥力，含钾和有机质较多的微酸性至中性土壤，有利于白及鳞茎生长，产量高。土层瘦薄，易于板结的土壤，鳞茎生长不正常，呈干瘪细小状态，产量低。过于肥沃的稻田土，含氮量过多的土壤，会引起白及地上部分陡长，其假鳞茎反而长得很小，产量也不高。在县境海拔600米到1200米的中低山、丘陵、盆地等地区，土层厚度多大于30厘米，土壤有机质含量多在1%到4%，速效钾含量多大于

100ppm，土壤 pH5.0 到 7.0。土壤疏松、肥沃，润湿，植被生长茂盛，为种植优质白及提供良好的环境条件，见表 12-1。

表 12-1 白及的生长习性与黄平县自然概况对比

黄平县自然环境	白及生长习性
年均温度在 15℃~16℃	14.6℃左右生长旺盛，低于 12.5℃生长不良
年平均降水量在 1200~1400 毫米	年平均降水量 1200 毫米左右生长良好
以石灰土、黄壤、红壤为主，小面积的山地黄棕壤、燥红土、紫色土等，呈弱酸性至中性，速效钾含量多大于 100ppm，有机质含量 1%~4%	浅根系植物，土层厚度 30 厘米左右，具有一定肥力，含钾和有机质较多的微酸性至中性土壤

（数据来源：作者依据相关文献汇总所得。）

（二）黄平白及人文因素分析

白及具有收敛止血、消肿生肌等功能，是著名中药材，在民间拥有悠久的药用历史。黄平县文化底蕴深厚，自然风光旖旎，民族风情浓郁，当地苗族、僾家人、汉族等民族勤劳而智慧，有可追溯到 2300 多年前的"且兰文化"，素有"且兰古国都·云贵最秀地"之美誉。由于其独特的自然环境和良好的生态条件，境内分布着大量野生白及。1986 年 8 月至 1987 年 6 月黄平县进行中草药普查，大宗药材中就包括有黄平白及。《贵州民间药方集》记载"白及，多年生草本。生于山野草坡。我省各地均产，水城、黄平最多。""主治：肺痨咯血。白及 16 克，水煎，日服二次"。在黄平民间，识药者多用白及治疗多年肺痨咯血，用白及磨粉以糯米单用饮调服；还可与三七配伍，一敛一散，既可增强止血作用，又去留瘀之弊。同时黄平白及的生长除了与当地适宜的气候有着不可分割的关系以外，还与黄平县苗族有着密切的关系。黄平苗族妇女盛装服饰有一组成部分是百褶裙，制作过程大多是用自织自染而成的深紫色土布铺置于草地或晒席上面，然后喷洒白及水汁（苗语叫"vub jut"）在其上，再用双手拇指折叠成一个个高低一致的褶皱，之后再次喷白及汁并用棉线连起来，使之定型。黄平白及的汁液黏性较强，是当地苗族妇女百褶裙最初的定型剂。

黄平白及是一种药用价值非常高并且极具观赏性的植物。中医认为白及性味苦、涩、寒，质黏而涩，入肺、胃、肝经，具有收敛止血、消肿生肌的功能。现代医学证明，白及具有较强的抗氧化和抗衰老作用，可用于保健、护肤及美容养颜。白及中含有的多糖胶成分还可应用于日化产品中，替代化学增稠剂，并具有减少刺激性、保护皮肤、延缓衰老等功能。白及作为兰科植物其叶态优美、花型独特、花大色艳，姿态秀雅，具有很高的观赏价值。可在花径、山石旁丛植，或用作稀疏林下的地被植物，也可用来布置花坛和作为室内观赏花卉等美化环境。白及含较高的黏液质，因此除了观赏价值和药用价值外还可以作黏合剂，它既可作中药材野山参断须的修复剂，也被用作工业生产中的黏合剂，例如，在卷烟生产中，卷烟的烟头就是用白及作黏合剂，装裱字画的黏合剂也是白及制作的。而且它含有较高的营养成分和淀粉，可以直接食用。另外，随着研究的不断深入和开发利用，白及应用的范围越来越广泛，市场对白及的需求量也越来越大。

三、黄平白及产业发展现状

黄平白及是贵州省具有代表性的道地药材，产品知名度一直很高。一方面，黄平县是贵州野生白及的主要分布区域，当地生长的白及个大色白，质量优异；另一方面，黄平县民间民族医药文化丰富，黄平白及常常作为当地治疗消化道疾病的常用药。在长期的生产实践中，黄平白及已融入当地日常生活。近几年来，黄平县依托优越的自然气候和地理条件，调优农业产业结构，按照产业化扶贫思路，围绕打造大健康医药产业目标，全力建设"万亩白及"基地，拓宽农户增收渠道，助力脱贫攻坚。借助产业优势，抢抓国家大健康生态项目发展机遇，以建设现代高效大健康产业为着力点，带动群众脱贫致富，黄平县目前已成为贵州省最大的白及标准化种植基地之一，积极壮大药材专业化生产基地和生态产业园区，重点打造中国苗药生态园、珍稀药材产业园为主的药材基地，全面推进大健康产业纵深发展。

B.12 黄平白及地标品牌与产业发展报告

黄平县培育壮大了一批药材龙头企业，推进黄平珍稀药材产业园有限公司、贵州百利生物科技发展有限公司、安徽振扬农林生态开发有限公司、野洞河药材种植专业合作社等龙头企业发展，培育珍稀濒危药材白及品种，实施白及中药材种苗规范化生产标准操作规程示范基地建设。黄平县通过招商引资引进企业和发动群众种植等形式，大面积推广种植白及，逐步形成了"公司+合作社+农户"的模式，很多贫困户被捆绑在其中共同发展。

此外，由于管理的需要，大量的劳动力进入白及基地劳作，出现了大量"产业工人"，呈现出了"打造一片基地，解决一方就业"的效果。黄平白及中药材全产业链项目是以黄平白及饮片以及活性成分的提取分离和产业化为核心内容，以建设国内领先的"白及饮片生产基地+精深加工基地"为核心定位，打造国内领先的"集白及提取分离、产品研发、技术孵化、市场销售"于一体的产业化基地和龙头企业，为打造黄平白及在全国的龙头地位提供强大的平台支撑、技术支撑、产业支撑和品牌支撑，增强黄平白及产业的核心竞争能力，促进黔东南州乃至全国白及生物医药大健康产业，推动黄平县中药材成果转化，促进全县社会经济健康发展。

2015年，黄平县引进安徽振扬农林生态开发有限公司，投资2.8亿元发展珍稀药材白及。为使项目投产达产，黄平县实行：一个项目、一位领导、一个部门、一套班子、一抓到底的"五个一"跟踪落实制度和对项目进行跟踪服务责任分解，加强对该项目的跟踪服务管理，做好、做实相关服务工作。同时，帮助解决企业亟待解决的水、电、路等问题，确保该项目建设进度顺利推进。该项目位于黄平县新州镇东坡村，种植面积约2000余亩，包括综合管理服务中心、珍稀药材良种繁育中心、特色中药材标准化示范种植区、珍稀药材加工区、新农村建设实验区和生态休闲旅游观光区。目前，已启动建设实验室2400平方米、大棚2300平方米；完成建设白及炼苗连栋温室大棚800平方米，普通温室大棚2160平方米，100万株白及苗工厂化炼苗管理；示范推广白及林下种植10亩，实施青钱柳套种白及300亩。该项目为黄平县老百姓脱贫致富打开一条新通道，推进黄平大健康医药产业健康发展。

黄平县将打造"白及之乡",截至2020年,黄平县的白及种植面积达到了6000多亩,投入1.5亿元,其中该县谷陇镇、一碗水乡的种植面积最为广大,力争3年完成5万亩的种植目标。

四、地理标志制度助推黄平白及产业化发展的对策建议

(一)发挥政府主导作用,统筹推进黄平白及产业化

首先是发挥政府对黄平白及产业发展中的政策保障作用,出台相关助推黄平白及产业发展的优惠扶持政策,如黄平白及地理标志产品管理办法的出台、招商引资、土地转让、财政资金扶持及投入、企业税收减免、产品价格补贴、农业灾害补偿等。其次是政府要加大对如黄平白及产业中的组织载体的扶持力度,地理标志产业体系的构建需要有一定的载体来执行,目前黄平白及还难以实现规模化生产,家庭式、作坊式还是其主导生产模式,这也阻碍了产业化的发展;政府可通过制定相关优惠政策来扶持黄平白及生产企业、协会及合作社来推动该产业的扩大发展,如"地理标志产品+企业+农户+基地""地理标志产品+协会+企业+基地"以及"地理标志产品+农业专业合作社+农户"等方式。同时加大对黄平白及的对外宣传推广力度,扩大其销售市场,可利用多种渠道及形式的宣传手段,如网络、电视、电台、杂志报纸、展览展销会及新兴媒体等多种媒介,同时在宣传推广中与"多彩贵州"及"黔货出山"等理念相融合,在拓宽产品销售市场的同时再次着重宣传"贵州原产地"的标签。最后是需在政府的主导作用下打造黄平白及的地理标志公共技术服务平台,对现有的产业优势资源进行不断整合,挖掘共性技术的突破口,加强对服务模式的创新和对示范应用的加大推广,持续加强对地理标志产品公共技术服务体系的构建及完善,充分发挥科学技术对黄平白及产业发展的支撑及引领作用。

（二）以"农村产业革命"为契机，促进黄平白及产业化发展

当前黄平白及产业化发展虽取得了一定的成绩，但在质上还面临着诸多的问题，而最为突出的问题就是产业化程度不高，这与整个白及产业的产业化基础较弱、起步较晚有着一定的关系，但"产业"作为一种定量归根结底还是需要"人"这一变量来实现其发展与突破，所以通过"农村产业革命"引发的思想观念、发展方式和工作作风的大转变，必然会有力地促进黄平白及的产业化发展。从企业发展的角度出发，在地理标志保护制度下的标准化生产、加工、管理及销售，有利于对现有资源的优化配置，促进整个产业的结构调整，转变产业的传统发展方式，创新企业管理模式，推进产业升级，从而推动农村产业的产业化发展。同时地理标志保护制度也有利于实现区域内的产业集群，以进一步推进产业的规模化发展。在强大产品品牌的影响下，通过地理标志保护制度中对品牌名称保护产品的质量控制，助推一批产品企业的发展壮大。在品牌的"辐射效应"及"边际效应"的作用下，黄平县不断地吸引社会资金及新兴企业投入对地理标志品牌的打造中，从而实现资本及生产企业的集群。而在资本及企业的集聚与扩散效应的作用下，黄平县可以集中产业中的各种优势资源以推动整个产业链条的拓展，促进产业的规模化发展。农村产业的规模化及产业化发展在为企业带来可观的经济效益的同时，也会较大幅度增加农民的经济收入，促进地方经济社会的整体发展，这又将进一步推动产业的持续健康发展。同时，地理标志保护制度的实施还能实现产业发展与生态环境保护的有机统一，通过地理标志保护制度中对产品的产前、产中及产品的质量进行技术控制，最大限度降低生产及消费过程对生态环境带来的影响，以尽可能地利用产品资源，降低产业污染的产生，最终达到产业与自然、社会环境系统可持续发展、和谐统一的目的。

（三）有效运用产业发展"八要素"与地理标志保护制度，实现产业发展与地理标志保护的有机融合

农村产业革命"八要素"，即选择产业、培训农民、技术服务、筹措

资金、组织方式、产销对接、利益联结、基层党建，这八个方面与地理标志保护制度的内容均能进行有机的融合。

选择产业的关键点是因地制宜及特色凸显，而这两点也是孕育地理标志产品的内在属性，在特定的自然环境（温度、湿度、海拔、土壤等）中出产的具有鲜明质量特征的产品是成为地理标志产品的必要条件之一，所以从一定程度上讲产业的选择也是对地理标志产品的选择。

推动农村产业发展的主力军及力量源泉无可置疑是农民，而农民的能力及素质的提升也就成为产业健康快速发展的关键，所以必须加强对广大农民的培训及引导，以造就一批具有新思维、能运用新技术、懂得现代市场经济规律的新型农民；地理标志权作为一项新型知识产权，对其的理解及利用不能只是停留在申报及管理层面，更需要加强对地理标志产品的生产制造者的培训力度，将地理标志的意识深入他们的生产行为中，这样才能最大限度发挥地理标志带来的社会、经济、生态等效益。

农村经济振兴的根本是需要以科技来支撑，满足各种农村产业对科学技术的需求不单是解决人民日益增长的美好生活需要和不平衡、不充分的发展之间的矛盾的有效途径之一，也是进行农村产业革命的重要内容；地理标志保护制度的根源实则是将新的科学技术引入传统产业中，有效联合"产、学、研、教、用"的协同作用，以引领及推动黄平白及产业在做大做强的同时进行转型升级，所以地理标志保护也是对农村产业的一种技术服务。

产业的运行与发展离不开对资金的筹措，没有了资本的投入农村产业经济也就成了无源之水，所以需要以市场为主体，政府着重引导的方式，吸纳社会中各类市场主体参与，运用各种形式筹集产业发展急需的资金，以夯实产业培育及发展的基石；地理标志保护制度的实施是在对产品的质量进行严格管控的同时，着力打造地理标志产品这一金字招牌，以发挥其品牌效应，从而吸纳更多更广的社会资本投入地理标志产品生产及品牌建设中来，而地理标志产品体系的构建将会更大限度地发挥黄平白及品牌的影响力及号召力，以吸引全国百强企业乃至优质的跨国企业财团对黄平白及产业的关注及投资，强有力地助推黄平白及产业的发展。

在组织方式上要有效发挥其优化资源配置及积极带动广大农民的作用，优化资源配置就是要妥善利用各种基层组织的作用，调动集聚各方力量，促进资源共享实现优势互补，带动农民就是要坚持"强龙头、创品牌、带农户"的思路，支持黄平白及企业大发展，注重品牌打造和推介展销，明确农民在产业链、价值链、利益链的位置，保障农民利益；地理标志保护本身也是一种经济行为，自然会对现有行业的优势资源进行合理的分配，同时地理标志作为公共的区域品牌，本身具有很强的组织功能，能将以个体生产的农户聚集起来，按规范统一的标准进行生产及加工，并以统一的标识进行包装销售，从而实现生产经营的产业化、规模化，以提升产品的附加值来实现区域内黄平白及的规模化生产。地理标志也避免了区域内企业及农户对品牌建设的再次投资而分享现有地理标志的品牌利益。

农村产业的发展离不开有效的产销对接，在产销对接中要充分发挥市场主体的主导作用，转变传统的发展方式，树立现代市场经济观念，有效利用黄平的生态、气候及环境优势，在白及的品种、栽培、采收、加工、储运、销售等产业链的各个环节中压缩成本并提升产品品质，通过"企业+农户+基地""协会+企业+基地"以及"农业专业合作社+农户"等组织模式将农民与市场连接起来，让黄平白及像"泉涌"一样流出大山、流向世界；地理标志的认证及使用，在为地方经济注入发展新活力的同时，也能为产品的生产经营企业带来核心竞争力及无限的商机，地理标志产品的产生与其所在的特有的地理区域环境有着很强的关联性，从而形成一种特有的产品资源，而这一特有资源在市场上会形成较强的比较优势，当比较优势较大时就会形成产品在市场上的绝对优势，以提升其在市场上的竞争力和价格水平。

发展壮大农村产业的主体是农民，农民的增收致富离不了农村产业，这一相互依存的关系就要求必须对利益联结机制进行不断创新，拟订科学合理的利益分配方案，充分激发企业、农户、基地各种生产要素的活力，使企业与农民的利益联结更为紧密而形成"利益共同体"，不断提升农民的生产积极性，最终实现产业发展效益的最大化；地理标志能有效拓展延长产业链，产业链的拓展延长在增加产品附加值、为生产运营者带来更多收益的同时，也会提供更多的就业机会和岗位，从而拓展农民转移就业渠道，增加农民工资性、经营性收入，地理标志也能有力助推产业链下的各个环节标准化、规范化的发展，而在标准化及规范化的发展中必然会形成一种行之有效且让产业内各位参与者互利共赢的利益联结机制。

农村产业的发展必须将夯实"基层党建"作为定海神针、固本之举，农村产业的发展必须有一个正确的航行方向，这样才不会在汪洋中迷失且到达胜利的彼岸，当前省委省政府已为全省的农村产业发展指明正确的方向，而贯彻落实这一方向则需要各个基层党组织的共同努力，所以必须加强基层党建，充分发挥基层党组织的战斗堡垒作用，发挥基层党员干部"领路人"的作用；地理标志产品黄平白及作为初级农产品，基本都来源于广大农村地区，所以黄平白及产业的发展更离不开基层党建，只有牢筑基层党建以发挥其示范带动广大农民群众的作用，才能为黄平白及产业发展奠定牢固的群众基础。

B.13 黄平县三品一标发展报告

涂娟芝* 吴俊勇** 冯远恩***

摘 要： "三品一标"农产品即：无公害农产品、绿色食品、有机农产品、农产品地理标志。多年来，黄平县"三品一标"发展取得了较好的成绩。2013年以来，黄平县无公害农产品认证37个，产地认证72个（其中种植业认证38个，种植面积38.283万亩，养殖业34个）；有效使用绿色食品证书企业3家3个产品，分别为"谷陇糯小米""且兰苗疆米""蓝莓"，种植面积为0.5217万亩；自2017年成立有机办以来，共认证有机食品11家，获得证书17张；2020年，"黄平黄牛""黄平线椒"和"黄平白及"获农产品地理标志登记保护。然而在实际发展过程中，黄平县"三品一标"存在的问题也阻碍了其健康发展，继续做好特色农产品的挖掘工作，既能推动"三品一标"的可持续发展，又可以有效地推进农产品标准化、品牌化的发展。

关键词： 黄平县；三品一标

随着社会经济的高速发展，人们从之前的填饱肚子，慢慢开始追求食品的品质、安全、绿色，农产品的质量安全逐渐成为人们的首要关注点，而"三品一标"正是为农产品质量安全服务的，做好"三品一标"工作，是提高农产品质量安全的有效途径，是保障民生食品安全的重要屏障。

---

* 涂娟芝，女，贵州省地理标志研究中心助理研究员，研究方向：产地保护与绿色食品安全。
** 吴俊勇，男，黄平县农业农村发展中心主任，助理农艺师，研究方向：食用菌种植。
*** 冯远恩，男，黄平县植保植检站，助理农艺师，研究方向：农业作物病。

黄平县积极响应农业农村部的要求，紧跟时代的步伐，积极发展"三品一标"产业，农产品的"三品一标"认证工作积极开展，有效推动了现代生态农业的发展，使当地农户收入得到提高，增加农户的幸福感、获得感，提高了农户的生活质量，助推黄平县脱贫攻坚和经济社会的发展。同时，黄平县在"三品一标"工作中也存在不足，存在一些还需要解决的发展问题。

一、"三品一标"内涵

"三品一标"农产品包括：无公害农产品、绿色食品、有机农产品、农产品地理标志。

无公害农产品，是指相关投入品使用是安全的，生产过程是根据规定的技术规范进行生产的，产地环境、产品质量均符合国家的强制性标准的，产品上或产品包装上使用特有的标识的安全的农产品。无公害农产品是为了保障消费安全、满足公众的需求。无公害农产品认证是政府行为，采取逐级行政推动。根据《无公害农产品管理办法》(农业农村部、国家质检总局第12号令)，无公害农产品由产地认定和产品认证两个环节组成。产地认定由省级农业行政主管部门组织实施，产品认证由农业农村部农产品质量安全中心组织实施。2018年11月20日，中华人民共和国农业农村部农产品质量安全监管司在北京组织召开无公害农产品认证制度改革座谈会，提出了停止无公害农产品认证工作，采取合格制度试行。

绿色食品，即产品产自优良的生态环境（符合《绿色食品 产地环境质量》NY/T391—2013），生产过程中按照绿色食品相关标准执行，全程进行质量控制，并且获得中国绿色食品发展中心颁发的绿色食品证书，获得绿色食品标志使用权，这种安全、优质的食用农产品及相关产品，就是绿色食品。

有机农产品，是指在生产过程中不使用农药、肥料、生长调节剂、抗生素、转基因技术的，根据国际有机生产要求和相应标准生产、加工的，并且通过合法的、独立的有机食品认证机构认证的农副产品及其加工品，叫有机农产品。有机农产品是来自自然、富营养、高品质和安全环保的生态食品。

农产品地理标志，是指所标识的农产品来源于特定的地域，该农产品的品质及相关特征，主要取决于该地域特有的自然生态环境和特有的历史人文因素，并以该地域名称来冠名的特有农产品标志，叫农产品地理标志。

"三品一标"详细信息见表13-1。

表13-1 三品一标详细信息

项目	提出时间	主导部门	认证机构	现行管理制度	标识使用	持有证书时限
无公害农产品	1980年	农业农村部	农业农村部农产品质量安全中心、省农业行政主管部门	《无公害农产品管理办法》（农业农村部、国家质检总局第12号令）		3年
绿色食品	1990年	农业农村部	中国绿色食品发展中心	《绿色食品标志管理办法》（部令2012年第6号）		3年
有机农产品	1972年	国家认证认可监督管理委员会	有资质认证的相关机构	有机产品认证管理办法（质检总局令2013年第155号）		1至2年
农产品地理标志	1994年	农业农村部	农业农村部	《地理标志产品保护规定》（质检"总"局令2005第78号）		长期有效

资料来源：中国绿色食品发展中心，http://www.greenfood.agri.cn/。

二、黄平县发展"三品一标"产业的优势

（一）黄平县自然生态环境

黄平县地处黔中丘原向黔东低山丘陵过渡地带。地势由西、西北向

东、东南部逐渐降低。山脉走向与构造线一致，多呈北东走向，中部、北部山地隆起，为黔北高原武陵山脉的延伸，南部隆起山地为苗岭山脉的余系，中部为河谷坝子和丘陵地带。境内土地类型以低山、中山山地、低山丘陵地貌为主，土壤呈酸性，土质疏松，土壤肥沃，排水性能良好，土壤中腐殖层厚。

黄平县属亚热带季风气候区，四季分明，气候温和，雨量充沛。年均降水量1307.9毫米，年日照时数1104.7小时，昼夜温差大，全年无霜期282天。为黄平县内各农作物的生长提供了适宜的光热条件。

黄平县境河流纵横密布，属长江水系，有大大小小100多条河流，主要有重安江、舞阳河、平溪河、西堰河、苗里河、野洞河。水利资源比较丰富，地表水年平均径流量8.62亿立方米，地下水径流量年平均2.57亿立方米。全县建有多若繁星的沟塘和引水工程。截至2015年年初，黄平县有一座中型水库蓄水总量6320万立方米，小型水库34座，蓄水容量2223.86万立方米，为黄平县内各农作物的生长提供了便利优质的水资源环境。

黄平县森林覆盖率达到59.64%。境内生长有野生植物近3000种，其中药用野生植物达1000余种，主要有天麻、灵芝、杜仲、冬虫夏草、麝香等；生活有野生动物近千种，其中国家珍稀保护动物有娃娃鱼、红腹锦鸡、小灵猫、穿山甲等。

优越的地形地貌，适宜的气候条件，优质的水资源条件，丰富的生物资源等自然生态环境，为黄平县各农作物的生长提供了良好的生长环境，为黄平县"三品一标"产业的发展提供了良好的基础条件。黄平县内独特的生态环境条件，符合各种农产品的生产。

（二）地理位置、地理条件

黄平县位于贵州省东南部，黔东南苗族侗族自治州西北部，距州府凯里50公里，省府贵阳179公里。全县面积1668平方公里，辖8镇3乡、142个行政村9个社区，总人口39.8万人。中华人民共和国成立前，陆上有古驿道西达贵阳，北通遵义；水上有航运直达江西、湖南；空中有飞机往来旧州飞机场，是黔东南水、陆、空运输十分发达的县份，是黔东的交通要道和战略要地，旧州是历史上郡府所在地，以少胜多的黄飘大捷，中美在旧州联合所建的飞机场就很能说明黄平有着重要的地理位置。中华人民共和国成立后，陆上交通优势取代了水运和空运，发展更为迅速。现在，湘黔铁路横穿县东境三个乡镇，境内有3个火车站；湘黔公路横穿县境，周边五县市有车辆直通黄平，14个乡镇均通公路，通车里程820公里。重安江、清水江航运仍起重要作用。随着经济社会的发展，黄平县正积极筹备把旧州万亩大坝的飞机场开辟为航运，为黔东南州经济社会发展服务。便利的交通条件，优越的地理位置，给黄平县"三品一标"产业带来了良好的发展前景。

（三）大力发展农业战略优势

黄平县各级部门积极制定农业发展战略、制定相关政策、建立机制、扶持龙头企业，采取多措并举积极推进农业品牌建设，对各企业提供专业的技术指导、培训，提高生产户的积极性，树立强有力的农产品质量安全意识，这一切为黄平县的"三品一标"产业发展提供了良好契机，推动了黄平县"三品一标"认证工作。

三、黄平县"三品一标"发展现状

近几年来，黄平县凭借其独特的自然地理环境，在各级部门通过定政策、建机制、扶龙头，多措并举积极推进农业品牌建设，"三品一标"工作得到有效推进。

（一）黄平县果树、蔬菜、食用菌产业发展现状

1.果树产业发展现状

截至2019年12月底，全年新建果园面积达到1.018万亩，累计果树种植面积8.1453万亩，主要是产业扶贫项目中发展的柚、李、桃、石

榴；同时还发展蓝莓、桃（红不软桃为主）、李（蜂糖李、脆红李）、脐橙、百香果、猕猴桃、葡萄、刺梨等。2019年实现的果品总产量为17237.5吨，产值高达14235.08万元。

近年来黄平县注重果树品种结构的优化，广大果农也在提高果树的栽培技术，比如在果实套袋、增施农家肥、种植绿肥、扩穴改土、病虫害绿色防控等生态化栽培技术方面逐渐规范化、标准化、现代化，相应的实施应用面积也在不断地扩大，使黄平县内优质的商品果比重得到大幅度的提高，优质商品果的比重可高达44%以上，如黄平县内的天成果业公司种植生产的"金秋梨"，在2019年首次出口阿联酋，开创了黄平县果品销往国际市场的先河；红不软桃批发价达到12~16元/公斤。近几年黄平县的红不软桃、蜂糖李、蓝莓等水果得到快速发展，桃、蓝莓成为主推品种；葡萄卖到20元~50元/公斤，近年引进种植的蜂糖李也已经开始投产，销售价格在50元~60元/公斤；蓝莓销售价格在20元/公斤，县域内种植的蓝莓鲜果主要销往北京、广州、重庆、郑州、杭州、西安、贵阳等地；金秋梨、中梨2号、翠冠、柑橘等水果产品销售市场比较稳定，以销省内周边市场为主。除此之外，2019年西瓜种植面积8780亩，总产量8405吨，实现总产值3217.28万元，由于西瓜种植的前期出现水灾、后期又出现干旱，导致许多露地西瓜绝收。草莓种植90亩，产量102吨，草莓种植带来的产值高达278万元。

2. 蔬菜产业发展现状

截至2019年12月底，黄平县种植的蔬菜面积有16.8135万亩；各类蔬菜的年产量共计可达29.6092万吨，实现总产值9.9293亿元。黄平县目前从事蔬菜生产的企业（公司）有18个、专业合作社有113个，15亩以上的种植大户有26个。这些企业、专业合作社、种植大户所种植生产的各类蔬菜，为黄平县内各中小学营养午餐提供了直接货源。蔬菜产业也得到了巩固提高。

黄平县不断改善蔬菜产业设施栽培技术方面的条件，目前全县已建立了2个1000吨的大型冷库（气调库），容积约有4000立方米，7个小型冷藏库，据黄平县各个乡镇统计，2018年，包括烤烟、花卉栽培在内，全县有1930个单体大棚及连栋棚（其中四连栋26个、两连栋棚326个），设施面积达到54.6万余平方米，由于雪灾损失倒塌无力恢复的主要是部分单体大棚，在农业园区的公司和部分合作社基地已经实现水肥一体化管理，大部分基地都已经安装太阳能杀虫灯，也不断完善了各种植基地的机耕道、排灌沟。在黄平县的谷陇镇利用扶贫项目子基金新建冷库投资3032.79万元，库容5000吨已经完工，另外计划在旧州农业园区利用东西部协作资金投资2713万元建四连栋温室大棚。为了打造贵州省内最大的野菜生产基地，六源鲜公司自建单体大棚100个种植野菜，为黄平县蔬菜产业的发展画龙点睛，促进蔬菜产业的发展。

黄平县借助坝区产业结构调整这个势头，结合脱贫攻坚夏秋攻势，在县委县政府的支持下，确定在黄平县旧州打造万亩蔬菜基地，县委县政府还制定了相关优惠政策，比如投入县级财政资金统一流转土地，改善入驻企业基地的水电路条件，同时安排扶贫项目资金支持发展生产。到目前为止，已经实现流转土地有13050亩，有17个公司入驻。规模化、产业化、标准化蔬菜生产基地在黄平县内逐步形成，促进了黄平县蔬菜产业的发展。

3. 食用菌产业发展现状

截至2019年，黄平县食用菌种植有1452亩，产量943.98吨，总产值874.85万元。目前黄平县注册的食用菌生产企业合作社有7家，其中原来的"湖北裕国菇业有限公司""贵州黄平县阿仙萝综合开发有限公司""黄平县老森山食用菌农民专业合作社"已经不再从事食用菌生产。现在从事食用菌种植生产的主要有"湖南远鸿现代农业科技有限公司""贵州平菇粮现代农业科技有限责任公司""黄平县吉兴生态科技有限公司"和"黄平县一碗水乡龙塘农业专业合作社"；食用菌产业发展的食用菌产品主要有香菇、木耳、羊肚菌。黄平县食用菌产业的发展有了明显效果，能够持续、健康、稳步地发展。

（二）黄平县三品一标发展状况

黄平县无公害农产品认证情况：从2013年以来获得无公害农产品产

品认证37个，产地认定72个（其中种植业认定38个，面积38.283万亩；养殖业认定34个）；绿色食品认证情况：有效使用绿色食品证书企业3家3个产品，面积0.5217万亩，认证产品为"谷陇糯小米""且兰苗疆米""蓝莓"（详见表13-2）；有机农产品认证情况：从2017年成立有机办以来，共认证有机农产品11家，获得证书17张。截至2020年，有效期内的证书有5张，其中有机转换期4张，有机1张；农产品地理标志登记保护情况：2020年获农产品地理标志登记保护的产品3个，产品名称分别是"黄平白及""黄平黄牛""黄平线椒"（详见表13-3）。

表13-2 黄平县绿色食品认证统计

企业名称	企业信息码	产品名称	批准产量（吨）	标志编号	有效期区间
黄平县金浪香优质农产品专业合作社	GF522622190444	谷陇糯小米	750	LB-14-19022301198A	2019-02-21至2022-02-20
贵州黄平和顺农业开发有限公司	GF522622182684	且兰苗疆米	41.6	LB-03-18112308716A	2018-11-02至2021-11-01
黄平县丰平农牧业科技有限公司	GF522622201970	蓝莓	135	LB-18-20072305430A	2020-07-15至2023-07-14

资料来源：中国绿色食品发展中心，http://www.greenfood.agri.cn/。

表13-3 黄平县农产品地理标志登记申报统计

产品名称	产地	产品编号	证书持有者	登记年份
黄平黄牛	贵州省黔东南苗族侗族自治州	AGI03057	黄平县动物卫生监督所	2020
黄平线椒	贵州省黔东南苗族侗族自治州	AGI03044	黄平县农业技术推广中心	2020
黄平白及	贵州省黔东南苗族侗族自治州	AGI03045	黄平县农业技术推广中心	2020

资料来源：中国绿色食品发展中心，http://www.greenfood.agri.cn/。

目前正在申报过程中的地标产品有"黄平黑毛猪""黄平糯小米""黄平金黄鸡"。这三个产品已在省里面召开了"农产品地理标志登记审定暨感官品质鉴评"会，并将相关申报材料报送至农业农村部，等待北京开评审会。

四、黄平县"三品一标"认证工作中存在的问题

当前，无公害农产品、绿色食品、有机农产品已成为市场上人们所公认的安全优质的农产品，特别是各个地区都在全力打造绿色食品，让产品走向高端市场，保证产品不但安全，且质量优质。地理标志产品就更是一个地区的名牌了，不仅代表了区域的特色，同样蕴含了地区深厚的文化内涵。在这样一个时代背景下，黄平县积极推进"三品一标"的发展，形成了黄平县区域安全优质的农产品产业，也在此基础上树立了一定的品牌形象。虽然黄平县各产业都得到了一定程度的发展，但是还存在一些不足，黄平县积极响应文件要求，打造了全县各产业都要求无公害标准；但是，从现有认证绿色食品的情况来看，还远远不够；地标产品的挖掘，在一定程度上推进了的黄平县"三品一标"农产品产业的发展，还有待去挖掘更多的具有区域特色的地标产品，带动黄平县"三品一标"进一步发展。

黄平县在发展"三品一标"产业的过程中存在一定的发展困难、问题，始终阻碍了黄平县"三品一标"产业的进一步发展，存在的问题主要有以下几个方面。

（一）农业基础设施相对较薄弱

针对果园、蔬菜基地，排灌条件不成熟，甚至有的区域没有排灌措施，抗拒自然灾害能力弱，不能保障作物获得正常产量，极大地影响了水果和蔬菜产业的发展。坝区农产品生产基地大多数都没有完善配套的道路设施和排灌设施。布局设计不合理，导致生产者难以展开规模化的生产。县级财政对农产品果蔬产业的投入预算太少，无法大力发展各蔬菜、水果产业，甚至有的区域还没有蔬菜产业的相关经费，没有标准的示范区域，有建立示范点但面积又太小，带动作用不大，不足以带动全县农产品产业的发展。农业基础设施的不完善，设计布局的不合理，政府财政资金的投入不足，直接影响了农产品产业的发展，"三品一标"工作难以持续有效地推进。

（二）生产技术人员缺乏

当前，从事农业生产的相关技术人员大多年龄偏大，知识结构老化，凭借自身的一些技术，无法让农业更好、更有效地发展起来。他们想学习新的技术来适应现代农业的发展，也是心有余而力不足，年轻人又大多不愿意学习农业技术，导致从事农业生产的专业技术人员缺乏，农业生产得不到专业的技术指导，只依靠老技术人员掌握技术来推动农业发展，显然是不够的，无法跟上现代农业发展的新要求。

（三）冷链物流体系不够健全

目前还没有蔬菜和新鲜水果的产地批发市场以及产后商品化处理的设施、设备，完整独立的冷链物流体系尚未成形，冷链物流与生产、加工、流通、销售难以配套，产业链短，非常不利于果蔬产业的健康稳定发展。

（四）劳动力缺乏

农村大多数劳动力都奔向城市发展，导致仅剩的劳动力价格上涨，相关企业及合作社的劳动力成本上升，农业比较效益下降，农业产业的发展受到巨大的限制。黄平县在农展"三品一标"产业的过程中，除了要解决劳动力数量下降的问题，还要解决劳动技术缺乏的问题。

（五）三品一标认证的覆盖率低

企业、合作社认识不到位。部分企业只看重眼前的快效益，认为认证绿色食品、有机农产品不仅周期长，还要交一定的费用，短时间内看不到利益，短时间内也体现不出产品优质而价钱高的效果，因此各生产商认证三品的积极性并不高。还有消费者对绿色食品的认知度不够，很多消费者觉得绿色颜色的产品就是"绿色食品"，农村土生土长的产品就是"绿色食品"。县内超市中贴有"三品一标"标识的产品几乎没有，平价菜品占90%多，虽然有个别的有机、绿色食品售卖，但因价格高于普通产品价格2～3倍，很少有消费者去购买。

（六）企业品牌意识薄弱，参与认证三品积极性不高

当前，市场准入制度的实施在缓慢进展中，在市场上，好的产品得不到应有的价格进行售卖，持有"三品一标"认证证书的，贴有品牌标识的，有产品质量保证的，可以进入超市、农贸市场，但是，普通的，没有三品认证的产品也可以进入市场，而且销售并不差，这样更加降低了企业认证的积极性，形成一种认证与否都一样的态度，去认证还费时耗财，也见不到效益。在一定程度上也阻碍了"三品一标"农产品的有效推广。

（七）认证产品质量安全监管不到位

前期农业相关部门展开了农产品三品认证，企业得到了产品质量的认证证书，但是后续的监管问题，农产品质量安全管理部门却没有认真去落实解决，一方面是农产品质量安全管理部门人手不足，另一方面也是农产品质量安全管理部门监管体系不健全。企业及农民种植户，也大多对农产品质量安全认识不到位，为了提高产品的生产量，大量施用化学肥料、农药，没有按要求规定就进行生产、记录，相关部门很难监管。

（八）标识使用不规范

企业、专业合作社在取得绿色食品、有机农产品、无公害农产品相关证书时，不知道怎么使用该标识，导致很多企业、专业合作社使用标识时不规范，使用标识的产品信息与所取得的证书上的产品信息不吻合，还有的是证书的有效期已经过期，很多企业觉得续展麻烦，就没有办理相关继续使用标识手续，而继续使用过期的标识证书。还有的甚至冒用绿色食品、有机食品等标识，在没有做任何技术认证的情况下，冒用相关标识，导致市场混乱，消费者也无法准确判断该产品是否具有它该有的价值，从而导致企业也无心规范自身行为，继续非法用标、转让自己的证书，使那些没有通过技术认证的相关企业使用自己的标识，把不合格、不达标的产品贴上绿色食品标志，冒充优质产品进行销售，严重影响了品质产品在市场的权威，也对品质认证相关程序产生了一定的阻碍，

无法使"三品一标"认证得到有效推广，影响产业的高质量发展。

五、推动黄平县"三品一标"发展的措施建议

做好"三品一标"工作，可有效推进农业标准化、品牌化，从源头进行控制，将农产品整个生产线，包括从种子、种苗的选择购买，生产过程的管理，进入市场的管理，到餐桌上等整个生产过程都严格执行相关标准实施，确保农产品的品质质量安全，真正落实"从农田到餐桌"的全程质量管控。做到这些对"三品一标"产业的持续健康发展至关重要。因此黄平县应该本着农业产业持续健康发展的原则，重点监管生产的"源头"，严格管控生产过程，注重推广质量安全标准，做好相关产品的品质认证，制定相关强制制度作为产品健康发展的有力保障，积极鼓励相关企业，以考评的方式激励，认证落实标识应用，以此促进"三品一标"持续健康发展，使农产品质量安全得到有效保障。

（一）黄平县应高度重视"三品一标"的发展

黄平县相关部门应高度重视"三品一标"工作的推进。要知道发展"三品一标"是践行绿色发展理念的重要途径，也是最有效的途径。"三品一标"倡导的就是绿色生产、精简生产、清洁化生产，遵循资源的循环利用，可回收利用，无害化利用，在农业投入品方面，严格控制好用量，减少化学肥料的使用，严格把控农药的施用，重视生态环境保护，提倡可持续发展和农业生态和谐发展，在农业发展中起到重要的示范引领作用。

同样要知道发展"三品一标"在实现农业提质增效方面有着重要贡献。"产出高效、产品安全、资源节约、环境友好"是现代农业发展坚持的思路，现代农业的主打旋律是提升产品的质量、增加产品的效益、多转化不同方式发展。"三品一标"有效通过品牌的带动，相关标准化基地的建设，推进农业产业的规模化发展、标准化生产、产业化经营，很大程度上提升了农产品的品质以及相关产品在市场上的竞争力。有效

推动"三品一标"工作，促进了农业供给侧结构性改革，加快了发展现代农业的步伐，增加了农民的收入，提高了农民的生活水平，与此同时对精准扶贫相关工作也有重要的推动作用。

（二）积极开展示范基地的创建，打造优质特色农产品供应基地

建立绿色食品示范基地、有机食品示范基地，政府提供资金支持，制定相关政策，引导发展，并由相关部门统一对示范基地挂牌，搭建统一、多渠道的销售平台。积极鼓励企业加入，评选出优秀企业，培养企业成为发展规模大、产品品质优良、品牌响应高的绿色有机农产品企业，使其成为黄平县农产品企业的领头，发挥领头的作用，让这些企业种植的示范基地成为黄平县的一张名牌，影响更多的种植大户、专业合作社、企业向品质农业发展，从而推进整个黄平县农产品产业向品质化、现代化、精细化发展，推动整个农业系统的持续健康发展。

（三）根据"三品一标"相关标准，规范农产品产业的技术标准

相关部门在推进农业标准化生产建设过程中，要充分发挥龙头企业的作用，以其为载体，推广"三品一标"生产管理技术。强制要求相关生产企业做到"四统一"，以便于标准化生产管理的有效实施。一是相关农业部门制定并强制要求相关企业严格执行标准化生产技术规程。相关部门制定的标准化生产技术规程须参考国家颁布的标准，如一系列无公害农产品生产技术标准、绿色食品相关标准、有机食品标准，然后再结合当地的实际生产情况，来统一制定相关产品的生产技术标准，最后落实到相关生产企业，要求其在生产过程中严格执行该标准，这样也使"三品一标"的相关技术标准有效地落实到每个生产主体；二是对农业技术服务模式进行统一，规范每个企业的农业技术服务，农业服务模式实行"品种统一、生产技术规程统一、农业投入品统一、病虫害绿色防控统一、收获方式统一、加工统一、包装规范统一"，实现农业服务

水平的提升以及提高标准化生产的质量；三是统一安全生产记录范本。对各企业农业投入品来源使用记录，例如，生产农事记录、关键技术防控措施记录、原料来源及使用记录、生产加工记录、产品包装标识的记录、产品出入库的记录、产品的运输记录、产品的销售记录等都做一个规范的管理，制定一个统一的记录范本，发放给企业，企业做好相关记录，并规范存档管理，做到有迹可循、质量可溯；四是统一相关标识挂牌、警示牌。挂牌内容可将相关管理制度纳入其中，做到产品质量公开透明，确保产品质量安全，警示牌内容可纳入一些技术注意事项、关键技术要点、禁用的农业投入品名称，这样不仅可以宣传，也会起到警示作用，并有效保障农产品的质量安全。

（四）加大品牌建设力度，提升优质农产品的市场竞争力

农业竞争力的综合体现来源于品牌的效应，一个地区有具备一定知名度的农产品品牌，与当地的地理标志农产品息息相关，地理标志农产品从品牌响应程度来看，响应度最高。这与农产品地理标志自身的品牌优势有关，农产品地理标志本身就具有区域特色，具有独特、优质等品质特性，黄平县相关部门可以发挥行业管理本能优势以及相关技术支撑优势，加大力度挖掘当地独具特色的地理标志产品，并建立区域品牌宣传专栏，加大品牌的宣传力度，与此同时，在注重品牌提升、挖掘特色时，加大力度发展绿色、有机农产品，打造本县知名的"三品一标"农业品牌，提升"三品一标"农产品在市场的竞争力。

（五）拓展更多销售渠道，增加本县优质农产品市场供给量

增加优质农产品的供应量，优化供给侧农产品结构，提升"三品一标"农产品在市场上的占有率。提高市场准入的门槛高度，使"三品一标"的品牌价值得到体现，农产品要进入市场须有相应的无公害、绿色、有机等技术认证，方可进入市场销售，推动农产品质量安全工作有效实施，顺利走向更加规范化、法制化、制度化的轨道。多利用国家农业农村部搭建的展销平台、推介平台，比如每年举行的有机食品博览会、全

国绿色食品博览会、农产品地理标志专展等,激励企业对自家具有代表性的、独具特色的产品在这些平台上进行宣传、展示、推介以及销售。同样在这互联网遍布的时代,可以依托"互联网+"网络销售平台、新闻媒体,多对优秀企业的优质品牌特色产品进行宣传、展示、提高知名度,从而增加订单,提高销售量,以此也可刺激企业提供更优质、更多的产品,推向市场。

(六)培养企业认知意识,营造全县人民关注"三品一标"的良好氛围

相关部门定期组织生产企业、专业合作社、种植大户、种植农户,介绍"三品一标"在农产品生产中的重要性,进行全方位、多角度的讲解,使生产主体知道"三品一标"的重要性,同样也发布相关宣传视频,让广大消费者知道并重视农产品的质量安全,还可以请专门的技术专家进行现场生产技术指导。通过全方位、多角度的宣传,使消费者、企业对"三品一标"认知程度提高,更加有效地推动"三品一标"的工作进程,提高农产品质量安全的水平,使"三品一标"产业得到持续健康发展。

参考文献:

[1] 范荣尚,任红.阿克苏地区"三品一标"申报认证现状与发展建议[J].新疆农业科技,2015(4):13-14.

[2] 张玉香.新时期"三品一标"工作重心及发展重点[J].农产品质量与安全,2012(3):5-7.

[3] 段应亮.甘南藏族自治州"三品一标"农产品发展现状与对策[J].中国农业信息,2014(15):114.

[4] 侯邦飞,莫彩芬,张劲,陈红兵.梁子湖区"三品一标"农产品发展现状及对策[J].安徽农业科学,2017,45(15):230-233.

B.14
黄平县农产品质量安全发展报告

牟琴* 李慧娟** 周屏香***

摘　要： 食品安全问题是备受我国乃至全球关注的问题，随着经济的发展，食品质量不断得到提高和改进，农业的发展要以安全保障为基础。我国农产品市场日益丰富和活跃，农业发展现代化水平逐年提升，农业产业同时带动了其他产业的发展，但也因此带来了一系列农产品质量安全的问题。如今农产品质量安全已成为社会公众普遍而又高度关注的重大议题。因此，本报告从产地环境、投入品管理、田间技术以及监管体系方面综述黄平县农产品质量安全现状，并提出黄平县农产品质量提升建议，让消费者购买到放心、安全的农产品，从而提高消费者的消费信心，保证农产品及加工产品的质量安全，进一步提升黄平县农产品产业的发展力度。

关键词： 农产品；质量安全；投入品管理

一、贵州省农产品质量安全发展现状

食为人天，农为正本。如今在农产品生产和加工过程中化学药品和新型技术被广泛使用，丰富的农产品作为食品链的源头，其质量安全受

---

* 牟琴，女，贵州省地理标志研究中心助理研究员，研究方向：食品工程、地理标志。
** 李慧娟，女，黄平县农产品质量检测站，助理农艺师，研究方向：农产品质量检测。
*** 周屏香，女，黄平县农业质量监测站副站长，助理兽医师，研究方向：农产品质量安全。

B.14 黄平县农产品质量安全发展报告

到了全世界的共同关注,也关系到整个国家的经济发展和国际形象。引起农产品安全隐患的因素有很多,如残留于农产品中的化肥、农药等;残留于畜、禽、水产品体内的抗生素、激素等;土壤、水、空气中出现重金属污染;添加剂使用量超过《GB 2760—2014 食品安全国家标准 食品添加剂使用标准》的最大限量;病原微生物控制不当等。我国在农业活动过程中长期以来高度关注农产品的质量安全,相继发布过一系列条例和标准。为坚决防止假劣农用物资坑农和确保不发生重大农产品安全事件,贵州省农业法制执法队伍切实履行法定职责,不断适应形势任务变化,创新工作方式方法,扎实开展农用物资监管、农产品质量安全执法工作,坚决打击违反农业法律法规的行为,为维护农民利益、促进农产品质量安全水平提高、保障农业尤其是特色优势产业健康发展、促进农村社会稳定做出了一系列的整治工作,并制定发布《贵州省2019年重点工业产品质量监督抽查产品目录》和《2019年省级产品质量监督抽查计划》等一系列政策,如表14-1所示,明确抽查重点行业、重点产品,增强监抽工作的针对性,逐渐组织科研单位开展农产品质量安全宣传指导工作,对农产品种植展开一系列的培训工作,提高农产品种植的安全性,尽管目前大部分允许使用的农药可自动降解,对人体不会造成危害,农产品生产部门、管理部门以及销售部门对自己的产品持有非常自信的态度,但对于消费者来说,提及农药依然唯恐避之不及,谈虎色变。

2019年贵州省食品安全抽检监测完成食品和食用农产品抽检监测75504批次,全省食品安全抽检合格率为98.56%,较2018年提高0.82%。全省共发布食品安全监督抽检信息1468期84346批次,在省市场监管局门户网站发布食品抽检信息49期,月度统计分析公告12期。

表14-1 贵州省部分农产品质量安全工作政策

工作主题	执行机构	发布时间	主要内容
贵州省2020年上半年食品安全风险监测会商会议召开	省卫生健康委	2020-8-3	进一步提高政治站位,强化责任担当,切实增强风险防范意识,加强风险分析和研判,严防系统性、区域性食品安全风险,全力保障人民群众身体健康和生命安全

黄平县公共区域品牌发展报告　No.1，2020

续表

工作主题	执行机构	发布时间	主要内容
2020年贵州省食品安全风险监测方案	省卫生健康委	2020-8-1	组织开展食源性疾病和食品中污染物及有害因素污染等监测，开展全省学校食堂食品安全风险专项监测等工作，监测进展、监测范围、工作创新、信息通报、部门协作、宣传引导
守护百姓"舌尖上的安全"——贵阳市全力推进国家级食品安全示范城市创建工作	贵阳市政府办公室	2020-7-15	建立最严谨的标准、实施最严格的监管、开展最严厉的处罚、实行最严肃的问责，落实"四个最严"总体要求，提高食品安全风险管理能力，守护百姓"舌尖上的安全"，全力推进国家级食品安全示范城市创建工作
《关于开展2020年全省"安全生产月"和"安全生产贵州行"活动的通知》	贵州省安全生产委员会办公室、贵州省应急厅	2020-6-01	认真贯彻落实习近平总书记"从根本上消除事故隐患，有效遏制重特大事故发生"的重要指示精神，推动全省安全生产专项整治三年行动安全风险隐患排查整治工作顺利开展
贵阳市关于深化改革加强食品安全工作的实施方案	市委、市政府	2020-5-25	到2035年，基本实现食品安全领域治理体系和治理能力现代化
贵州省2020年学校食堂食品安全风险专项监测方案	贵州省卫生健康委联合省教育厅	2020-4-29	切实加强学校食品安全风险监测，做好监测样品留样、相关资料信息提供等工作。省卫生健康委预算了专项监测经费，通过专项监测达到查找学校食堂食品安全隐患和薄弱环节的目的，确保有序复学复课
省市场监管局关于印发2020年认证认可检验检测工作要点的通知	省市场监管局	2020-3-09	精心组织实施"三个一"重点工程，建设一个智能审批监管平台、管好一支评审员队伍、实现全省认证检测监管一盘棋，奋力提升认证检测公信力，为促进我省经济高质量发展提供有力支撑
《贵州省食盐管理条例》	贵州省十三届人大常委会	2020-3-01	市场监督管理局制订工作方案进一步加强食盐安全监管，针对辖区食盐批发企业、零售企业、餐饮服务提供者及食品加工用盐企业开展了食盐"全链条"普法宣传及专项整治行动，切实保障辖区食盐市场秩序和食盐产品质量安全
《省市场监管局关于2019年度全省检验检测机构能力验证结果的通报》（黔市监检验函〔2019〕19号）	省市场监管局	2019-11-12	进一步加强认证认可检验检测事中事后监管，规范检验检测市场，提升检验检测机构技术能力水平，在社会重点关注的食品、环境与环保、建工建材等检验检测领域组织开展了2019年检验检测能力验证活动
省市场监管局关于印发《贵州省10个农产品技术标准体系》的通知（黔市监标函〔2019〕82号）	省市场监管局	2019-10-11	为进一步落实《省委省政府领导领衔推进农村产业革命工作制度》的要求，做好有关农村产业标准化工作，省市场监管局组织省农业科学研究院、省林业科学研究院、省标准化院、省产品质量监督检验院等单位编制

B.14 黄平县农产品质量安全发展报告

续表

工作主题	执行机构	发布时间	主要内容
《省市场监管局关于成立开展落实食品药品安全"四个最严"要求专项行动领导小组的通知》（黔市监稽函〔2019〕88号）	省市场监管局	2019-9-27	省局专项行动领导小组办公室设在执法稽查处，负责落实专项行动领导小组各项决议和工作部署
《省市场监管局关于开展2019年检验检测能力验证工作的通知》（黔市监检验函〔2019〕10号）	省市场监管局	2019-7-22	检验检测能力验证菌落总数及大肠菌群的测定、金黄色葡萄球菌检验、土壤中镉的测定、土壤中汞的测定等
《省市场监管局关于印发2019年流通领域成品油、农资用品等7个产品质量监督抽查实施方案的通知》（黔市监质监函〔2019〕31号）	省市场监管局	2019-6-21	提高产品质量安全监管效能，预防化解产品质量安全重大风险，保障人民群众人身财产安全，着力营造公平竞争的市场环境和安全放心的消费环境，流通领域开展成品油、农资用品、卫生用品等7类产品质量监督抽查

（资料来源：贵州省政府网，http://www.guizhou.gov.cn/。）

二、黄平县农产品质量安全发展现状

黄平县为深入贯彻落实农产品质量安全问题，针对农产品质量安全开展系列工作，如黄平县围绕基地产品、基地环境、农事记录、农产品生产管理模式、投入品购买、投入品使用、产品销售等环节进行抽查、整治、培训等，对农产品的生产发展进行全方位管理，农药化肥的滥用、乱用、超范围使用，以及添加隐形成分等问题得到显著的改善，部分措施见表14-2。2011年，黄平县农业和扶贫开发局执法大队办理的"经营标签不合格种子案"，被评选为全国农业行政处罚优秀案卷。2020年6月，黄平县市场监督管理局组织抽检食用农产品共40批次样品，主要检测指标包含氟虫腈、铅（以Pb计）、镉（以Cd计）、氧乐果、甲基异柳磷、克百威（以克百威及3-羟基克百威之和计）、溴氰菊酯、毒死蜱、氯氟氰菊酯和高效氯氟氰菊酯等指标，抽查结果显示食用农产品抽样检验项目全部合格。

表 14-2 黄平县针对农产品质量安全开展系列工作

工作主题	执行机构	发布时间	主要内容
黄平县开展农产品质量安全专项整治"利剑"行动	黄平县政府办	2020-7-16	为严格控制农药残留,黄平县农产品绿色发展服务站加大对农产品生产基地的抽检力度,着力消除农产品质量安全隐患,坚决守住不发生农产品质量安全事件,切实保障人民群众"舌尖上的安全"
黄平县多措并举大力发展农业产业	黄平县政府办	2020-1-19	一是大力发展优势优质特色粮食产业。二是加强监管,确保农产品质量安全等
黄平县多部门联合开展整治食品安全问题专项检查	黄平县政府办	2019-11-8	紧紧围绕食品生产加工经营环节违法违规行为、保健食品虚假宣传和违法违规销售、学校及幼儿园食品安全主体责任不落实及农产品质量安全问题等方面进行专项检查
农产品质量检测实验室能力验证培训会	黄平县政府办	2020-7-3	培训会采取"理论+实践"模式进行,分三阶段依次推进。第一阶段:理论学习,介绍农残、兽残、重金属最新精准检测方法,纠正实验过程中常见的不规范操作,并分享一些大小仪器常见问题的维修方法等;第二阶段:实操练习,授课老师及学员分气相、液相、原吸三组分别对精密仪器进行讲解与提问学习,有效解决了检测员在平时工作中遇到的问题与不解;第三阶段:答疑,针对本次培训全过程,学员进行提问,授课老师一一详细解答,巩固培训实效
县农业农村局开展主题教育"农产品质量安全专项整治"检查	县农业农村局	2019-10-16	重点对农药经营门市、水果和蔬菜基地用药进行检查,检查过程中未发现违规经营和超范围使用情况
黄平县四强化助推农产品产销对接	县农业农村局	2019-6-27	一是强化数据基础,抓好信息摸底工作。二是强化安全保障,抓好质量安全体系。三是强化基础设施,抓好冷链物流建设等
县市场监管局"三措并举"着力推进整治食品安全问题联合行动	县农业农村局	2019-10-31	为贯彻落实"不忘初心、牢记使命"主题教育检视问题、整改落实的目标和要求,县市场监管局按照"四个最严"要求,"三措并举"着力推进整治食品安全问题联合行动

(资料来源:黄平县政府网,http://www.qdnhp.gov.cn/xxgk/。)

为了强有力地消除黄平县农产品质量安全的隐患,完善农产品的监管制度,本报告主要通过以下几点展开黄平县农产品质量安全的调查研究。

(一)土壤环境

农产品的种养殖环境对农产品的生产起着决定性作用。我国对三品一标(无公害农产品、绿色食品、有机农产品、农产品地理标志)的管控同样离不开对生产环境的检测,因此农产品的生产加工必须首先对其

B.14 黄平县农产品质量安全发展报告

基地环境进行检测和监控。影响农产品质量的因素非常多，除了农产品本身的性质外，还包括种植加工过程中的生态因素，比如种植环境的土壤、水分、气候以及种养殖管理等许多影响因子，在影响农产品质量安全的诸多因素中，土壤环境的污染导致的环境质量恶化是农产品质量安全问题的重要源头因素，比如重金属污染，铅、镉、汞等，却是最易被人们忽视的因素。土壤中营养元素含量的多寡以及重金属含量的多寡，直接或间接影响到人类的健康。贵州土壤类型复杂多样，其中黄壤面积最大，占总面积的38.6%，其次是石灰土，占24.4%，其他还有红壤、黄棕壤、山地灌木草甸土、砖红壤性红壤和水稻土。贵州正面临随着重金属的累积造成的农产品土壤污染和农产品质量降低的问题。而且农作物容易从土壤中吸收累积重金属元素。在构建贵州山区种植土地适宜性评价体系时，利用单因子污染指数法和综合污染指数法对研究区进行评价分析，统计结果显示，全省不规则地形中的部分土壤为轻度污染。

近三十年来，土壤又成了各种污染物质的承受者和吸收者，污染物可以通过食物链进入人体，危害人们的健康。更为严重的是由于污染物的持续积累，一旦积累超过土壤的承受能力时，当环境因子发生突然变化，人为排放的污染物夹带着原生物种的重金属元素一同大量快速释放出来时，会造成巨大的无可挽回的地球化学灾害。由此可见，土壤作为人类生存环境的重要缓冲带显得越来越重要了，对土壤环境质量进行监测评价也变得更加迫切了。

贵阳医学院药学院黄秀平等人研究黄平县的10个土壤样品，对土壤养分进行测定和分析，如表14-3所示，结果表明黄平县土壤偏酸性，全氮、速效磷、全钾、有效钾含量较高，有机质、全钾、碱解氮处于中等水平，全磷含量较低。其中土壤pH主要处于六级水平，小部分处于二、三级水平；土壤有机质处于三、四级水平；土壤全氮主要处于二、三级水平，小部分处于四级水平；土壤碱解氮主要处于三、四级水平，小部分处于二、五级水平；土壤全磷主要处于二、三、四、五级水平；土壤速效磷主要处于一、三、五级水平，有小部分处于四级水平；土壤全钾主要处于一、四级水平，其次处于五级水平；土壤速效钾主要处于三级水平，其次处于二、四级水平；土壤有效钾主要处于一级水平，小部分处于三、四级水平。因此，对于黄平县土壤营养应增加钾肥和磷肥施用量，减少氮肥施用量，起到营养均衡，提高肥力的作用。

表 14-3 黄平县土壤各项指标含量及等级水平情况

指标	范围	均值	等级
pH	3.66~8.48	5.41	六级水平
土壤有机质含量 /%	1.1~2.8	2.13	主要处于三、四级水平
全氮含量 / 克 / 千克	0.86~1.88	1.33	主要处于二、三级水平
碱解氮含量 / 毫克 / 千克	58.98~139.41	91.69	主要处于三、四级水平
全磷含量 / 克 / 千克	0.21~0.89	0.625	主要处于二、三、四级水平
速效磷含量 / 毫克 / 千克	3.39~84.85	26.21	主要处于一、三、五级水平
全钾含量 / 克 / 千克	7.18~36.16	18.62	主要处于一、四级水平
速效钾含量 / 毫克 / 千克	65.73~168.41	122.43	主要处于二、四级水平
有效钾含量 / 毫克 / 千克	53.15~535.51	305.36	主要处于一级水平

（数据来源：黄平县政府网，http://www.qdnhp.gov.cn/xxgk/。）

叶华香等研究黄平县太子参种植时通过采用中国绿色食品发展中心推荐的单项因子污染指数和综合污染指数法对黄平县一碗水乡种植地进行检测，具体是抽取 40 个土样进行检测，对其土壤中重金属砷、铅、镉、铬、铜、汞的含量分别进行研究现状评价，研究发现黄平县一碗水乡土壤重金属铅、汞、铬、镉、砷、铜的单因子综合污染指数分别为 0.162、0.276、0.204、0.224、0.433、0.216，其值均小于 0.5，属于未被污染。土壤综合污染指数为 0.500，小于 0.7，属于安全、清洁水平，土壤环境质量为 1 级。因此通过综合分析、调查研究，采用国家《土壤环境质量标准》（GB 15618—1995）为分析标准发现，黄平县土壤中重金属含量属于安全范围内，是符合农产品的种植加工的。

（二）投入品管理技术

1. 农药使用

农药污染，是指农药使用后残存于生物体、农副产品及环境中的微量农药原体、有毒代谢产物、降解产物及杂质超过农药的最高残留限制而形成的污染现象。虽然农药对农产品生长有着非常重要的促进作用,但农药对环境的威胁也不容忽视。农药不仅能够直接对环境中的土壤、大气和水体产生危害,而且还能在生物体和气象环境因素之间形成循环,并扩大农药的污染范围,导致整个生命系统均被农药及其残留物污染。农药的污染主要表现在两个方面,第一是农药残留于植物植株、粮食、果蔬中。第二是散落在土壤里或经过蒸发到空气中,最终经过雨水和农田排水进入河流湖泊,最终进入人类和动物的食物链,导致各种慢性或急性病。

2019年贵州省旨在大力发展优质农产品,提升农产品的品质质量,提高农产品的种植和养殖效率,持续整治农药销售、管理和使用问题,严格把控农药使用量,持续推进农药使用量零增长的长期行动,利用科学治理办法防控病虫害,普及生态调控、生物防治等手段和在新型植保机械设备推广下进一步提高农药利用率。

2. 肥料使用

(1)土壤环境恶化

在种植作物的时候,如果大量施用某种单元素化肥,那么其营养无法被作物完全吸收利用。而且化肥中氮、磷、钾等一些常见的必需化学物质还极易被土壤固定,转变成各种化学盐分。在土壤内不断被积累的话,极易导致土壤营养结构失调,物理性状变差,有些土壤内的有害金属以及病菌含量也会超标。而且因为化肥不含有机质以及腐殖质,土壤团粒结构也会被破坏,土壤出现板结现象,对作物的生长是非常不利的。

(2)产品质量下降

如果大量偏施某种化肥,极易导致作物营养失调,影响作物体内物质的转化合成,导致作物的品质下降。例如,瓜果甜味不足、贮藏性低等都可能是化肥施用超标造成的。因为作物的生长不仅需要氮、磷、钾,同时还需要钙、铁、锌等各种微量元素。长期单一施用化肥会导致土壤内营养比例失调,从而造成产品质量降低。

(3)环境污染

因为施入过多的化肥,容易导致土壤中一些水溶性的营养物质,被雨水以及灌溉水冲施淋溶到河流中。导致部分地区的地下水以及河流受到污染，对水生生物的生长也是非常不利的。而且化肥的大量使用还会对土壤内的蚯蚓以及各种有益微生物造成危害，导致死亡等。土壤内某种营养元素也会过度积累，造成土壤理化性质变化，对其环境是非常不利的。

（4）产收比大

很多种植户在施肥的时候，都会忽略掉肥料的特性，采用以水冲肥以及一炮轰等传统简单的施肥方法。并且还存在着大量施肥过度的现象，造成种植户成本不断增加，虽然产量也会有所上升。但是增产不增收的现象却非常严重。过多地施用单一化肥，营养比例失调，养分不平衡，从而生产出大量的低劣产品，不仅价格低，还影响销售。而且化肥过多还会导致蔬菜内硝酸盐含量过多，在人体内极易形成亚硝酸盐，对人体健康造成威胁。

基于影响农产品质量安全的各种因素，通过调查分析黄平县在投入品管理方面主要存在以下三点问题。

第一，规模化程度不够，生产技术落后。这是制约黄平县生产的一大"软肋"。无法提升产业的种植质量，农产品质量、品相难以得到市场认可，降低了农产品销量，难以提升经济效益。

第二，无法正确处理病虫害问题。这主要表现在不看说明乱配药、不能对症下药、提前用药、追求速效性、随意加大用药浓度或用药量、疗程不够难见效等。尽管我省大部分地区已开始统一发放农药及肥料，但各县市依然有农户随意施药，在配药时随意提高药液浓度、盲目施药。药物品种单一会直接影响农产品效益，久而久之，随着农药的大量使用，病虫害对农药产生抗药性。部分农业生产者在喷洒农药过程中难以掌控时机，甚至将多种农药混合进行喷洒，一方面会提升农产品种植成本，另一方面难以达到驱虫的目的。

第三，无法掌握肥料的施加时间和施加量。肥料被称为粮食的"粮食""庄稼一枝花，全靠肥当家"。我省已经开始施化肥零增长行动、因地制宜推行测土配方施肥，颇有成效。但化肥使用过量、盲目施用等问题屡见不鲜，假冒伪劣化肥充斥，农用物资"忽悠团"屡打不绝，肥料市场秩序混乱监管乏力，农民使用化肥缺乏科学指导，对于基肥与追肥时肥料使用量没有科学依据，测土配方施肥叫好不叫座，不利于发展现代农业，这些因素不仅对环境质量造成极大的威胁，还严重地影响农产品的质量安全。

（三）生产管理技术

1. 管理技术落后

农产品种植田间管理技术主要有水肥管理、病虫害监控管理。养殖管理主要体现在饲料选择、畜牧健康状态等。水肥管理和病虫害监控是农作物提高产量和质量的重要环节，目前黄平县优质农产品不集中，种植农户比较零散，又由于农产品田间管理技术比较落后，导致农产品质量难以提升，产量低。农作物对气候、温度和湿度以及土壤的酸碱性有一定的要求，土壤必须有充足的肥力，土层深厚且松软，提高土壤通透性的同时加强了农作物对营养物质的吸收，这些提高农产品产量、成为优良品质的栽培管理技术是农产品生产者所缺乏的。又由于黄平县农产品种养殖缺乏适应当地的标准可循，因此不少农户对种养殖的管理技术存在诸多盲区，田间管理比较粗放，加之近年来，随着土地租金价格的提高，种植者为了节省土地成本，农产品栽种过于密集，种植过于密集容易导致病虫害加剧，果蔬更加容易腐烂，影响果蔬的质量和口感。再者大多数农户习惯在同一块地上连续种植，这样不仅会很大程度上降低土地的肥力还会加剧土壤的毒性，影响种植的效果。

2. 采收技术落后

农产品采收后的再加工、再增值过程，包括挑选、分级、清洗、预冷、打蜡、催熟、包装等技术环节。通过贵州省地方标准查询服务平台查询，黄平县关于农产品的标准技术仅有《黄平线椒品种及栽培技术规程》（DB52/T 970—2014），因此黄平县农产品采收后的系列环节标准技术几乎处于空白。农产品在采收方面，缺乏统一的采收标准，农民基本处于"经验主义"。采收的早晚对农产品的贮藏效果影响很大，采收期要依农产品特性、当年气候状况、贮藏期来确定，每个农产品的采收期和采收标准各有不同，如辣椒的采收受到成熟度、营养成分含量等因素的影响，不同的采收标准直接影响农产品的品质、包装贮运以及后期的贮藏。采收过早，表现不出本品种的品质特性（色泽、风味等）而影响贮藏效果，同时在贮藏内还容易发生病害，造成损失；采收过晚，会影响其耐贮性和抗病性，从而达不到贮藏目的。

3. 加工与贮藏技术落后

进入市场的农产品采收后需要进行预冷然后贮藏，农产品的贮藏受到温度、湿度以及气体成分的影响，有的农产品贮藏不适宜容易降低农产品的产品品质，被微生物损坏，谷物类农作物如若贮藏不当极易产生毒素，如黄曲霉毒素。如今黄平县多数农户贮藏技术落后，贮藏方式不当，导致产品质量安全降低案例较多，主要体现在农产品加工过程操作不当产生有害化学物质，贮藏和运输过程中使用保鲜剂，以及农用设备、容器、包装材料与农产品直接接触，另外由于贮藏技术的落后微生物、病原体、寄生虫等污染源容易接触到农产品，此类问题主要是农户长期处于落后生产环境中养成的习惯，知识的局限性、条件的限制以及现代农业科学技术水平低下，或者受到短期或者局部利益的影响等因素造成的。

（四）监管体系与机制

近年来，黄平县针对农业产业的提升与发展采取过诸多措施，但在农产品质量安全这一领域监控体系薄弱，检测条件差，监测设施简陋，监控力度依然不够，不能够经常定点定时抽检产品，当地农产品基地准出与市场准入制度不完善，对于农兽渔药等残留标准及检测方法的制定长期落后于农业生产的应用和农产品质量安全保证的需要。此外，由于检测人员及仪器配备的缺乏，检测工作主要局限于大中型超市、批发市场、规模大的基地，对于规模小点的基地和乡村集贸市场完全覆盖不了，而且检测的信息反馈滞后。对大多数小而分散的农产品经营者缺乏有效管控，对不法生产经营者打击力度也不够，食品安全违法成本低。优质农产品的市场激励机制不完善且力度不够，难以做到优质优价，这也挫伤了一些生产经营者对农产品提质保安全的积极性。这些都是影响农产品质量安全水平提高的障碍因子。对于非法添加、制假售假、贮藏运输及包装污染等问题，完全可以通过行政问责、法律惩处、专项整治、重点处罚等在短期内抓出成效。

三、黄平县农产品质量提升建议

（一）加强投入品管控

从源头上大力控制农产品质量安全。随着农药的使用，病虫害会形成抗逆性甚至变异，所以对于农药的管控与研究不能停滞不前，应严格按照国家标准执行，创建农产品种植管理和病虫害研究团队，带动农业生产者科学合理地解决病虫害、规范地管理产业基地，减少农药与化肥的使用，做好对农业生产者质量安全防控的知识培训工作，增强农业生产者对食品安全、生态保护的意识。管理部门做好对化肥与农药的监管力度，严厉打击三无化肥与农药售卖商。为减少化肥与农药的使用，保证农产品质量安全，维持生态平衡，大力推广使用量少、利用率高的农药与化肥；组织科研、管理团队定期凝聚散户种植基地，进行点对点食品安全、生态安全、农产品种植、化肥与农药使用等知识的宣传和培训，不能遗漏任何一个村落，切实做到科学合理地种植农产品，从源头保证干净的农产品；制定更加科学可行的管理标准，标准要落实到基层，深度改善化肥与农药的使用情况，化肥与农药补贴和专营店落实要到位。

（二）完善农产品质量安全可追溯系统

农产品质量安全可追溯体系建设。首先推进食用农产品追溯体系建设，建立全程追溯协作机制，以责任主体和流向管理为核心，以追溯码为载体，推动追溯管理与市场准入相衔接，实现"从农田到餐桌"全过程追溯管理。其次是推进农业投入品追溯体系建设，以农兽渔药等的登记、生产、经营、使用环节全程追溯监管为主要内容，建立电子追溯码标识制度的追溯体系，实施全程追溯管理，提升源头控制能力。以保障农业生产安全、农产品质量安全、生态环境安全和人畜生命安全。

（三）加强组织领导

目前农产品监管体系存在"分种类"和"分段式"管理现象，针对这种现象，建立顶层设计具有重要的意义，设置主管部门后，划清各部门的权责和监管的界限，多部门协调配合，填补农产品质量安全监管的漏洞，保障农产品追溯行业的健康发展。在各部门和社会团体的配合下加大对"食品安全云"的建设，为全省各特色农业品种、农产品生产企业提供质量追溯技术服务。当农产品某个环节出现危害健康的安全性问题时，特定部门按照农产品原料生产，加工上市至成品最终消费过程中各个环节所必须记录的信息，追踪产品流向，召回问题食品，切断源头，消除危害的性质，最终实现农产品的安全风险管理。另外针对地方特色制订黄平县农业现代化推进规划或实施方案，落实规划任务，细化政策措施。要根据规划的任务分工，强化政策配套，协同推进规划实施。完善考核机制，将农产品系列标准的建设情况纳入部门目标考核任务，把保障农产品质量和食品安全作为衡量领导班子政绩的重要考核内容。

四、结语

农为四民之本，食为八政之先。近年来，我省丰富的农产品远销全国乃至世界各地，我省实施了一系列有利于农业农村经济发展的政策措施。黄平县地理优势极强，农产品种类丰富，产业兴旺对整个黄平县的建设起着重大的作用，但是农产品质量安全是制约产业发展的主要因素之一，目前农业产业种植、生产、贮藏、运输管理过程以及政府部门监管力度依然存在着许多潜在的质量安全问题，一旦有质量问题的产品流入市场将会严重威胁消费者的身心健康，影响消费者的消费信心，从而导致农业产业的健康发展受到严重的威胁。2020年作为全面进入小康社会建成之年，农业产业的打造应该在符合国家有关技术规程和质量安全的条件下，积极推动农业产品品牌效应，积极打造"三标一品"，实现农产品的可追溯系统，打造透明的、安全的、绿色的农产品，助力绿色农产品产业走向世界。

参考文献：

[1] 黄秀平，周镁，钱志瑶，等.贵州省施秉、黄平县太子参种植基地土壤肥力的测定与评价[J].中药材，2014，37（11）：1914-1918.

[2] 叶华香，吴琼，李明.贵州省黄平县太子参基地土壤环境质量监测与评价[J].贵州农业科学，2005（6）：38-40.

研究与案例

B.15
农业区域公共品牌案例报告（法国葡萄酒）

李春艳* 刘前碧** 谭贵艳***

摘　要： 本报告先从法国葡萄酒公共品牌发展的基础条件出发分析了法国葡萄酒品牌发展必备的因素，在此基础上对法国十大葡萄酒品牌的基本信息、发展过程进行了阐释，最后分析了支撑法国葡萄酒品牌发展壮大的保障条件。

关键词： 法国葡萄酒；公共品牌；品牌发展

一、法国葡萄酒区域品牌发展的基础条件

被誉为世界浪漫之都的法国盛产的葡萄酒闻名天下，人们称为酒中极品。它和时装、香水一样代表着法兰西民族的浪漫情调，被大家称为法国"名片"。

法国葡萄酒以香气怡人、口感细腻、高雅清淡、味道醇厚而风靡全世界，其凭借着独特风味也成为法国最具典型性与代表性的地理标志农产品。此外，干邑酒与香槟也为法国带来举世瞩目的社会效益与经济效益。截至2020年，法国香槟酒年均产值高达200亿法郎，95%的干邑酒

---

* 李春艳，女，贵州省地理标志研究中心助理研究员，研究方向：地理标志、公共品牌、公共政策。
** 刘前碧，女，黄平县特色经济作物发展服务中心副主任，农艺师。研究方向：农业产业发展。
*** 谭贵艳，女，贵州大学公共管理学院2020级硕士研究生，研究方向：公共政策。

B.15 农业区域公共品牌案例报告（法国葡萄酒）

用于出口，销往 100 多个国家与地区，创汇高达 100 多亿法郎。法国本地人将干邑酒与香槟视为珍贵的国家经济文化遗产，将干邑酒与香槟作为国际贸易的竞争手段，甚至用干邑酒与香槟代表国家形象。

就法国生产葡萄酒的基础条件而言，优越的气候条件是法国葡萄酒闻名于世的重要因素。法国葡萄产区属于典型的地中海海洋性气候，冬季受到大西洋季风影响常年温和多雨，夏季则因比斯开湾的影响天气较为干燥炎热，这种气候条件为种植好品质的葡萄奠定了基础。关于法国的气候数据具体如表 15-1 所示。

表 15-1　法国气候数据（2010—2020 年）

月	最高值/℃	高温平均值/℃	日平均/℃	低温平均值/℃	历史最低值/℃	降水量/mm	平均降雨天数/天	每月日照时间/时	相对湿度/%
1	20.2	10.1	6.6	3.1	−16.4	87	12	96	88
2	26.2	11.7	7.5	3.3	−15.2	72	10	115	83
3	27.7	15.1	10.3	5.4	−9.9	65	11	170	78
4	31.1	17.3	12.4	7.4	−5.3	78	12	182	76
5	35.4	21.2	16.1	11.0	−1.8	80	11	217	76
6	39.2	24.5	19.3	14.1	2.5	62	8	239	76
7	38.8	26.9	21.4	15.8	4.8	50	7	249	75
8	40.7	27.1	21.4	15.7	1.5	56	8	242	76
9	37.0	24.0	18.5	12.9	−1.8	84	9	203	80
10	32.2	19.4	14.9	10.4	−5.3	93	11	147	86
11	25.1	13.7	9.9	6.1	−12.3	110	13	94	88
12	22.5	10.5	7.2	3.8	−13.4	106	13	82	89
年平均	31.3	18.5	13.8	9.1	−6.1	78.6	10.4	169.7	81

（数据来源：作者依据文献资料整合所得。）

葡萄的生长离不开阳光照射。阳光是促使植物进行光合作用的唯一能量来源，其中紫外线可以帮助葡萄花芽分化、帮助果实着色、提高葡萄浆果品质。如果光照不足，便会导致葡萄的新梢生长细弱，叶色淡，叶片薄，果穗小，葡萄落果过多等众多问题。法国葡萄酒产区的温度是适宜种植优质葡萄的关键条件，七八月充沛的日照不仅可以促进植物光合作用于叶绿素同化作用，而且在只有少量叶片的情况下也可以为葡萄树提供充足的能量，形成最佳的葡萄采摘条件。

降水也是促使葡萄形成优良品种的重要因素，法国降水多处于葡萄藤休眠期，此时的降水只会对砧木与土壤湿度产生影响。葡萄花期与浆果发育阶段的降水开始变少，可以完美地避免因强降雨打落葡萄花朵而导致败育的现象。夏末秋初，采摘葡萄时处于少雨季节，这种气候可以帮助当地葡萄形成优良的果实浓度。

此外，卓有成效的品牌管理是促使法国葡萄酒闻名于世的重要条件，与其他国家不同的是，法国政府仅仅负责制定葡萄酒品牌发展的政策法规，而法国葡萄酒行业协会则主要负责政策的具体实施工作。法国葡萄酒行业协会的发展始于1975年，其具有一般行业协会职能，例如，指导葡萄酒企业生产，培训葡萄种植者相关技术，举办各类品酒会推广、宣传葡萄酒品牌等，行业协会也是葡萄酒生产企业与政府间沟通的桥梁，在这两者之间形成纽带作用。此外，葡萄酒行业协会肩负着检查、监督葡萄酒企业产品质量的重任，而且法国葡萄酒行业协会的工作人员主要以非常熟悉葡萄酒行业、工作经验丰富的人为主，这有助于协会工作顺利展开。这是法国葡萄酒品牌卓尔不群的重要原因，即使现今市场竞争十分激烈，法国葡萄酒品牌依然屹立不倒。

法国独具特色的酒庄品牌文化也是葡萄酒品牌发展的关键原因。法国葡萄酒是品牌和文化合二为一的产物，多如繁星般遍布整个法国长达多个世纪并且已经超过千年历史的葡萄酒庄是促进法国葡萄酒久负盛名的原因之一。这些酒庄拥有上乘品质、悠久历史、浪漫文化与优雅气质，是全球葡萄酒爱好者心神向往的圣地。法国是最早的酒庄发源地，即使每个酒庄并未形成较大面积，但是所有葡萄酒生产工序均在这些小小的酒庄完成，这有助于生产者随时把关葡萄酒质量，并且酒庄本身所蕴含的浪漫色彩与浓厚的历史文化会随着葡萄酒传播至世界各国，从而形成法国葡萄酒特色的品牌。

二、法国葡萄酒十大品牌案例简介

法国葡萄酒品牌多达成千上万种，其中最为著名的十大品牌极具典型性，本报告就从这十大品牌出发，从种植面积、产量、特点、产地等方面对法国葡萄酒品牌进行分析。关于法国十大闻名于世的葡萄酒品牌的具体数据信息如表15-2所示。

表15-2 法国十大葡萄酒品牌基本信息

名称	产地	级别	表面积/公顷	葡萄品种	平均树龄/年	平均产量/（公升/公顷）	年产量/瓶	种植密度/（株/公顷）	窖藏
罗曼尼·康帝	法国勃艮第禾斯·罗曼尼村庄	特级葡萄园	1.75	黑皮诺	42	2000～2500	4800～6000	—	—
里鹏	法国波尔多宝物隆	宝物隆产区并无评级	2.03	92%梅格，8%佛郎	28	3400	7000	6000	储存在全新橡木桶内15至18个月
柏翠庄园	法国波尔多宝物隆	宝物隆产区并无评级	11.42	95%梅格，5%佛郎	35	3600	25000～30000	6500	20个月
欧颂庄园	波尔多圣·埃美隆	一等特级庄园	7	50%佛朗，50%梅格	50～55	3500	200000～230000	6000～7000	储存在橡木桶内19至23个月
白马庄园	波尔多圣·埃美隆	一等特级庄园	37	58%佛朗，42%梅格	45	3500	100000	8000	储存在橡木桶内18个月
奥比昂（红颜容）庄园	法国波尔多格拉芙	1855年评级"一级庄园"	65	45%赤霞珠，37%梅洛，18%佛郎	36	3500～4500	132000	8000	储存在橡木桶内22个月
玛高庄园	波尔多玛高区	1855年评级"一级庄园"	77.9	75%赤霞珠，20%梅洛，5%佛朗及小伟度	35	4500	200000	10000	储存在橡木桶内18至24个月
武当（木桐）庄园	法国波尔多普尔勒	1973年评级"第一庄园"	78.8	77%赤霞珠，11%梅洛，10%佛郎，2%小伟度	45	4000～5000	300000	8500	储存在橡木桶内19至22个月

黄平县公共区域品牌发展报告　No.1，2020

续表

名称	产地	级别	表面积/公顷	葡萄品种	平均树龄/年	平均产量/(公升/公顷)	年产量/瓶	种植密度/(株/公顷)	窖藏
拉图庄园	法国波尔多普尔勒	1855年、1973年评级"一级庄园"	65	75%赤霞珠，20%梅洛，4%佛郎，1%小伟度	40	4500	175000	10000	储存在橡木桶内17个月
拉菲庄园	法国波尔多美度普尔勒	1855年、1973年评级"一级庄园"	100	70%赤霞珠，25%梅洛，3%佛郎，2%小伟度	45	4800	210000	7500	储存在橡木桶内16至20个月

（数据来源：作者依据文献资料整合所得。）

（一）罗曼尼·康帝（Roman e-Conti）

该品牌产自法国勃艮第禾斯·罗曼尼村庄，罗曼尼·康帝品牌是以黑皮诺为主要种植品种的特级葡萄园，葡萄树树龄平均有 42 年，该园种植面积有 1.75 公顷，园内平均每公顷葡萄树平均产量有 2000~2500 公升，酿造葡萄酒有 4800~6000 瓶。该品牌以产量极少、需配额、质量高、价格昂贵为主要特征。

禾斯·罗曼尼村庄是 17 世纪勃艮第公爵打猎的区域，后来才被发展为葡萄种植园，村庄上百余人口主要从事和葡萄酒相关的工作，此处拥有 15 个一级葡萄园，7 个特级葡萄园，其中罗曼尼·康帝是最精华的葡萄园，也是特级葡萄园，属于现如今最古老的葡萄园区之一。该葡萄园早在 12 世纪时属于该地名门望族维基（Vergy）家族所有，当时的葡萄园就已经广为人知。1232 年，维基家族将此葡萄园赠予当地教会，在后来的四百多年中，此葡萄园一直是天主教的产业，酿造的葡萄酒也主要由天主教的修士、神父享用。1760 年，此葡萄园成为世界上最为昂贵的葡萄园。后来，康帝公爵将自己的姓加在了葡萄园名中，"罗曼尼·康帝"这个名称便从此流传至今。康帝将此葡萄园视为瑰宝，酒酿仅用来供奉皇室，从不赠予他人。由于当时无法喝到葡萄酒，很多爱好者只好退而求其次地将目标转向高伦堡家族的拉塔西（La Tache）葡萄酒园，该葡萄园当时在一时间成为法国最受欢迎的葡萄酒产地，但是好景不长，法国大革命时期葡萄园的园主康帝之子海外亡命，葡萄园被革命政府没收后向大众售卖，最后被朱利安·奥雅收购，此后"罗曼尼·康帝"品牌开始使用全新木桶贮存，由于木材进行三年风干后才能造桶，葡萄收获很低，平均年产量为每公顷2000~2500公升，每三棵葡萄树才可以酿造出一瓶顶级"罗曼尼·康帝"葡萄酒，由此可见其珍贵程度。

（二）里鹏（Le Pin）

里鹏葡萄酒产自法国波尔多宝物隆，在该品牌的葡萄品种当中梅洛占据92%，佛郎占据8%。里鹏葡萄种植面积有2.03公顷，葡萄树树龄平均有28年，每公顷种植葡萄树有6000株，每公顷葡萄树平均产量有3400公升，年产量有7000瓶，其葡萄酒贮藏在全新橡木桶中陈放15至18个月。

里鹏葡萄酒在半个世纪以来的法国酒行业中取得了最举世瞩目的成就。1979年，一名叫作杰克·天安保（Jacques Thienpont）的买家在老施丹庄园（Vieux Chateau Certan）罗贝（Mme laubrie）夫人手中买入了一个小葡萄园，当时这个小葡萄园以100万法郎的价钱购入，但是由于太小不能被称作庄园，所以被冠以"里鹏"的名称，并未命名为庄园。

（三）柏翠庄园（Chateau Petrus）

柏翠庄园产自法国波尔多宝物隆，庄园表面积有11.42公顷，在其葡萄品种中，佛郎占5%，梅洛占95%。该品牌的葡萄树树龄平均有35年，葡萄树种植面积每公顷有6500株，每年的葡萄产量有3600公升，可酿造葡萄酒25000~30000瓶，葡萄酒需要贮藏在全新的木桶当中陈放20个月，并且在灌瓶前需要澄清过程，不用过滤。

法国波尔多宝物隆产地多为小型葡萄园，酒厂有185个，每个酒厂的占地面积不足4公顷，很多小酒厂仅有不足1公顷的葡萄园，葡萄酒年产量也仅有200~300箱。而柏翠庄园拥有12公顷葡萄园地，是当地面积最大的庄园，1837年柏翠庄园首次出现，1868年时已成为仅次于杜德莱庄园（Trotanoy）与老施丹庄园（Vieux Chateau Certan）的第三位庄园。1925年，一位酒店老板娘隆芭夫人（Mme Loubat）将柏翠庄园从园主手中买下并致力于提升柏翠酒庄知名度，老板娘不仅将柏翠庄园介绍给官绅富豪，还将柏翠庄园提价。1947年，隆芭夫人在女皇大婚之际献上了柏翠庄园佳酿，此后柏翠庄园的葡萄酒一举成为伦敦一流餐厅的必备酒品。隆芭夫人凭借自己在上层社会擅长的交际手段不断将柏翠庄园葡萄酒发展壮大。1961年，隆芭夫人离世，她在生前便将自己的柏翠庄园股份划分为三大股份，股份的三分之二让其侄子继承，三分之一售于较为擅长酿酒的莫埃尔家族（Jean Pierre Moueix）。

（四）欧颂庄园（Chateau Ausone）

欧颂庄园产自波尔多圣·埃美隆（Saint Emilion），属于一等特级庄园，该庄园的表面积是7公顷，在该品牌的葡萄品种当中，佛朗与梅洛各占50%，其葡萄树平均树龄在50~55年。欧颂庄园每公顷种植葡萄树的密度在6000~7000株，每公顷葡萄树的产量是3500公升，葡萄酒年产量介于200000~230000瓶，其葡萄酒储存在橡木桶中陈放19至23个月，葡萄酒灌瓶前需要经过澄清过程，无须过滤，其成熟期在10年至100年。

1954年，圣·埃美隆区开始设置评级制度，并且将级别划分为4个等级。其中圣·埃美隆法定产区属于第四等级，第三等级是优级，第二等级是特级，第一等级是一等特级。1958年开始第一次评级，1969年开始第二次评级，虽然评级被规定为每十年评定一次，但是这项规定并未被严格执行，并且每次评级时品牌等级发生变动的概率并不大。然而值得注意的是，被评为一等特级A类的欧颂庄园、白马庄园从第一次评级开始时级别就没有发生过变动，一等特级B类的品牌发生了变更，1996年以前有九家葡萄酒品牌，1996年评级时新增了宝西奥庄园、大金钟庄园。一等特级B类、A类共计13家，一等特级A类甚至可以和一级庄园相媲美。

18世纪初，欧颂庄园就已经在经营木桶生意的卡狄纳家族（Catenat）手中成园，该庄园在19世纪初被庄园主转让给其亲戚经营，1891年再次转让给了另一个亲戚经营打理。

欧颂庄园在卡狄纳手中经营时便已经取名为欧颂庄园，当时处于1781年，而欧颂是当地一位罗马诗人、教授，此人也是当时罗马皇帝儿时的老师，所以此人官运亨通，官位在当时逐渐上升至枢密院长老、总督。由于此人酷爱喝酒，所以他曾在德国、波尔多拥有很多庄园。即使现在已经无法证实欧颂老师是否就是在如今现有的欧颂葡萄园喝酒吟诗、种植葡萄，但是人们仍然将欧颂葡萄酒称为"诗人之酒"。19世纪中期，该庄园就已经被列入圣·埃美隆地区最好的庄园名单当中。

（五）白马庄园（Chateau Cheval Blanc）

白马庄园产自波尔多圣·埃美隆地区，属于一等特级庄园，该庄园的表面积有37公顷，在该品牌的葡萄品种中，有42%是梅洛，58%是佛郎。葡萄树的平均树龄是45年，庄园种植面积每公顷有8000株，每公顷的产量有3500公升。葡萄酒年产量有100000瓶，其窖藏方式是储存在橡木桶中陈放18个月，该品牌的葡萄酒灌瓶之前需要澄清过程，无须过滤。

在圣·埃美隆产区，白马庄园和欧颂庄园是家喻户晓的两个一等特级庄园。其中白马庄园原本属于杜卡斯（Ducass）家族手中飞雅克庄园的一部分。早在1852年，杜卡斯家族将自己的女儿嫁给了拥有很多葡萄酒庄园的科歌路萨（Fouecaud Laussac），杜卡斯家族将该庄园作为女儿嫁妆，从此以后白马庄园就变成了路萨家族的产业。1927年，该庄园为了不被瓜分设置成公司形式，让庄园的股权集中了起来。1989年以前，庄园董事会由路萨家族女婿负责，此人是波尔多大学校长，拥有极高的社会地位与学术地位，白马庄园在他的经营下提高了不少声誉。1989年该女婿退休后庄园又交由家族三位女士经营。

白马庄园在1853年被正式命名，世间流传着庄园命名的一个说法，曾经有一位经常骑白马的国王经常在该地下马休息，该国王的徽章是独角白马，所以此地的庄园就以此取名为白马。虽然白马庄园地处省·埃美隆区，但是白马庄园与宝物隆区毗邻，所以该庄园的"风土"和位于宝物隆区的盖世龙庄园（Chateau Conseillante）、拉旺庄园（Chateau L'Evangile）这两个著名庄园极为相似，人们因此也称为宝物隆区葡萄酒。

Le Petie Cheval 是白马庄园副牌酒（Second Wine）的名称，该品牌从1988年开始面世，1947年时，白马庄园的葡萄酒获得了波尔多地区"本世纪最完美红酒"的佳誉，从1911年开始，白马庄园邀请了波尔多区最著名的酿酒师担任该园酿酒师直到现在。

（六）奥比昂庄园（Chateau Haut Brion）

奥比昂庄园也被称为红颜容庄园，该庄园产地位于法国波尔多格拉芙（Graves），1855年，该庄园被评为一级庄园，庄园表面积有65公顷，在该品牌的葡萄品种中，18%是佛郎，37%是梅洛，45%是赤霞珠。奥比昂庄园葡萄的平均树龄是36年，每公顷种植葡萄的面积是8000株，葡萄树每年的平均产量在每公顷3500~4500瓶，葡萄酒的年产量是132000瓶，窖藏方式是贮藏在橡木桶内陈放22个月。

奥比昂庄园早在14世纪时便被开拓为葡萄园，是一个有着悠久历史的庄园。1749年，奥比昂庄园在继承时被分家，该庄园三分之二的所有权归玛高庄园所有。后来奥比昂庄园因为法国大革命爆发被充公。革命结束后，该庄园被园主儿子重新买回并将其进行了两次转卖，奥比昂庄园最后归拉利奥家族所有，该家族后来又将原先被分割出去的三分之一庄园购回，让原本被分割的庄园回归统一。后来，庄园再次被转卖至一位美国银行家手中，据说该银行家原本想购买欧颂庄园与白马庄园，但是由于当天的大雾天气而走错了方向，最后来到了奥比昂庄园，恰巧遇到该庄园放盘，所以当时很快速地完成了该庄园的买卖交易。

1855年，在波尔多地区葡萄酒评级当中大部分都是美度区（Medoc）红酒，当时只有奥比昂庄园的葡萄酒可以和玛高庄园、拉菲庄园、拉图庄园的葡萄酒并列为第一级红酒庄园。奥比昂庄园可以有此殊荣的原因是该庄园未被根芽虫侵犯，当时在所有葡萄酒产区中只有奥比昂庄园躲过了根芽虫的劫难，该庄园也因此扬名立万。从1921年开始，该庄园就邀请当地著名的酿酒师乔治·狄玛士（Georges Delmas）为庄园酿酒。1960年开始由他的儿子承担酿酒工作，此人的酿酒技术在波尔多地区被誉为大师级别，甚至可以与柏翠庄园的酿酒师相媲美。

（七）玛高庄园（Chateau Margaux）

玛高庄园位于波尔多玛高地区，在1855年评级时被评定为第一庄园，该庄园表面积有78公顷，该品牌的葡萄品种中有5%是佛郎与小伟度，20%是梅洛，75%是赤霞珠，葡萄树的平均年龄是35年。庄园种植葡萄的密度是每公顷一万株，葡萄树的年产量是每公顷4500公升，每年生产葡萄酒20万瓶。该庄园窖藏葡萄酒的方式是储存在橡木桶中18至24个月，葡萄酒灌瓶之前需要澄清过程，无须过滤。

玛高区是唯一包含一级到五级级别庄园的葡萄酒产区，1855年，该区域有22个葡萄酒品牌在美度评级名列前茅。其中玛高区的一级庄园便是以此地区为名字的庄园。在玛高庄园悠久的发展历史中经历了多次转手买卖，13世纪时，玛高产区曾经建有城堡，这个城堡是美度区最早的建筑物，后来逐渐演变为葡萄种植园。15世纪时，玛高庄园的所有权频繁地流动于当地贵族之间。1860年，玛高庄园所有权由贵族达拉狄（D'Aulede）掌管。1755年以后，该园所有权经常在贵族间的婚姻关系中流转。后来法国大革命爆发，当时的葡萄园园主亡命海外，其岳父与妻子都被送上断头台，后来玛高庄园被革命政府没收拍卖。1802年，哥伦利那侯爵（Conlonilla）将该庄园买下，他修建了一座和美国白宫相似的建筑物，将玛高庄园打造成了当时波尔多地区最优雅的庄园。

（八）武当（木桐）庄园（Chateau Mouton Rothschild）

武当庄园的产地位于法国波尔多普尔勒，该庄园在1973年被评为第一级庄园，其表面积有77.9公顷，在庄园的葡萄品种中，有2%是小伟度，10%是佛郎，11%是梅洛，77%是赤霞珠。葡萄树的平均树龄是45年，该庄园每公顷种植葡萄8500株，每公顷的葡萄产量在4000~5000公升，每年生产的葡萄酒有30万瓶，该庄园窖藏葡萄酒的方式是将其贮存在橡木桶中陈放19至22个月。

武当庄园原本位于一个名为"绵羊"的小山丘上，1725年有位贵族将当时的园地改名为武当，后来该贵族的孙子成功将赤霞珠葡萄引入本葡萄园以及美度地区，为武当庄园增添了名气。1830年，该园被转卖给一位银行家后被更名为武当罗富齐，后来武当庄园、拉菲庄园两个法国最有名的庄园全部被弥敦尼尔男爵买下。在这位男爵去世后，他堂叔的儿子亨利继承了武当庄园，但是由于亨利对管理葡萄园和酿酒并无兴趣，后来他又把该庄园转交给次子菲腊男爵（Baron Philippe），菲腊在他20岁时便立志要将庄园打造成与拉菲庄园、拉图庄园水平相当的高级葡萄园。但是后来武当庄园在评级时被列为第二级庄园，这对菲腊来说简直就是奇耻大辱，因此坚定决心不断改善酿酒技术与庄园环境设施，后来武当庄园的葡萄酒品质不断完善。

（九）拉图庄园（Chateau Latour）

拉图庄园的产地位于法国波尔多普尔勒，该庄园在1855年、1973年均被评定为一级庄园。拉图庄园的表面积有65公顷，在该品牌的葡萄品种中，有75%是赤霞珠，20%是梅洛，4%是佛郎，1%是小伟度。此外，拉图庄园的葡萄树年龄是40年，葡萄种植密度是每公顷一万株，每年的葡萄产量是每公顷4500公升，葡萄酒的每年产量是17.5万瓶，拉图庄园窖藏葡萄酒的方式是将葡萄酒贮藏在橡木桶中陈放17个月。

15世纪时，英国人为了防止海盗在波尔多芝郎狄河（Gironde）的河口建立了一座城堡，后来该城堡在16世纪时被改造成葡萄园即拉图庄园。1670年，拉图庄园被法国路易十四的秘书买入，1677年该园又转落到哥素（De Claussel）家族手中，后来该庄园又因为婚姻关系转接到西格尔家族（Segur）手中。法国大革命时期，该庄园被革命政府拍卖给了保望（Beaumont）家族，1993年，拉图庄园被法国百货业老板买下，现在的拉图庄园的园主就是这位老板。

（十）拉菲庄园（Chateau Lafite Rothschuid）

拉菲庄园的产地是法国波尔多美度普尔勒（PAUILLAC），拉菲庄园在1855年、1973年的评级当中均被评定为一级庄园，该庄园表面积有100公顷，在拉菲庄园的葡萄品种当中，2%是小伟度，3%是佛郎，25%是梅洛，70%是赤霞珠。拉菲葡萄园的葡萄树平均树龄为45年，葡萄种植密度为每公顷 7500 株,每年的葡萄产量是每公顷 4800 公升,葡萄酒的年产量为 21 万瓶,该庄园将葡萄酒窖藏在全新橡木桶当中陈放 10 至 20 个月。

拉菲品牌的葡萄酒在历史上的记载最早可追溯至公元 1234 年,该时期修道院遍布法国大大小小的村镇,而地处法国波尔多的维尔得耶(Vertheuil)修道院就是当今拉菲庄园所在地。从 14 世纪开始,拉菲庄园的所有权流落到中世纪领主手中。在当地方言当中,"La Fite"意为小山丘,"拉菲"也因此而得名,17 世纪时,拉菲酒庄流转至西格尔家族手中,并在他们的经营下不断发展壮大。

三、法国葡萄酒品牌发展的保障:"风土"管理

法国葡萄酒品牌在发展的过程中遵循着"土地精神",即特定区域的葡萄酒品牌要体现区域特点,这是法国葡萄酒发展壮大的根本动力。其中原产地命名控制(AOC)管理制度就将葡萄酒品牌精确限定至原产地,该制度主要将葡萄酒进行分级,传统意义上的葡萄酒等级有四级,即日常餐酒(VDT),地区餐酒(VDP),优质地区餐酒(VDQS),法定产区酒(AOC),由于优质地区餐酒产量极少,该等级已经逐渐消失。关于葡萄酒分级的具体阐释如图 15-1 所示。

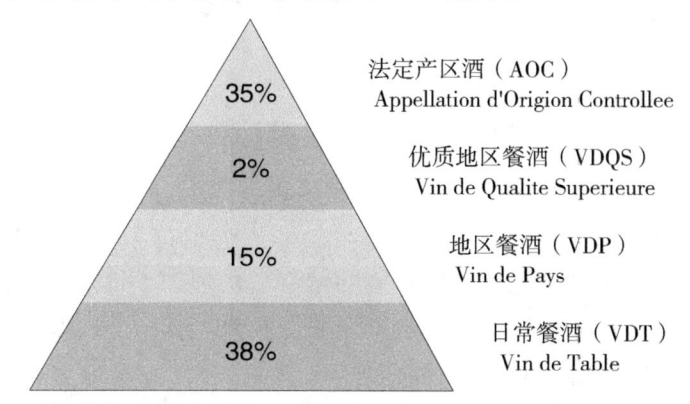

注:其他 10% 为欧盟餐酒(VDCE, Vin de La Communaute Europeenne),最低档无等级。

图 15-1 法国葡萄酒品牌等级划分

在四个等级当中，不同类型的餐酒在金字塔当中的位置越高，其等级也就越高，对该餐酒的要求也相应更为严格。日常餐酒位于金字塔底端，其质量在四个等级当中最低，法定产区酒位于金字塔顶端，属于法国葡萄酒当中要求最为严格，级别最高的餐酒。这种不同等级的划分方法有助于提高、保证法国葡萄酒品牌质量，促进葡萄品牌健康发展。

法国葡萄酒品牌贯彻"土地精神"的好处十分明显，这让法国葡萄酒品牌在品质与种类的判断方面十分醒目，所以"产区"是法国葡萄酒品牌的关键标志，其内容主要包含两部分，即葡萄酒品牌的法定"子产区"划分标准与法定"子产区"类型。

在法国葡萄酒不同品牌的产区之间存在着由低到高的等级差别，主要有地方性、地区性与村庄级法定产区。具体如图15-2所示。

村庄级法定产区
如 Pauillac – AOC

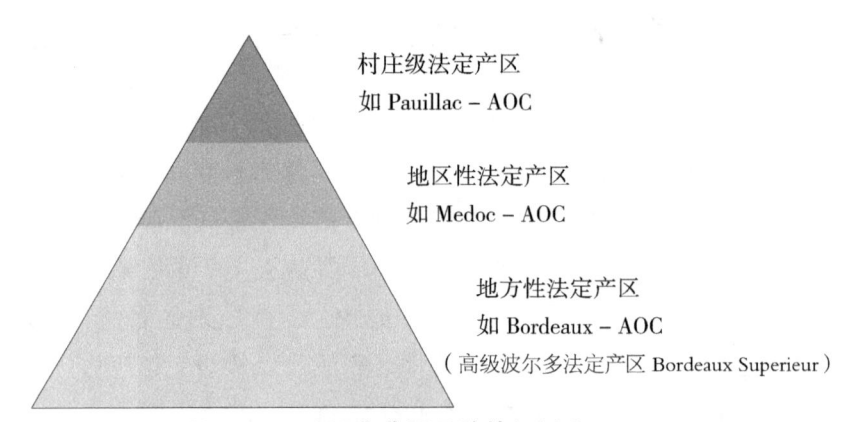

地区性法定产区
如 Medoc – AOC

地方性法定产区
如 Bordeaux – AOC
（高级波尔多法定产区 Bordeaux Superieur）

图 15-2　法国葡萄酒品牌等级划分

不同地区的葡萄酒品牌拥有相应的法定规则，并且每个产区允许酿造的葡萄酒类型都有严格规定。其中在葡萄酒品牌聚集地波尔多产区的地方性法规当中，格拉夫产区允许酿造白葡萄酒与红葡萄酒，梅多克（Medoc）产区允许酿造红葡萄酒，巴萨克（Barsac）与苏黛（Sautemes）产区允许酿造贵腐甜酒，波美侯（Pomerol）产区允许酿造红葡萄酒，圣艾米利昂（Saint Emilion）产区允许酿造红葡萄酒，两海之间（Entre Deux Mers）产区允许酿造甜白葡萄酒。

"允许"这个概念是法国葡萄酒品牌传承"土地精神"的重要组成部分，"允许"代表着葡萄酒品牌当中可以标明产区的葡萄酒类型。例如，梅多克产区生产的起泡酒或者玫瑰红酒，无论其质量如何，这些非红葡萄酒都不能使用"Appllations Medoc Controled"这个品牌进行产品标示，这便是原产地命名控制制度赋予法国葡萄酒品牌的发展保障。

总之，法国葡萄酒品牌能够真实反映产地特色，具有别具一格的特性，原产地命名控制制度能够为法国葡萄酒品牌的发展提供保障，让源于法国的葡萄酒品牌得到国际市场的认同，促进法国葡萄酒品牌不断兴盛。

参考文献：

[1] 宋军.沙地葡萄酒新疆市场营销策略研究[D].石河子：石河子大学，2020.

[2] 朱海波，聂凤英.深度贫困地区脱贫攻坚与乡村振兴有效衔接的逻辑与路径：产业发展的视角[J].南京农业大学学报（社会科学版），2020，20（3）：15-25.

[3] 雷渊媛，蒙晓哲.我国葡萄酒产业链整合模式的探究[J].陕西社会主义学院学报，2020（1）：36-41.

[4] 范玲玲.网络化时代葡萄酒营销策略研究[D].南京：南京邮电大学，2019.

[5] 欧燕娇.地理标志开发和保护中的政府行为研究[D].南宁：广西大学，2019.

[6] 叶启伟，沈光勇，周阳.咸宁：果蔬绿了日子红[J].当代贵州，2019（37）：46-47.

[7] 康雅.基于体验的游客满意度研究[D].厦门：厦门大学，2019.

[8] 郑向春，纳尔什·格雷本."品味想象"：葡萄酒中国消费的社会话语研究[J].美食研究，2019，36（2）.

[9] 张千逊.乐纬酒业公司进口葡萄酒营销策略研究[D].南宁：广西大学,2019.

[10] 张智丽.汉寿甲鱼地理标志品牌发展战略研究[D].长沙：长沙理工大学，2019.

[11] 李正祥.甘肃省武威市葡萄酒产业集群发展对策研究[D].武汉：武汉轻工业大学，2019.

[12] 毛金金.记忆再生产中的葡萄酒庄品牌文化[D].银川：北方民族大学，

2019.

[13] 肖萧，李永荷，杨晋，等.威宁县发展苹果产业气候条件适应性分析[J].南方农业，2019，13（12）：162-163.

[14] 胡华导.法国国际旅游目的地在中国的故事营销策略研究[D].广州：广东外语外贸大学，2019.

[15] 李旭峰.博弈视角下贺兰山东麓葡萄酒品牌建设研究[D].银川：宁夏大学，2019.

[16] 黄成安.基于Interbrand模型的张裕葡萄酒品牌资产价值分析[D].武汉：华中科技大学，2019.

[17] 冯建文，吴亚维，宋莎，等.贵州山地苹果高效栽培技术[J].农技服务，2018，35（6）：8-18.

[18] 韩树森.牧狮葡萄酒营销策略研究[D].咸阳：西北农林科技大学，2018.

[19] 马检，李顺雨，谢江，等.威宁苹果根部主要病虫害识别与防治[J].农业科技通讯，2018（9）：332-333.

[20] 韩永奇.提升新时代区域葡萄酒竞争力情境下的产区个性塑造：现实问题、竞争背景与路径选择：以甘肃河西走廊葡萄酒产区为例[J].中州大学学报，2018，35（4）：23-29.

[21] 代媛.法中供应链管理有限公司商业计划书[D].厦门：厦门大学，2018.

[22] 韩智超，王硕，袁德轩，等.浅析怀来葡萄酒品牌的发展策略[J].农村经济与科技，2018，29（9）：189-191.

[23] 李歆诺，黄朝宾.威宁县山地高效农业发展现状及对策[J].现代农业科技，2018（6）：255-256，260.

[24] 方喜春.邵阳市农产品区域品牌培育的政府履职研究[D].长沙：湖南大学，2018.

[25] 陈旭泸，冀雨潇.贫困地区电子商务发展与农产品网销影响因素研究：以贵州省威宁县"电商扶贫"为例[J].中国农学通报，2018，34（3）：158-164.

[26] 罗斯怡.中国葡萄产业及其旅游开发研究[D].武汉：湖北大学，2017.

[27] 李顺雨，马检，谢江，等.2016年威宁县新增苹果种植情况调查研究[J].现代农业科技，2017（9）.

[28] 马俊丽.吐鲁番葡萄酒庄规划研究[D].乌鲁木齐：新疆农业大学，2017.

B.15 农业区域公共品牌案例报告（法国葡萄酒）

[29] 赵玉祥. TH公司进口葡萄酒营销策略研究[D]. 上海：东华大学，2017.

[30] 李顺雨，谢江，马检，等. 威宁苹果整形修剪技术要点[J]. 农业科技通讯，2017（4）：249-251.

[31] 李顺雨，马检，谢江，等. 威宁苹果产业发展现状与对策[J]. 贵州农业科学，2017，45（4）：163-166.

[32] 王真真. 怡园葡萄酒市场营销策略研究[D]. 成都：电子科技大学，2017.

[33] 郭月琴."一带一路"背景下城市文化传承与国际化[J]. 江西社会科学，2016，36（12）：234-239.

[34] 严露露，刘崇怀，樊秀彩，张颖，孙海生，李民，陈延惠，姜建福. 我国葡萄及其产品地理标志现状分析[J]. 中外葡萄与葡萄酒，2016（6）：57-61.

[35] 王远白. 为有源头活水来[J]. 当代贵州，2016（39）：16-18.

[36] 杨华，吴亚维，韩秀梅，等. 贵州苹果产业发展现状与建议[J]. 农技服务，2016，33（8）：189-190.

[37] 赵颐淇. 中国进口葡萄酒营销前景分析[D]. 昆明：云南大学，2016.

[38] 张夷. 波尔多葡萄酒业兴盛的成因研究[D]. 杭州：杭州师范大学，2015.

[39] 高媛. 河西葡萄酒区域性品牌建设问题研究[D]. 兰州：甘肃农业大学，2015.

[40] 何佳. 中国通天酒业集团有限公司营销策略分析[D]. 长春：吉林大学，2014.

[41] 郭五林，孟宝，梁祝. 中法意三国酒业发展典型模式调研报告[J]. 酿酒科技，2014（10）：123-127.

[42] 赵艳丰. 波尔多葡萄酒如何出口[J]. 进出口经理人，2014（7）：51-53.

[43] 左太安. 西南喀斯特山区石漠化贫困效应研究[D]. 重庆：西南大学，2014.

B.16
农业区域公共品牌案例报告（西湖龙井茶）

黄晓芳* 彭媛** 邬文云***

摘　要： 杭州市农业农村局公布的数据显示，受气候因素的影响，2020年西湖龙井春茶产量为493.79吨，产值4.74亿元，平均售价由619元/公斤提高到960元/公斤，涨幅高达55%。截至2019年，共有101家企业获得了"龙井茶证明商标准用证"。《2020中国茶叶区域公用品牌价值评估报告》显示，西湖龙井品牌价值高达70.76亿元，是中国最值钱茶类区域公共品牌。

关键词： 西湖龙井；区域公共品牌；品牌建设

一、"西湖龙井"发展简介

浙江省杭州市西湖区产茶饮茶历史悠远，唐代至今已有千年之久，茶文化源远流长，被称为"茶都"和"中国名茶之乡"。西湖龙井茶素有"绿茶皇后"之称，以"色翠、香郁、味甘、形美"四绝著称，是茶中珍品，因其优良的品质、传统精湛的制茶工艺以及悠久深厚的茶文化闻名于国内外。西湖龙井不仅是我国十大名茶之首，也是我国外交礼品茶之一，其名气享誉国内外，深受广大消费者的喜爱。西湖龙井的主产区位于杭州西湖周边168平方公里的群山之中，主要有狮子峰、龙井、梅家坞、云栖和虎跑五大核心产区，其中又以狮子峰产出的龙井茶品质最优。"西湖龙井"是我国著名的区域公共品牌，2001年，国家质检总

---

* 黄晓芳，女，贵州地理标志研究中心助理研究员，研究方向：公共政策、地理标志。
** 彭媛，女，黄平县农业科教农村人才服务站，农艺师，研究方向：农业产业发展。
*** 邬文云，男，黄平县农业农村局饲草饲料站，兽医师，研究方向：动物疫病诊断与治疗。

局出台相关条例，正式对西湖龙井茶实行原产地域保护，是我国首个获得原产地域保护的茶类产品。2011年，在西湖区有关部门的共同努力之下，"西湖龙井"成功注册了地理标志证明商标。《2020中国茶叶区域公用品牌价值评估报告》显示，西湖龙井品牌价值高达70.76亿元，排名第一，是中国茶类最值钱的区域公共品牌。

（一）区域公共品牌的定义

关于区域公共品牌的定义，当前学术界尚未有统一的概念界定。曹爱兵认为，农产品的公共品牌产生于特殊的地理环境，并经过长年累月的积累，以独特的自然资源和种植、收获方式以及加工技术生产的农产品为基础，农业分销单位通过法律授权的方式获得某一标志和符号的使用权[1]。浙江大学胡晓云教授将区域公共品牌定义为：基于特定地理区域范畴，在官方或政府的主导下实现对共同品牌的建设，区域内多主体共同拥有、共同创造、共同使用、共享品牌带来的利益。

学者们归纳总结出区域公共品牌所具有的地域性、非排他性和外部性三大特征，是与其他品牌的最大不同之处。首先是地域性。区域公共品牌有其特定的区域范围，不同地区的产品有其独特的地理优势和比较优势[2]。其次是区域公共品牌和公共物品有相同的属性，非排他性。这种属性决定了该区域范围内的相关机构、个人和企业等能够共同使用同一品牌，共享效益[3]。最后是外部性。曲丛新[4]和许莹[5]认为，当区域成员使用该品牌时，使用成本和后果不全部由他们承担，但使用区域品牌的后果将会对其他企业和品牌造成一定影响。

---

[1] 曹爱兵.发展公共品牌农产品推进农业供给侧改革[J]江苏农村经济，2017（3）：19-21.
[2] 魏春丽.低成本提升农产品区域公用品牌溢价策略分析[J].浙江农业科学，2014，1（6）：964-967.
[3] 崔瑜琴.中小企业区域品牌营销策略研究[J].经济研究导刊，2015（10）：55.
[4] 曲丛新.新疆林果产业区域品牌的内涵、特征及经营对策[J].农村经济与科技，2012，23（5）.
[5] 许莹.农产品区域品牌建设困境及对策研究[J].经贸实践，2016（3）：251-252.

（二）"西湖龙井"茶发展概况

西湖产茶制茶历史悠久，唐代茶学家陆羽曾到杭州灵隐和天竺二寺进行实地考察，并将其记载于著作《茶经》之中，这是有关杭州产茶最早的文字记载。北宋时期杭州的天竺寺和灵隐寺僧侣栽种炒制"山茶"。宋朝时期社会上重文轻武风气日盛，文人将茶与艺术融合，开创了文士茶的先河。受最高统治者的影响，当时整个社会爱茶氛围渐浓，赋予了该时期茶文化发展浓厚的政治背景。与茶相关的诗词歌赋数量上升，茶馆经营范围广且注重营造饮茶氛围，茶文化在该时期得到了飞速发展。宋朝时期茶文化的发展既离不开当时社会发展的需要，也与当时文人对高洁品格的追求息息相关。在茶文化飞速发展的同时，杭州出产的茶叶地位也在发生变化，南宋时期，杭州的茶叶因其优质常被作为"岁贡"。元代诗人虞集在其诗《次韵邓善之游山中》中对龙井茶的产地、采摘时间、煎茶方法以及茶汤颜色等方面进行了描述，龙井茶这一名词首次出现在大众的视野中。

明朝时期，西湖龙井茶声名逐渐远播，开始走进寻常百姓的家中。朱元璋提出"罢造龙团"，推动了叶茶与芽茶的发展，西湖产区茶叶迎来了更好的发展机遇。其间新兴"泡茶法"的出现，芽茶冲泡出的茶形优美、雅致，使芽茶一跃成为大家最喜爱的茶叶之一，西湖茶产区的茶叶声名得到进一步的传播。以"龙井"或"龙井茶"作为名称的茶叶出现，而龙井茶也是产于老龙井一带绿茶的专称。并且在当时还有关于描述如何区分正宗龙井与赝品龙井特征的文献记载，可以看出龙井茶的受欢迎程度和对品质的追求。清朝时期，社会上饮茶风气风靡，茶馆林立，以买卖茶叶为主的茶庄、茶号也如雨后春笋般出现。西湖龙井也成为家喻户晓的名茶。乾隆皇帝六下江南，去西湖龙井茶产区考察的次数就高达四次，使龙井茶名声大噪。还将胡公庙前的十八棵茶树封为"御茶"。自此，西湖龙井驰名中外，问茶者络绎不绝，民国至今常年位居我国的名茶榜之首。

（三）"西湖龙井"品牌的发展历程

"西湖龙井"这一品牌的发展，是一个经过漫长自发形成的过程。一方面，依靠西湖龙井茶自身过硬的优良品质，精湛的制茶工艺，深受消费者的喜欢与认可；另一方面，历朝历代统治者对其的喜爱与关注也是西湖龙井茶声名远播的重要推动力。

在我国古代，字号是一个商家的招牌，是一个商品或商家质量与信誉的保证，也是品牌最早的雏形。清朝时期，杭州"翁隆盛"字号，以出售"春前""明前"和"雨前"的西湖龙井茶而闻名，是西湖龙井茶最早的品牌。民国期间，在政府农商部的支持和引导之下，西湖龙井茶的品牌开始建立。依据产地不同，产区的茶叶品质也有细微差距，以此建立了龙井茶的四大字号："狮""龙""云""虎"。四大字号各有特点：狮子峰是"狮"字号的唯一产地，其茶叶品质各方面都是四大字号中的翘楚；"龙"字号精湛的炒制技术是为一绝；"虎"字号品质相比其他三个字号而言稍显逊色；"云"字号产于云栖、五云山等地，做工细腻讲究。龙井茶采制工艺又以梅家坞最优，因此梅家坞被单列出来，成立"梅"字号。这五个字号不仅代表了西湖龙井茶五大产区，也都是属于西湖龙井茶品牌。西湖龙井茶在抗日战争时期受到了重创，不少茶园被毁，茶号、茶馆相继关闭，龙井茶产业陷入低谷。

新中国成立以后，国家及政府有意重建西湖龙井茶品牌，通过一系列的政策、措施，加强对龙井茶产业的管理，支持和鼓励龙井茶的发展。其中对龙井茶品牌建设最重要的措施就是将原有的五个字号合并成为三个品类。"狮"字号和"龙"字号合并为"狮峰龙井"；变"云"字号为"梅坞龙井"；剩下的两个字号均被归并为"西湖龙井"。杭州在1951年成立了第一个龙井供销社，以收购和销售龙井茶为主。同年，对西湖龙井茶的品质进行分类，将其分为狮、龙、云、虎、梅五个大类，每个大类下属明前、雨前和一般三个等级。随着西湖龙井茶产业的发展，西湖、梅家坞等供销社相继成立，进一步加大了对龙井茶的收购与销售。1953年，对龙井茶的收购与精制销茶实行分级制。首先是针对龙井茶的毛茶收购层面，以当年收购上来的毛茶实物作为样品，在对毛茶样品进行外形、汤色、滋味等方面品评之后，将其分为11个等级，除了一至八级外，特级分为特一、特二、特三三个级别，并根据等级和质量分别定价。其次是在销售方面的分级，又分为内销和外销。内销的龙井茶有狮特、梅特、西特、狮上、西上一至六级。外销分为极品、特级、一级至五级和茶片。1993年，"浙江龙井"标准中将西湖龙井分为特级和一至五级共计6个级别。1995年，政府对西湖龙井茶的收购与销售的质量标准进行了统一，极大地提高了西湖龙井茶的茶品质量。2008年，《地理标志产品龙井茶》（GB/T 18650—2008）代替了2001年原《地理标志产品龙井茶》（GB 18650—2002），对西湖龙井茶的术语定义、标签、包装等方面都做了严格的规定。将西湖龙井茶鲜叶品质分为五个等级：特级、一级、二级、三级、四级，不同等级的茶叶分别对应不同的标准，见表16-1。

表16-1 西湖龙井茶鲜叶质量分级要求

等级	要求
特级	一芽一叶初展，芽叶夹角度小，芽长于叶，芽叶匀齐肥壮，芽叶长度不超过2.5cm
一级	一芽一叶至一芽二叶初展，以一芽一叶为主，一芽二叶初展在10%以下，芽稍长于叶，芽叶完整、匀净，芽叶长度不超过3cm
二级	一芽一叶至一芽二叶，一芽二叶在30%以下，芽与叶长度基本相等，芽叶完整，芽叶长度不超过3.5cm
三级	一芽二叶至一芽三叶初展，以一芽二叶为主，一芽三叶不超过30%，叶长于芽，芽叶完整，芽叶长度不超过4cm
四级	一芽二叶至一芽三叶，一芽三叶不超过50%，叶长于芽，有部分嫩的对夹叶，长度不超过4.5cm

资料来源：《地理标志产品龙井茶》（GB/T 18650—2008）。

2015年，中华全国供销合作总社制定了西湖龙井茶国家质量标准《西湖龙井茶》（GH/T 1115—2015），按感官品质要求，西湖龙井茶又被分为精品、特级、一级、二级、三级五个等级见表16-2。

表 16-2　各级龙井茶的感官品质要求

级别	条索	整碎	色泽	净度	香气	滋味	汤色	叶底
精品	扁平光滑、挺秀尖削、芽峰显露	匀齐	嫩绿鲜润	洁净	嫩香馥郁持久	鲜醇甘爽	嫩绿鲜亮、清澈	幼嫩成朵、匀齐、鲜嫩鲜亮
特级	扁平光润、挺直尖削	匀齐	嫩绿鲜润	匀净	清香持久	鲜醇甘爽	嫩绿明亮、清澈	细嫩成朵、匀齐、嫩绿明亮
一级	扁平光润、挺直	匀整	嫩绿尚鲜润	洁净	清香尚持久	鲜醇爽口	嫩绿明亮	细嫩成朵、嫩绿明亮
二级	扁平尚光滑挺直	匀整	绿润	较洁净	清香	尚鲜	绿明亮	尚细嫩成朵、绿明亮
三级	扁平、尚光滑挺直	尚匀整	尚绿润	尚洁净	尚清香	尚醇	尚绿明亮	尚成朵、有嫩单片、浅绿尚明亮

资料来源：《西湖龙井茶》（GH/T 1115—2015）。

随着国家和政府对西湖龙井品牌建设的重视，相关政策措施、标准的推出，使西湖龙井茶的品质得到保障，有利于"西湖龙井"的品牌建设与管理。浙江省及各级政府也十分重视龙井茶商标的保护工作，积极推动其国际注册与保护工作的进行。目前，已与包括美国、日本、印度等在内的 43 个国家与地区办理了"龙井茶"证明商标注册申请，也收到了印度、意大利、德国等国家的核准公告[①]。

二、"西湖龙井"品牌建设与管理措施

西湖龙井茶的品牌建设与管理涉及包括政府、合作社、茶企业、科研所等众多主体，这些主体在西湖龙井的品牌建设与管理中发挥出不同的作用，共同推动了西湖龙井品牌的建设与发展。

（一）政府的高度重视为"西湖龙井"的品牌建设保驾护航

在"西湖龙井"品牌的建设与管理过程中，杭州市政府和西湖区政

---

① 陆德彪，周竹定，郝国双，等.地理标志证明商标使用管理的实践与探索：以龙井茶为例[J].中国茶叶，2019，41（2）：56-60.

府发挥着不可忽视的作用。两级地方政府积极发挥其组织规划的职能，通过制定西湖龙井的发展规划、出台相关政策、健全完善基础设施等方式为西湖龙井的品牌建设提供指导，为其健康发展保驾护航。"西湖龙井"能有今天的成就离不开政府的支持和指导。

2001年，杭州市政府紧随国家质检总局的步伐，制定了《龙井茶原产地域保护管理办法》，要求各级政府及有关部门加强对辖区内龙井茶原产地域保护工作的指导。明确规定了西湖龙井茶鲜叶只能是在原产地域范围内且经过相关认定的茶园内产出，生产加工应符合《龙井茶》中制定的标准，未经核准不得擅自使用原产地产品专用标志。同年，杭州市政府制定《杭州市西湖龙井茶基地保护条例》。条例划定了西湖龙井茶基地的保护范围和面积，并实行分级保护，要求农业、国土资源以及规划、林业等部门积极配合西湖区政府做好龙井茶基地的保护和管理工作。为了保证西湖龙井茶的品质，加强对龙井茶种质资源的保护和利用是关键。《西湖区龙井群体种种质资源保护实施方案》的出台，是一个长期保护龙井茶种质资源的政策，能够有效地保护和保障龙井茶的独特品质，通过补贴补助的方式鼓励支持保护区内的茶农们增强对龙井茶种质的保护。多年来，杭州市政府和西湖区政府陆续出台了一系列政策都为"西湖龙井"品牌的建设与管理提供政策保障，为其营造了良好的社会发展环境。除此之外，政府还高度重视对西湖龙井品牌的保护。随着"西湖龙井"声名远播，品牌价值的升温，市场上假冒伪劣的现象屡禁不止，严重影响了西湖龙井品牌的声誉。早在2007年，西湖区农业农村局就建立了西湖茶茶农防伪标识查询系统，消费者可以通过电话或上网查询真伪。2015年新增二维码扫码查询，极大地便利了消费者与茶农。此外，各级政府还通过专项检查与整治，查处了一大批假冒伪劣产品，为龙井茶市场营造了公平的经营秩序。

（二）充分发挥行业协会在品牌建设中的作用

西湖龙井行业协会主要是由与西湖龙井茶相关的从业人员组成，由茶农、茶企业、专业技术人员以及其他企事业单位的代表组成的非营利

B.16 农业区域公共品牌案例报告（西湖龙井茶）

性社会组织。西湖龙井茶行业协会，是推动西湖龙井品牌建设的主要主体之一，在西湖龙井品牌的建设与发展中发挥着十分重要的作用。

为了加强对西湖龙井茶品牌的规范管理与保护，2012年，杭州市政府出台相关条例，要求对西湖龙井茶使用统一的标识包装，在这一制度的推行过程中，相关行业协会在其中扮演了协调者、监督者的重要角色，协助政府推动该项制度的落地实施。这一制度的实施使市场上龙井茶商标滥用、假冒伪劣产品的现象得以减少，对西湖龙井茶的品牌保护起到了积极的作用。同年，西湖龙井茶产业协会建立起了属于龙井茶的网站——西湖龙井茶官网（www.xhlj.org）并开始运营。网站设有协会概况、行业动态、茶吧文化等栏目，消费者还可以在网站中查到西湖龙井茶的授权专卖店、防伪查询以及证明商标等信息。多年来，西湖龙井茶产业协会紧跟时代发展趋势，加强了对防伪标识管理制度的管理工作与创新，对"西湖龙井"查二维码防伪系统进行更新、升级，新增的二维码防伪查询功能，使消费者随时随地可以对龙井茶的真伪进行查询，极大地便利了消费者，是西湖龙井茶建设和保护的一大重要创新举措。

西湖龙井茶产业协会还十分重视对西湖龙井茶品牌的推广活动。茶博会、炒茶王大赛等重大盛事的举办背后都离不开茶产业协会的推波助澜。这些推广活动的开展，不仅有助于打响西湖龙井茶的品牌，让更多人了解和爱上龙井茶，而且有利于杭州境内一些地方茶叶凭借其名气与影响力，培育其他具有地方特色的茶叶品牌，扩大西湖龙井茶品牌的影响力。另外，西湖龙井茶产业协会在政府的授权下加强对西湖龙井商标的管理工作。2011年，杭州市政府就将"西湖龙井"地理标志证明商标等工作交由西湖龙井茶协会负责。为此，协会专门制定了《"西湖龙井"地理标志证明商标使用管理规则》，对商标使用条件、审批程序、商标的管理与保护等方面都做出了详细而严格的规定。这一规定只对符合资质的专卖店实行定点授牌，已经得到授权的专卖店在管理中出现问题后，协会有权要求其进行整改，对整改要求未达到者，协会将取消其授权资格。这些举措不仅加强了对西湖龙井茶授权专卖店的管理，更利于西湖龙井茶的品牌建设与管理。不断推动西湖龙井茶走向规范化管理，捍卫了西湖龙井茶的口碑。

（三）科研机构为"西湖龙井"的品牌建设提供了智力支持与技术保障

西湖龙井茶与中国农业科学院茶叶研究所、浙江大学、浙江省农业科学院等科研机构建立了长期的战略合作伙伴关系。这些专业技术人员及各类科研院所为西湖龙井茶产业的发展提供高水准的技术服务，是西湖龙井品牌建设坚强的后盾之一。品质是一个品牌的核心竞争力，优良过硬的产品品质才能使其在竞争激烈的市场中占据一席之地，品质也是影响消费者消费决策的重要因素之一。茶品品质的保障离不开每一个专业技术人员的努力与付出。

长期以来，各级政府都十分重视对茶树品种的培育工作。往小了说，茶树品种决定了茶叶的产量、质量等，往大了说，茶树品种甚至能够影响茶产业的健康可持续发展。在各界的共同努力下，西湖龙井茶的新品种培育工作取得了一定的成果。"龙井43"就是中国农业科学院茶叶研究所从龙井群体中选育出来的无性系国家级品种，拥有育芽能力强、产量高以及优良品质等优势，使其在龙井茶产区得到广泛推广，是西湖龙井茶主要的种植品种之一。除了"龙井43"，"迎霜"是杭州市茶叶科学研究所从福云自然杂交后代中采用单株选育而成的小乔木型、中叶类无性系良种。具有发芽早，持嫩性强，产量高等特点，既可以做成绿茶，也可以做成红茶，特别适应制成优质绿茶，茶香味鲜浓。"浙浓117"和"浙浓139"都是浙江大学培育出的优质、高产早生的新品种，是浙江省重点推广产品，二者制成的绿茶都具有茶香高且持久的特点。新品种的培育、推广种植等工作的进行有助于西湖龙井茶的可持续健康发展。

研究所针对茶树病虫害发生的特点，总结归纳出其发生病虫害的规律，建立病虫害预报机制。建立茶树病虫害监测点，将检测到的情况及时反馈给茶农，同时对茶农进行专业的培训。保证了茶树的健康发展，提高了茶农的防范意识和降低了茶农面对病虫害的损失。进一步提高了茶农生产的积极性。此外，土壤管理对茶叶品质也有着至关重要的作用。西湖龙井茶的优异品质还得益于西湖龙井茶叶产区内实行科学合理的用肥用药。为了产区内的土壤始终保持良好的状态，杭州综合实验站长期重视对土壤肥力的观察与监测，对其进行定期抽样，并及时对用肥用药的剂量进行改良，以保证土壤肥力能够持续为茶树提供生长需要的营养。

（四）茶农是西湖龙井茶优良品质的保障

茶农作为西湖龙井茶品牌建设与发展的多元主体之一，是与茶叶直接打交道的人，也是最容易被忽视的存在。但在实际中，茶农对龙井茶品牌的建设也有着不容忽视的作用。首先，茶农拥有丰富的种植经验，利用好这些种植经验能够很好地为保证和提升西湖龙井茶的品质服务。传承至今的传统种植经验经过时间的考验，是值得继续发扬光大的，这些传统种植经验与科学合理的新技术相结合，有利于提高龙井茶的品质，使龙井茶焕发出新的生命力。其次，茶农是进行土肥管理的主体，而土肥管理关系到茶叶的品质，是保证茶叶品质的基础，对龙井茶的品牌建设与管理意义重大。传统的土壤肥培主要通过有机肥和菜饼进行，但随着时代和科技的发展，化肥兴起，有机肥与菜饼的使用逐渐减少。而化肥的使用对茶叶品质造成了严重的影响，为了保证茶叶品质的稳定，专业技术人员依据茶树的生长习性与特点，将有机肥与化肥巧妙地结合起来。使土壤的肥力能够达到优质茶园的土壤标准，保障了茶叶的优良品质。

三、"西湖龙井"品牌建设存在的问题

西湖龙井茶的品牌建设在政府及社会各界的共同努力下取得了不小的成就，然而在实际的建设与发展过程中存在的一些问题也对西湖龙井茶的品牌产生了一定的不良影响。

（一）没有充分挖掘和利用西湖龙井茶的文化内涵

长久以来，各级政府在西湖龙井茶品牌的建设过程中，十分重视挖掘和利用茶文化的内涵，也获得了一定的成效。一是在国家旅游局、浙江省和杭州市的共同努力下，建立了我国唯一以茶文化为专题的博物馆。

中国茶叶博物馆的建设对宣传西湖龙井茶以及茶文化起到重要作用。二是重视传统制茶技艺的传承工作。西湖龙井茶制作技艺是我国非物质文化遗产，受各种因素的影响，其传承工作面临断档的困境。为了加强对传统制茶技艺的保护与传承工作，政府每年给予炒茶技艺传人一定的经济补贴，并且通过举办炒茶王大赛等比赛，宣传西湖龙井茶炒茶技艺，鼓励有志青年加入西湖龙井茶制作的传承与保护中去。

但在实际发展过程中，对西湖龙井茶文化内涵的挖掘和利用无论是在内容还是在形式上都有待加强。首先，没有充分利用西湖龙井茶与名人之间的影响力，没有深入挖掘乾隆皇帝、毛主席等名人与西湖龙井茶的渊源。其次，是与茶有关民俗文化的生存受到现代生活方式与外来文化的冲击，与茶有关的民俗文化遭遇传承困境。最后，西湖龙井茶文化与旅游业结合存在问题，不利于西湖龙井茶的品牌建设。一是毫无新意的旅游方式，无法发挥出其独特的文化优势。西湖龙井茶文化旅游还是以喝茶、体验采茶等传统旅游项目为主，缺乏茶文化内涵与现代旅游的深入结合，也缺乏创意。二是茶文化旅游产品略显单调，旅游产品主要以茶叶为主，且产品种类略少，没有充分利用好西湖龙井茶丰富的文化内涵。

（二）一品多牌和品牌意识淡薄严重影响了西湖龙井茶的声誉

西湖龙井茶既是一个品牌，同时是其中的一个茶类品种。西湖龙井茶除了"狮峰龙井""梅坞龙井""云栖龙井""虎跑龙井"等几个著名品牌外，还衍生出其他30多个子品牌，品牌支系庞大众多，对西湖龙井茶的品牌建设造成了严重影响。不同子品牌的生产规模与质量要求不一，经营和管理方式也大不相同，其宣传理念更是各有千秋。一品多牌的混乱格局，质量不一的产品，容易让消费者对西湖龙井茶产生误解。加之市场主体品牌意识淡薄，不少小茶企与个体农户品牌保护意识淡薄，没有充分认识到地理标志证明商标带来的附加值。在传统观念的影响下，不少人认为西湖龙井是百年来约定俗成的习惯名称，是当地人的共同财富，任何人都可以使用。种种因素破坏了西湖龙井茶的品牌形象，造成品牌资源的浪费，使西湖龙井茶的品牌建设与管理大打折扣。

（三）"西湖龙井"茶品质受影响

随着社会经济的发展，我国环境污染日益严重，环境的污染问题使西湖龙井茶的品质受到影响。一是与社会经济发展迅速相适应的是我国人民生活水平的提高，人们开始更注重满足精神需求，旅游成为人们满足精神需求的一大途径。西湖景区和西湖龙井茶文化的发展带动了周边各行各业的发展，尤其是旅游业的发展。旅游业发展兴盛，每年到西湖旅游的游客络绎不绝，间接增加了空气中汽车尾气等污染物的浓度。二是，因早期对工业发展的管理不规范等问题，使我国"先污染后治理"的观念一度盛行。由于早期不重视对工业污染的治理和人为造成的环境污染使茶树的生长环境受到污染，严重影响了西湖龙井茶的品质。

（四）社会大众对西湖龙井地理标志认识不清，打假维权难

根据《地理标志产品龙井茶》(GB/T 18650—2008) 的规定，西湖龙井地理标志保护范围仅包含西湖产区、钱塘产区和越州产区在内。其中，西湖产区内一级产区只有6800亩，春茶总产量最多不过八九十吨，产量少，市场需求旺盛。但市场上随意使用西湖龙井名称的现象层出不穷、屡禁不止，西湖龙井茶一年产量有限，但市场上"西湖龙井茶"的销售量却远高于西湖龙井的产量，且质量参差不齐，对西湖龙井的声誉造成了严重的不良影响。市场上还出现了"云南龙井""福建龙井"等非西湖龙井。由于这些绿茶在外形上与西湖龙井相似，难辨真假，许多不知情的社会大众将其误认为西湖龙井的情况时有发生。

虽然政府与有关部门加大了对西湖龙井茶假冒伪劣产品的监管强度和打击力度，但是市场上假冒伪劣西湖龙井依然泛滥成灾。在巨大利益的驱使之下，西湖龙井茶的造假技术也在不断更新升级，将真假龙井混合一起加工，造成了监管难度大。加上相关技术人员数量少、经费少等原因使其在鉴定方面更是难上加难。监管难度大，经费不足等因素造成了西湖龙井茶打假维权难的困境。

四、"西湖龙井"区域品牌建设的对策与建议

（一）深入挖掘，充分利用和发挥好西湖龙井茶文化内涵

西湖龙井茶文化经过一千二百余年的沉淀，对茶文化的深入挖掘与利用不是一个月、一年就可以完成的工作。要经过漫长的资料收集与整理工作，才能吃透茶文化的内涵，在此基础上才能充分发挥出西湖龙井茶文化内涵的最大作用。尤其重视对相关传统茶民俗文化的保护与传承，通过各种宣传方式让人们领略到传统民俗文化的魅力。同时要继续加强对传统制茶技艺以及茶艺、茶歌等的保护与传承工作，这些工作的开展有利于加深社会大众对龙井茶文化内涵的认识。此外，在注重对传统茶文化保护工作时，也要注重其与时代潮流的有机结合，创新产品供给，提供多样化、定制化、个性化的旅游产品。在包装设计时，融入与茶文化相关的古典纹样、茶道、茶俗等，设计出能彰显西湖龙井茶独特气质的产品包装。既能增强西湖龙井茶品牌的辨识度和知名度，又能丰富西湖龙井茶旅游业的市场需求，提升品牌竞争力。

（二）加快品牌整合速度，加强龙头企业的建设

加快对西湖龙井茶旗下各子品牌的整合力度，将西湖龙井茶品牌发展为茶叶名牌。首先，政府与相关行业协会要积极发挥出整体规划和协调的作用，通过严格统一的质量标准加强对茶企的管理，严厉打击违法行为，为西湖龙井茶营造一个良好的发展环境。其次，在政府和相关行业协会的帮助下，茶企和茶农可以通过协商的方式，互通有无，加强双方在种植、加工和销售方面的整合工作，做到产业生产的标准化、规模化，加快龙头企业的建设，继续做大做强西湖龙井茶的品牌。要积极发挥龙头企业行业标杆的作用，引导和带领西湖龙井茶产业的发展，扩宽茶产业发展的深度与广度，带领茶农共享产业带来的效益。龙头企业的建设与发展，也有利于消除消费者对西湖龙井茶的疑虑，建立良好的口

碑，树立良好的品牌形象。

（三）建立维权机制，提高打假维权的能力

完善相关政策制度，继续加强对地理标志证明商标的规范管理，根据现实遇到的实际问题，实事求是，制定有针对性的解决措施。首先，建立多部门合作维权机制，整合各方资源和力量，加强对流通、加工许可、商标监管等环节的监管工作。同时要注重与其他地方政府及相关部门建立合作机制，加大跨地区打假维权力度。其次，加大对打假行为物力、人力的投入，及时对有关人员进行相关培训，提高茶叶鉴定能力。再次，要加强宣传工作，不仅要让社会大众认识真正的龙井茶，而且要让茶企和茶农树立品牌意识，明白品牌所带来的综合效益，提高品牌意识，自觉维护龙井茶的品牌形象。最后，政府应发挥其提供公共服务的职能，建立一个集真伪查询、答疑解惑、投诉举报、统一的权威信息发布等功能于一体的证明商标公共服务平台。既能为社会大众提供便捷的服务，也能够及时获得假冒伪劣产品的信息，有助于西湖龙井茶的品牌建设与管理。

附　录

B.17
黄平县"一村一品"主导产业

黄平县农业局

　　黄平县将特色产业发展视为发展村级集体经济、带动农民脱贫致富的着力点，并将夯实发展产业根基作为全县发展重点，通过以点带面的方式建设特色产业示范园，以创新管理经营模式的方式发展村级集体产业，力求做强村级集体经济，帮助农民脱贫致富。该县在整合水利、林业、农业农村等部门涉农资金基础上完善、修建基础农村设施，并将肉牛、黑毛猪、土鸡、黑木耳、线辣椒、蔬菜、蓝莓、白及、太子参等作为重点发展的特色项目。遵循"公司化运营、市场化运作"的模式打造黄平县特色产业示范园，目前该县已拥有新州镇学坝村大棚蔬菜基地、浪洞镇食用菌产业示范园、旧州镇大碾房村猕猴桃产业扶贫示范基地、翁坪乡黑毛猪养殖示范基地等村级集体经济项目，黄平县村级集体经济发展态势良好，其在带动黄平群众脱贫致富过程中的示范、引领作用尤为明显。

　　截至2020年，黄平县共有315个村寨依靠发展特色产业获得经济效益，各村主导产业共包含粮油、畜禽水产、中药材、果蔬、烟、茶、花卉、特色产业八大类。2019年12月，黄平县全县有1个村的集体经济收入高达百万元以上，有64个村的集体经济收入在10万元以上，有77个村的集体经济收入位于5万～10万元，该县2020年的村集体经济收入预计高达1800万元。

　　在黄平县八大类特色产业当中，畜禽水产类产业主要包含稻田养鱼、蜜蜂养殖、林下养鸡、牛、猪、鸡、鹅、竹鼠、大闸蟹、蝗虫等特色产品，

B.17 黄平县"一村一品"主导产业

产业范围覆盖黄平县 121 个村镇。中药材类产业主要包含太子参、白及、吊瓜、八月瓜、何首乌、瓜蒌等特色产品，产业范围覆盖黄平县 50 个村镇。果蔬类产业主要包含猕猴桃、软枣、康桃、空心李、冰糖李、草莓、西瓜、蓝莓、葡萄、蜜脆枣、红不软、蜂糖李、金秋梨、青脆李、刺梨、黄桃、辣椒、花椒、地瓜、魔芋、食用菌等特色产品，产业范围覆盖黄平县 101 个村镇。烤烟类产业覆盖黄平县 13 个村镇。粮油类产业主要包含水稻种植，产业范围主要覆盖黄平县 24 个村镇。此外，黄平县浪洞镇永康村、重安镇马场村发展茶叶产业。新州镇炭坑村、旧州镇大碾房村发展油茶产业。新州镇五里墩村、重安镇清水江村发展花卉产业。

B.18 黄平县公共区域品牌与产业发展三年方案

李发耀* 杜小书** 黄秋平***

摘　要：推动黄平县公共区域品牌三年目标建设，以两品一标为基础（绿色食品、有机农产品、农产品地理标志），实施公共区域品牌建设路线，建设地理标志产品公共区域品牌，推进黄平县农文旅商一体化发展格局。

关键词：黄平县；公共区域品牌；产业发展

一、黄平县公共区域品牌建设路线

（一）方案目标

全面实施两品一标产业发展计划（绿色食品、有机农产品、农产品地理标志），推进黄平白及、黄平线椒、黄平黄牛、黄平糯小米、黄平金黄鸡、黄平黑毛猪地理标志产品保护，研究制定公共区域品牌激励政策、公共指导技术、公共宣传规范、公共服务指南，制定产业发展综合标准体系，建设公共品牌管理信息化平台，检测和分析地理标志产品大数据特色品质，出版发布黄平县公共区域品牌发展蓝皮书，系统设计地理标志品牌，推进全国绿色食品原料标准化基地建设，筛选一批示范企

---

* 李发耀，男，贵州省社会科学院研究员，贵州大学教授，研究方向：公共品牌与农村可持续发展。
** 杜小书，女，贵州省社会科学院文化研究所原所长、研究员，研究方向：文化产业。
*** 黄秋平，女，黄平县农业农村发展中心副主任，研究方向：农业产业与经济。

业、示范基地，形成品牌示范观摩格局，建设地理标志产品市场、交易中心、检测中心、品牌基地、示范小镇，形成黄平公共区域品牌农文旅商一体化发展格局。

（二）品牌路线

品牌模式：Logo 公共标识（全县公共母品牌）+ 地理标志公共品牌（区域品牌）+ 企业品牌（子品牌）+ 公共品牌运行管理。

品牌运行：公共品牌管理（政府推动 + 行业管理）+ 企业使用管理（公共标准 + 企业内部管理）+ 产品市场管理（政府职能部门管理）。

品牌保障：地理标志公共品牌 + 绿色食品认证 + 有机认证 + 公共技术与标准生产 + 可追溯管理（产地准出管理 + 市场准入管理）。

（三）目标与结果

系列公共政策与公共技术；公共品牌整体 VI 设计并运用；实施公共品牌基地及企业示范工程；建设公共品牌宣传体系与服务体系。

全要素品牌构成顶层设计：包括品牌 Logo、品牌标识、品牌传播、品牌推广、品牌保护、品牌评价、品牌服务等，推动黄平县公共品牌产品全产业质量体系建设，形成以公共母品牌为导向的多子品牌和多级多功能市场格局。

系列产业经验总结与发布。

二、黄平县公共区域品牌发展与产业发展三年方案目标、重要建设节点与配套

（一）第一阶段（2020 年 1 月—12 月），重点是公共产品全产业质量体系与公共品牌基础体系建设

推进地理标志产品标准综合体系与标准化种养殖示范与推广；推进绿色食品规范生产与基地示范；实施储运加工的全过程安全控制；新建

或合建地理标志产品质量快速安全检测中心；建立地理标志产品的产地准出和市场准入体系；建立公共区域品牌"县乡村"三级质量安全可追溯体系；形成规范的质量安全标识体系；形成质量安全的市场监管体系；面向国内外发布《黄平县公共区域品牌发展蓝皮书》；通过实施三年计划，黄平县公共区域品牌产品质量保障体系完善，产品质量安全指标全面达到国家强制性标准要求，质量创新能力和自有品牌市场竞争力明显提高，品种、质量、效益显著改善，节能环保性能大幅提升，基本满足公共区域品牌产业日益增长的质量需求。实现优质、生态、安全，实现公共区域品牌种养殖及加工的质量水平明显提升。

重要配套工作：

① 政府研究出台惠农、惠商、惠企多方利益保护办法与联动机制；② 政府主导多方协商推进黄平县公共区域品牌与产业市场抱团；③ 在公共品牌母子品牌范围内取样进行全检测分析（分类取样，多批次），与全国同类产品的理化指标进行差异化分析，提出黄平县公共区域品牌产品在全国的差异化质量特点（建议开展重点公共区域品牌产品生态因子与品质大数据分析，形成专题报告）；④ 开展公共区域品牌产品的种质资源及地理资源调查；⑤ 产学研结合推进企业标准制定与技术创新；⑥ 推进公共品牌产业技术培训；⑦ 重点产区范围内重要山名、县以下地名、风景名、历史名称等选择性申报一批普通商标、集体商标、地理标志证明商标；⑧ 全县范围申报一批绿色产品、有机产品；⑨ 制定发布满足公共区域品牌产业发展的综合标准体系，鼓励地方制定团体标准和企业标准；⑩ 启动地方优质种源选种、保种、育种、扩种计划。

（二）第二阶段（2021年1月—12月），重点是公共区域品牌产品市场建设，公共品牌示范与传播

实施《公共区域产品绿色食品综合标准体系》；建设《公共区域品牌全信息化管理体系》；实施《主题示范店》（地理标志产品、绿色产品、有机认证产品等）1+N行动；推进《文化产业基础与应用系统》；实施文化产业园区申报与建设；实施公共区域品牌主题旅游提升项目建设；

建设地理标志产品种质资源基地计划；实施"原产地工厂"的高端绿色产品战略；实施绿色与生态产品大数据与"互联网+"工程；实施公共品牌在网络、电视、LED 屏幕、手机、微信、微窗口、微电影等多渠道的全覆盖传播工程。

重要配套工作：

① 政府出台公共区域品牌文化产业与生态旅游建设指导意见；② 政府研究发放一批绿色债券，支持公共品牌基地建设、品牌建设、精准扶贫、生态旅游，奖励一批在市场走出去和有贡献的企业；③ 全面推进公共品牌示范企业示范应用：包括中小企业标准体系制定与应用，引导建设、企业宣传设计、产品包装设计、产品市场规划设计规范应用等；④ 以种质资源调查为基础建设传统种子银行，结合标准体系推动公共品牌产品的品质建设；⑤ 抢注一批中文域名、英文域名，推进中小企业信息化平台建设；⑥ 建设完成旗舰店与形象店：全面推出线上"绿色产品网络店"与线下实体"绿色产品加盟店"，在国内城市推出公共品牌代理旗舰店、形象店、挂牌加盟店。⑦ 设计并实施一批公共区域品牌主动型招商项目；⑧ 建设公共区域品牌快检中心；⑨ 面向全国推出质量可追溯绿色产品。实施品牌价值提升计划与品牌扩张计划。

（三）第三阶段（2022 年 1 月—12 月），重点是公共区域品牌带动全产业链建设

形成产业多级多功能市场格局，示范企业在市场中全面带动产品链发展；实施旗舰店+线上线下+联盟+小程序战略；发掘公共区域品牌资源，实施功能产品战略；开拓品牌市场，实施多级多功能销售局面；实现生态产品、旅游产品、质量产品、文化产品、品牌产品、功能产品、扶贫产品的市场局面。产业发展全面，打通生产与销售最后一公里，形成大众创业、万众创新、黔货出山的局面。

重要配套工作：

① 政府建立公共区域品牌文化产业园区与生态旅游园区保障机

制；② 在省内外市场实施公共区域产品的销售规范服务标准；③ 全面培育和实施与公共区域品牌产业发展相关的历史文化项目；④ 重点培育地理标志重点企业"新三板"上市；⑤ 推进重点产品质量快速检测技术；⑥ 全面建立企业产品可追溯体系，建设运行公共区域品牌产品质量监测网；⑦ 整合与品牌密切相关的各种配套资源，全面实施"产业三变"战略，资源变资产、资金变股金、农民变股东；⑧ 进一步推动大产业项目建设：全面实施全信息化产业、旅游、文化一体化建设，推动一批农文旅商一体化示范项目，建设一批绿色生态旅游景观园区；⑨ 产业形成全产业质量控制：包括产品溯源管理系统、气象及墒情信息自动采集系统、多媒体视频监控系统、互联网门户系统、多媒体触控展示系统五大子系统组成闭路循环的质量安全体系。⑩ 说好地理标志的好产品故事，形成一系列公共品牌宣传，拍摄系列公共区域品牌文化题材影视，助推黄平县特色产业全面提升与发展。

三、2020年黄平县公共区域品牌实施方案内容与目标

为了推动2020年黄平县公共区域品牌及产业又好又快地发展，根据全省农村产业革命推进工作要求，结合三大战略行动、黔货出山、食品质量安全、公共品牌建设，提出实施方案意见。

（一）方案原则与定位

实施原则按照"创新、协调、绿色、开放、共享"的发展理念。以"守底线、走新路、奔小康"为总要求，"加速发展、加快转型、推动跨越"，结合国内外品牌产品及产业发展的一般规律，通过3年努力，把黄平县公共区域品牌产业提升为大生态产品、大扶贫产业，形成县域经济特色产业发展的新引擎。

产业定位以市场为导向，推进产业六个定位：品牌产品、质量产品、

生态产品、文化产品、旅游产品、扶贫产品。以公共区域品牌建设推进产业竞争力，以质量管理提升精品与优品，以农文旅商一体化整体推进产业链发展。

（二）方案目标

新增地理标志保护产品；地方标准/团体标准体系制定；地理标志产品公共品牌设计与示范样品制作展示；黄平县农产品地理标志画册设计与制作；黄平县地理标志信息化平台运行（包括公众号）；黄平县公共品牌系列管理办法、实施细则、地理标志产品技术手册；黄平县公共区域品牌发展报告（知识产权出版社出版）。

（三）方案内容

新增三个农产品地理标志证明商标成功受理，推动两个农产品地理标志完成地理标志品质鉴定、核查、申报。

综合标准体系制定与发布。完成黄平线椒、黄平黄牛、黄平白及团体综合标准体系制定与发布。标准内容包括，黄平黄牛综合标准体系：黄平黄牛养殖技术规范、黄平黄牛质量标准；黄平白及综合标准体系：黄平白及栽培管理规范、黄平白及质量标准；黄平线椒综合标准体系：黄平线椒栽培技术规程、黄平线椒产品质量标准。

地理标志产品公共品牌设计与示范样品制作展示。公共品牌元素设计：Logo与公共品牌设计嵌入，地理标志产品包装设计与示范样制作（二维码与数码识别追溯），鲜品包装、干品包装、加工制品预设计包装。精品系列产品、礼品系列产品、旅游系列产品、超市系列产品示范样品制作展示。结合二维码与数码识别追溯、地理标志产品、绿色食品、有机产品、执行标准、产品人文、产品环境、产品特定品质进行整合性设计，基本满足产业近年发展的示范性设计需要。宣传设计：形式上覆盖纸质媒体、电子媒体、网络、广告设计与发布、新闻发布会等。具体实施内容：政府公共宣传广告、企业宣传广告、城市灯箱广告、公交车广告、企业运输车广告、塔式广告、网络广告、产品参加展会等设计。饰品及办公系统设计：Logo 推广应用、信封、信纸、信盒、纸杯、纪念品、吉祥物、礼袋、宣传袋、系列新闻设置等。销售系统设计：形象店设计、物品系统设计、质料系统设计、服装设计等。

黄平县农产品地理标志画册设计与制作。全面反映黄平县农产品地理标志品牌人文、品质、环境的宣传画册，内容：产品相关的自然环境＋插图；人文因素：产品相关的人文因素＋插图；品牌建设：品牌荣誉＋插图；产业发展：产业聚焦＋插图；知识链接：重要知识节点。

黄平县地理标志信息化平台（包括公众号）。完成信息化平台设计运行（包括域名、空间、平面设计、相关信息上传、运行管理等）。网站概况（组织结构、管理者介绍、官网介绍），新闻中心（地方新闻、行业新闻），公共品牌管理（公共政策、公共技术、公共宣传、公共服务），产业发展（重大决策，重大部署，产业动态），产品介绍（产品展示，国内同类产品展示），产品可追溯管理（页面动态设计与可追溯网页链接），产品联系，产业招商引资（招商政策、招商项目），政策法规（地理标志政策，产品发展规划），办事指南（办事内容、办事流程、下载中心）。

黄平县公共品牌系列管理办法、实施细则、地理标志产品技术手册。

黄平县公共区域品牌发展报告。

四、保障措施

成立黄平县公共区域品牌及产业发展领导小组。设置专职管理制度，协调相关产业发展。工作内容包括：上传下达黄平县公共区域品牌及相关产业发展信息；组织制定产业发展相关文件，统筹召开相关工作会议，联系与公共区域品牌及产业发展工作相关的各部门，制订相关公共区域品牌与产业发展计划。

B.19
黄平县农业产业发展与品牌大事记

李发耀* 牟琴** 聂签***

2020年

2020年11月10日，全省野生蔬菜观摩推进会暨蔬菜产业冬季充电培训班在黄平县召开，会议观摩了省内最大的野菜基地——六源鲜公司，省农业农村厅副厅长、省蔬菜专班班长胡继成、州政法委书记潘亮出席会议并讲话。省农科院名誉院长李桂莲、省园艺研究所所长孟平红、书记崔嵬等参加会议，部分县市作了发言；贵州大学张万萍教授、省园艺研究所副所长、省野生蔬菜专家小分队队长文林宏讲解了野生蔬菜、香细菜种植技术，县人民政府县长杨智、县农业农村局局长以及旧州镇书记等参加会议。

2020年9月7日，黄平县按照"支部引路、党员带路、产业铺路"的思路着力发展食用菌产业，2020年以来新增食用菌种植面积2629万亩，产量3880.1吨，产值达4958.07万元。

2020年8月28日，黄平县农业农村局发布"黄平黑毛猪""黄平糯小米""黄平金黄鸡"获得农业农村部农产品地理标志登记批准公告。

2020年8月28日，贵州省农业技术推广总站组成的测产验收小组到黄平县谷陇镇牛场村对2020年小米绿色增产增效技术示范推广项目进行田间测产验收，通过听取项目实施单位情况汇报，抽取三户农田进行田间检查和实测验收，经统计，2020年糯小米加权平均折合亩产量为261.11公斤，顺利通过省级验收。

---

* 李发耀，男，贵州省社会科学院研究员，贵州大学教授，研究方向：公共品牌与农村可持续发展。
** 牟琴，女，贵州省地理标志研究中心助理研究员，研究方向：食品工程、地理标志。
*** 聂签，女，贵州民族大学法学院硕士研究生，研究方向：环境与环境保护法学。

2020年8月20日，2020年"且兰百香果·果果自然香"采摘活动开幕式暨文艺演出在黄平县旧州镇寨碧村举行。黄平县人大副主席雷光华出席开幕式并致辞，祝愿首届"且兰百香果·果果自然香"取得圆满成功。

2020年8月，全省无籽西瓜生产示范现场会在黄平县召开，省农业厅副厅长许宾生及省科技厅农村处、省果疏站等有关部门负责人参与现场验收。次日，"南方九省区市"西甜瓜科研生产协会会议在贵阳召开，黄平县农业局经济作物站获评"南方九省区市"西甜瓜科研生产协作先进集体。

2020年7月6—8日，黄平县县长杨智、县委副书记杨宗振率县政府办、县农业农村局、县工信商务局、县投资促进局等部门负责人赴福建地区开展产业招商考察活动。

2020年6月28日，黄平县农业农村局综合行政执法大队、黄平县农产品绿色发展服务站对黄平县川心生态扶贫产业专业合作社、贵州黄平山水农业开发有限公司、黄平县紫营种养殖农民专业合作社、黄平县长隆农业有限公司、黄平县龙源精品果苗有限责任公司5家农产品生产主体开展农产品质量安全"利剑1号"行动。

2020年5月15日，黄平县"黄平黄牛""黄平线椒""黄平白及"进入2020年贵州省首批获国家地理标志农产品认证产品名单。

2020年4月22日，国家林业和草原局第二批公布的"国家森林乡村"名单中，经各地推选、省级评定，正式认定全国3639个村庄为第二批"国家森林乡村"。认定名单中贵州有131个乡村入选，其中黔东南州有20个村庄上榜，黄平县两个村榜上有名。黄平县两个村分别是新州镇柿花村、旧州镇草芦坪村。

2020年4月2日，黔东南州统计局州民意调查中心主任黄良干，农业农村科科长张诚等一行到黄平县调研农业产业发展及乡镇联网直报改革情况。调研组高度评价了黄平县充分利用自然资源发展中药材、蔬菜、食用菌，特别是畜牧业的规模养殖和林下种养等经济作物模式，大大提升了经济发展指数。

B.19 黄平县农业产业发展与品牌大事记

2020年2月16日，黔东南州人民政府副州长杨承进到黄平县调研林下经济工作，州政府办、州林业局相关负责同志参加调研，黄平县委副书记何洋、县人民政府副县长李文舜陪同。调研组一行先后来到黄平县槐花村林下太子参优质种苗繁育基地、新州镇桃子冲林下食用菌基地、新州镇槐花村绿壳鸡蛋林下养殖项目基地、黄平县大沙河林下经济（黄精种植）示范基地现场，实地查看项目基地建设、种养殖规模等情况，并就林下经济项目技术服务、产销对接、品牌打造、谋划发展等方面进行详细了解。

2019年

2019年12月24—26日，黄平县农业农村局李佳柳副局长带队到北京参加农产品地理标志评审会，"黄平黑毛猪""黄平糯小米""黄平金黄鸡"通过农产品地理标志专家技术审查。

2019年12月2日，黄平县2019年生态禽养殖实用技术培训在黄平县农业农村局召开，41个生态禽规模养殖主体企业、合作社参加了培训。

2019年11月7—25日，历时半个多月的"2018年度黄平县基层农技人员能力提升培训"圆满结束。此次培训，由黄平县农业农村局主办，分为种植业班和养殖业班共3期进行，每期5天，共培训来自11个乡镇农业服务中心、局属各站办、扶贫办农技人员191人。

2019年11月18日，黔东南州副州长杨承进到黄平县调研舞阳湖康养项目和林下养蜂产业，州自然资源局副局长龙森、州林业局相关负责同志参加调研，黄平县人民政府副县长李文舜陪同。

2019年11月12日，受国家林业和草原局委托，由贵州省林业科学院陈波涛为组长的专家组一行到黄平县新州镇、旧州镇、一碗水乡对黄平县自然资源局实施的黄平县蓝莓标准化示范区项目进行验收。黄平县蓝莓标准化示范区项目通过国家级验收。

2019年9月19日，"黔台两地大健康产业合作对接会"黔东南专场在黔东南州凯里市召开，黄平县在会上作了招商推介。推介中，李晓应副县长围绕黄平自然资源、区位优势及产业现状的主题对大健康、大农业、大旅游三大重点发展产业进行重点推介。

2019年9月17日，贵州省农业农村厅验收组一行到谷陇镇鱼良村进行优质特色粮食（小米）项目验收，经过田间验收，小米平均亩产288.2公斤。

2019年6月3日，在黄平县翁坪乡翁满种养殖专业合作社土鸡养殖场，5500只散养土鸡有序装上驶向浙江的大货车，搭上了消费扶贫的"快车"，标志着黄平县2019年"消费扶贫，黔货出山"系列活动正式开启。

2019年5月27日，黄平县且兰农业投资有限公司与柳州市博隆食品股份有限公司在县行政中心558会议室举行黄平县百香果全产业链项目签约仪式。

2019年4月9日，中国农业银行陈军总监带队的"三农"产业发展调研工作组一行3人，深入黄平县开展"三农"产业调研工作。调研工作组实地察看了旧州镇寨碧村百香果产业园种植基地，并在县行政中心就黄平县"三农"产业发展组织召开工作座谈会。

2019年4月3日，贵州省农业农村厅副厅长肖荣军一行6人深入黄平县浪洞镇温水塘村调研"十县百乡千村"乡村振兴示范工程选点建设指导工作。肖荣军对浪洞镇温水塘村寨作为"十县百乡千村"乡村振兴示范工程选点建设村容寨貌及温泉文化旅游产业给予充分肯定。

2019年4月1日，黔东南州农业农村局总农艺师吴军、州农业技术推广站站长倪玉琼等一行深入黄平县翁坪乡调研春耕生产，并指导翁坪乡2019年农业结构调整工作。

2019年3月28日，为继续深化农业产业革命，加快推进农业产业调整步伐，黔东南州委书记桑维亮带队，黔东南州16市县委书记、相关负责人一行到黄平县旧州镇现代农业观光园召开全州500亩坝区农业结构调整现场会，黄平县委书记林昌富、县委副书记何洋以及相关部门负责人陪同。

2019年1月15日，为科学筛选"口感最佳"小米及落实"冬季充电"大讲习，推动全省小米提质增效，助力全省农业产业结构调整和脱贫攻坚。全省小米品鉴交流会在黄平县召开，省农推总站站长冯泽蔚、州农委总农艺师吴军等省、州领导及专家出席会议，各市（州）农技站、相关县（市）农技站及企业代表等共40余人参会。

2018年

2018年12月21日，贵州省人民政府在安顺市组织召开贵州省第四届大健康医药产业发展大会。会议通报了荣获贵州省2018年省级示范基地（企业、园区），黄平县中国苗药生态园项目获此殊荣。

2018年8月7日，为贯彻落实贵州省委、省政府的决策部署，进一步促进产业增效、农民增收、农村增绿，做好黄平县500亩以上坝区农业结构调整工作。黄平县委副书记、县长杨智主持召开黄平县500亩以上连片区域特色产业发展规划及农业产业结构调整实施方案评审调度会，县人大、县政协有关领导出席会议，县直相关单位及全县7个500亩以上坝区乡镇主要负责同志参加会议。

2018年5月，黄平县林业局积极探索与建档立卡贫困户合作模式，大力引导全县有条件贫困户走"短、平、快"的林下养蜂产业，在项目资金、技术培训、市场培育上加大投入。截至2018年5月6日，全县共投入财政扶贫资金201.95万元，扩大林下养蜂3000多箱，项目覆盖贫困户310户，1890人。

2018年4月8日，黔东南州农业技术推广站，黔东南州土肥站，黔东南州农机推广站，黄平县农业技术推广站在谷陇镇鱼良村开展小米种植技术培训。参加培训的有该镇鱼良村相关专业合作社，小米种植大户及周边群众。培训的内容是机械化起垄、覆膜、播种等技术。

2018年3月30日，为贯彻落实脱贫攻坚"春风行动"方案要求，加快产业结构调整步伐，黄平县县、乡、村三级干部深入基层宣传发动，充分利用当地土壤、气候、交通便捷优势，改变传统种植成本投入高、劳动付出大、生产周期长、收入效益低的模式，推进减少玉米种植面积，大力发展精品水果种植。2018年3月全县已完成精品水果蓝莓、李子、桃、猕猴桃、柚子、葡萄等种植面积3260亩，惠及农户1210户，惠及人口5360人，其中贫困户69户，贫困人口283人。

2017年

2017年12月27日，谷陇镇克麻村372万元的"大球盖菇＋蔬菜"循环产业化扶贫项目举行投产仪式，标志该项目正式投产。

2017年11月7日，黄平县2016年农业综合开发高标准农田建设项目顺利通过县级验收。

2017年9月14日，在谷陇镇太平洞村贵州七环公司黄平县年出栏10万头商品猪产业化项目谷陇养殖点现场举行了9月重大项目集中开工仪式，黄平县发改局、县农业局、谷陇镇和项目承建单位等相关部门参加了集中开工仪式，县政协副主席张崇华出席开工仪式并宣布开工。

2017年9月13日，黄平县由县"三农"行动专家技术团长、贵州省农科院副研究员余文中带队，成员有州农业科学院技术员、县农业辅导员、谷陇镇农业服务中心技术骨干共同组成农业专家服务小组深入极贫乡镇谷陇镇深度贫困村火车站村开展技术指导、咨询服务，拉开了黄平县组织农业专家开展深度贫困村"集中会诊"活动的序幕，吹响了打赢深度贫困村脱贫攻坚的号角。

2017年7月25日，黄平县为支持该县蔬菜种植产业健康发展，切实提高风险保障水平，促进农民持续增收和贫困农民脱贫致富，按照"政府引导、市场运作、自主自愿、协同推进"的原则，开展政策性蔬菜种植保险，建立健全黄平县蔬菜产业风险转移分散和保障机制，为现代农业发展和农民增收致富提供有力保障。

2017年5月27日为响应中共贵州省委和省政府加大对极贫苗区谷陇镇的帮扶力度，贵州省农委将投入400万元资金，在谷陇镇岩门司村修建一座大型鲤鱼良种繁殖基地。基地建成后，预计每年将为当地群众创造产值达2000万元以上。

2017年3月7日上午，黄平县烟叶生产工作现场观摩会分别在野洞河镇泥巴寨村和上塘镇木江村召开，县人民政府副县长游美昆同志参加，并邀请县人大、县政协分管联系同志出席，县烟办、县烟草局股级以上干部和十一乡镇分管领导及全县各烟叶点点长、方正烤烟综合服务专业合作社负责人、机耕能手、烟农代表参加现场会。

2017年1月20日，随着阿里巴巴年货节的开展，各地掀起一阵"年货节"潮流。黄平县有效利用中国农业银行帮扶黄平县的资源优势，在"年货节"期间推出黄平县农特产品——谷陇糯小米，提高当地老百姓收入的同时，对接精准扶贫，奏响黄平电商年货节进行曲，打开农特产品"黔货出山"之门。

2016年

2016年12月23日，为进一步推进生态农业产业稳步发展，唱响且兰农业生态品牌，2016年黄平县农业局积极推动秸秆腐熟还田和耕地保护与质量提升这两个农业生态促进项目，从根源上改良耕地有机质，提升耕地质量结构，为创建有机农业大县奠定了坚实基础。

2016年12月13日下午，黄平县政府办、县工信商务局、县财政局、县农发行等相关单位组成工作组，对黄平县2016年新增760吨县级储备粮和轮换的760吨储备粮入库进行验收。

2016年11月23日，节气虽已入冬，但黄平县重安镇皎沙村200余亩姜田上，空气中却泛着好闻的气息，新出土的生姜切断茎叶后没有认知中的辛辣，反而有着丝丝甜意。上百名姜农有的正在采挖，有的正在装箱，有的正在装车，现场一派喜笑颜开、温暖如春的气氛。

2016年10月22日，两桌近50米长的苗家酸汤稻花鱼长桌宴宾朋满座，共庆十里桥村龙塘苗寨新农村建设换新颜，这标志着黄平县首届十里桥·龙塘"稻花鱼文化节"圆满落幕。

2016年8月27日，黄平县在围绕黔东南州"6个100万"工程建设中，积极整合资金和山区土地资源，大力发展特色农业，使农业园区建设取得了阶段性成果。

2016年，黄平县有7570户推广稻田生态养鱼10500亩，通过科学养殖，每亩投入3至5公斤鲤鱼苗，可产出优质稻田鱼50公斤左右，按市场价30元/公斤算，亩产收入1500元，户均纯收入将达1000元以上。

2016年7月，黄平县按照"引领行业、国内知名、贵州名片、黔东之花、黄平独秀"的定位，打造黄平县中国苗药生态园，发展珍稀药材

"大健康"产业助推脱贫攻坚。

2016年1月23日,黔东南州"农产品上行"高级研修班在黄平县政务中心大礼堂拉开帷幕,与会领导有黔东南州人民政府副秘书长姜永柱,黔东南州商务局局长、电商办主任张文贵,十六县市、凯里经济开发区的部分分管电商领导,黄平县四大班子部分领导,十六县市部分部门领导,黄平县乡镇领导、村淘合伙人、电商企业带头人等500余人齐聚黄平,共求电商知识,共谋县域电商发展。

2015年

2015年12月,黄平县2015年共完成5.8233万亩"三品一标"产地认证工作,比州下达任务多出233亩,共涉及三大类10个农村专业合作社,其中:蔬菜类5个合作社,种植面积3.061万亩;优质米3个合作社,种植面积1.2495万亩;水果类两个合作社,种植面积1.5128万亩。

2015年,黄平县共冷配牛1.2021万头,已产杂交牛0.4105万头。为农民增收820余万元,取得了显著的经济效益。

2015年9月23日,州委组织部副部长,州委非公有制企业和社会组织工作委员会书记杨胜菊一行到黄平县野洞河镇调研指导药材种植相关工作。

2015年9月15日,黄平县农业局已完成桃、蔬菜等无公害农产品产地认证申报26145亩,占任务的45%,并将于10月底前全部完成5.8万亩的目标任务。

2015年9月7日,州农委副主任何永林、总经济师石健东和黔东南苗族侗族自治州农业委员会、动物卫生监督所所长欧阳成、州水产站站长杨洪、州农业技术推广站站长吴军等组成的"6个100万"稻鱼生态种养工程专家组一行,对黄平县实施的稻鱼生态种养工程项目进行验收,专家组通过实地检查稻鱼工程建设(鱼沟和鱼溜的开挖情况)标准、稻鱼工程产量、产值、品种、鱼种放养时间及听取项目实施单位的汇报等一系列数据复核,一致认为该项目符合"6个100万"稻鱼生态种养工程建设标准和要求,同意通过验收。

2015年8月21日至23日，一年一度的国际农特产品展销会在贵州金阳新区举行，黄平县牛老大的牛肉干系列、金佰瑞的蓝莓系列、乐源公司的太子参等特色农产品和黄平泥哨参加展销。

2015年7月6日，黄平县出台《食品药品安全管理办法（试行）》，进一步规范全县食品药品安全管理，推动全县食品药品安全工作不断进步，提高政府食品安全综合实力和整体水平。

2015年6月30日，中国西南地区蓝莓丰产高效栽培经验交流会在黄平县举行，来自湖南、广东、陕西、云南、广西等省区的50余家蓝莓企业代表、政府代表、种植大户齐聚黄平县旧州镇草绿坪天赐蓝莓种植基地观摩交流。

2015年6月3日，黔东南州蓝莓早实、高效、高产技术培训会在黄平县召开，州林业局副局长黄绍海，州蓝莓办，凯里、黄平、麻江、丹寨、锦屏、三穗、从江七个县市的蓝莓办负责人及公司，专业合作社，蓝莓生产大户共50余人参加培训。

2015年5月19日，台湾高雄市针灸协会理事长陈富雄率台北市观光农业科技发展理事长、宇祥化妆品有限公司董事长李永进等一行11人到黄平参观考察，黄平县委书记林昌富，县委常委、常务副县长冯成以及相关部门负责人陪同考察。

2015年3月15日，为贯彻落实中央和省全面深化农村改革有关精神，根据省委、省政府工作部署，省农委决定组织开展农村集体经济组织省级示范创建工作，全省共有22个村或社区入选，黄平县寨碧村成为黔东南州唯一被评为"农村集体经济组织省级示范单位"的村。

2015年1月16日，贵州省国土资源厅土地整理中心副主任朱红苏、州国土资源局副局长龙森等一行对黄平县实施的2012年度整合资金实施高标准基本农田建设项目进行验收前期指导。

2014年

2014年12月8日，中国500强企业杭州华东医药集团有限公司董事长助理鲍建平一行4人再次赴黄平投资考察，考察组就该县中药材的种植、收购、加工及物流园的建设与县领导进行深入的交流、对接。

2014年10月8日,省林业规划院魏海燕、师静两位评估专家对黄平县2013年中央财政现代农业精品水果蓝莓项目进行了现场评估。

2014年8月7日,由黔东南州人大常委会秘书长吴锡锋带队,黔东南州人大常委会办公室调研员邓成、黔东南州人大常委会委员龙皇年、黔东南州人大农委委员胡德芳等7人组成的调研组到黄平县调研农业烤烟、蔬菜种植和经济社会状况。

2014年8月5日,贵州省林科院植物分类学家杨成华、省林业科学研究院博士邓伦秀、州林科所副所长杨加文、黄平县林业局局长胡志华、种苗站相关技术人员等一行10人深入黄平县朱家山自然保护区考察珍稀树种,发现疑似州级保护野生植物——黄平槭,有关专家已采集样本回去做进一步鉴定。

2014年3月5日上午,黔东南烟草局局长李明海赴黄平县调研烤烟生产工作,副县长林乾礼和县烟办、烟草局等单位负责人陪同调研。

2013年

2013年6月9日,黔东南烤烟不适用鲜烟叶田间处理暨大田管理现场培训会在黄平县召开,参加会议的有州烟草局(公司)副经理付继刚、州烟草局(公司)专卖内管、烟叶生产经营部等有关部门负责人、各产烟市县烟草局(分公司)分管领导、烟叶股长、烟农服务站站长,共80余人参会。

2013年5月15日,贵州省统计局党组成员、副局长张贵平率调研组在州统计局副局长龙卫军陪同下到我县,就农业产业发展和畜禽养殖发展情况进行调研,黄平县人民政府副县长林乾礼,县政协副主席、县统计局局长雷灯以及有关部门负责人陪同调研。

2012年

2012年5月23日,由野洞河乡张氏中医祖传继承人张定德于2009年5月申请的"接骨膏及其制备方法"发明专利,于2012年5月23日获国家知识产权局授权。这是黄平县第一项中医药类授权专利。

2012年5月14日，国家烟草专卖局总会计师张玉霞在省烟草专卖局（公司）总经理陈卫东、副州长潘亮等省州有关领导的陪同下，到黄平调研现代烟草农业示范项目建设。

2012年1月22日，北京中房置地投资有限公司与黄平县洽谈投资蓝莓项目在凯里正式签约，州委常委、州委组织部部长王贵，州蓝莓领导小组成员单位领导以及县委书记吴克等出席签约仪式，黄平县林业局和农扶局等相关部门负责人见证签约。

2011年

2011年9月24—27日，在省蚕业科学研究所书记姜虹、副所长罗朝斌陪同下，中央电视台七套《农广天地》栏目摄制组对黄平县一碗水乡印地坝村种桑养蚕示范教学基地蚕农"高效养蚕技术"进行了为期四天的拍摄活动。

2010年

2010年12月，有13个农产品获得有机产品证书，优质稻、烤烟、马铃薯、无籽西瓜、蔬菜、中药材等生产完成21.4万亩，初步形成"烤烟生产、种桑养蚕、种草养牛、中药种植"四大支柱产业。

2010年11月26日，2010年黄平县高标准农田建设项目实施动员会在旧州镇召开。县农办、旧州镇党政负责人，旧州镇寨碧、草芦坪、大碾房等项目涉及的十六个村的干部代表参加会议。县委常委、县人民政府副县长吴绍东出席会议，会议的召开标志着该项工作的正式启动。

2010年黄平县烤烟生产计划收购任务数为5.2万担，指导种植面积2.1万亩。为了圆满完成烟叶收购任务，黄平县委、县政府高度重视，强化工作措施，层层签订责任状，黄平县共落实种植面积20251亩（其中：田烟面积8716亩），新建密集型烤房353间。

2010年11月9日，经贵州省环保厅审核评定，黄平县旧州镇寨碧村被命名为"省级生态村",成为贵州省首批获此殊荣的46个村之一。

2010年11月8日 "要致富、先修路",2010年黄平县通过向上争取和自筹资金共2886万元投入45个村,拟建通村公路278.3公里,目前已全面启动建设工作,建成后将惠及农民近5万人。

2010年7月29日,全国无籽西瓜科研与生产协作组专家组一行汇聚黄平县,对黄平县人民政府申报的全国优质无籽西瓜基地进行了考察和评审,一致通过评审,授予黄平县"全国优质无籽西瓜基地"称号。此荣誉称号在全国是首次授予。

2010年1月19日,黄平县农业技术推广中心申报的西瓜、线椒、马铃薯、粟米获有机转换产品认证证书。

2009年

2009年度黄平县土肥站获得了农业农村部颁发的"化验室先进集体"奖。

2009年黄平县被列为第一批重点县建设。

2004年

2004年10月20日,贵州省林木良种基地现场会在黄平县召开。

2004年8月8日,黄平农业局申报的黄平"飞云崖"牌无籽西瓜获省农业厅评为"贵州省优质农产品"。

20世纪90年代

1998年黄平县恢复牛品种改良工作,逐步建立了县、乡两级肉牛冻配改良推广体系,引进了西门塔尔、利木赞、安格斯等国外优良品种肉牛冷冻精液与本地黄牛进行杂交改良。

20世纪80年代

1988年,国家林业部在自治州直接投资建设的重点项目"黄平横坡国有林场马尾松种子园"基本建成。

1987年全县粮食提高到7.67万吨，年均增产977.58吨，发展不平衡，间有起伏。

1986年，黄平县从湖南松桃等地引进康贝尔鸭、迪高鸭、樱桃谷鸭等品种，逐步改良本地鸭。

1984年，黄平黄牛被列为黔东南中型黄牛。

20世纪70年代

20世纪70年代，黄平县开始人工栽培药材，贵州省、黔东南州拨出专款在16个公社（场）建立25处药材生产基地。

1979年，各地逐步实现联产承包责任制，实行农业大包干，推广杂交水稻的种植，调动了农民的生产积极性，粮食产量获得较大增长。

1978年，黄平县引进来航鸡、贵农黄白洛克鸡、新布洛克鸡等品种，以优化本地品种。

1976年，黄平县从湖南黄冈县、贵州农学院、河南省正阳种猪场引进巴克夏种猪65头，进行原种繁殖。

20世纪30年代至60年代

1965年为黄平县棉花种植面积最大的一年，面积达到9090亩。

1965年，黄平县重安马场街周家山附近生长有百年以上的老茶树。

1964年，为贯彻执行中央提出的"调整、巩固、充实、提高"八字方针和农村人民公社工作条例，黄平县粮食生产开始回升。

1949年全县棉花种植面积7901亩，总产711担。

1945年，黄平县主要农作物有水稻为1162万公顷、玉米为159万公顷、大豆为117万公顷。

1945年，重安铁厂吴征辉引进美国单株选育成黄平毛杆烟。

1938年，开始种植烤烟，平溪邓采澄从贵阳引进佛光烟。

权威·前沿·原创